公共治理与公共政策研究丛书

公共危机治理：
危机常态化情境中的公共治理机制

Public Crisis Governance: Public Governance Mechanisms in the Context of Crisis Normalization

王春城 邱 密 ◎ 著

燕山大学出版社
·秦皇岛·

图书在版编目（CIP）数据

公共危机治理：危机常态化情境中的公共治理机制 / 王春城，邱密著. -- 秦皇岛：燕山大学出版社，2025.1. --（公共治理与公共政策研究丛书）. -- ISBN 978-7-5761-0710-4

Ⅰ．D035.29

中国国家版本馆 CIP 数据核字第 2024DS3384 号

公共危机治理：危机常态化情境中的公共治理机制
GONGGONG WEIJI ZHILI: WEIJI CHANGTAIHUA QINGJING ZHONG DE GONGGONG ZHILI JIZHI

王春城 邱　密 著

出 版 人：陈　玉		责任编辑：臧晨露	
封面设计：方志强		责任印制：吴　波	
出版发行：燕山大学出版社		地　　址：河北省秦皇岛市河北大街西段 438 号	
邮政编码：066004		电　　话：0335-8387555	
印　　刷：涿州市殷润文化传播有限公司		经　　销：全国新华书店	
开　　本：710mm×1000mm　1/16		印　　张：20.25	字　　数：270 千字
版　　次：2025 年 1 月第 1 版		印　　次：2025 年 1 月第 1 次印刷	
书　　号：ISBN 978-7-5761-0710-4			
定　　价：98.00 元			

版权所有　侵权必究

如发生印刷、装订质量问题，读者可与出版社联系调换

联系电话：0335-8387718

序

从理论和实践逻辑来说，采取何种方式来应对公共危机，必须以对公共危机发展态势的分析判断作为基本依据。在当今世界范围内，公共危机存在的广泛性、诱因的复杂性、发生的高频性、程度的严重性、机理的系统性及影响的深远性等特征日益显著，在客观上要求积极推进危机应对方式的变革，实现从"管理"向"治理"模式的转型，更加强调应对活动的整体性、系统性、合作性、参与性、协同性及韧性，并将其落实到体制机制设计和运行当中，适应公共危机新态势的制度性调适。

公共危机治理的思维理念和实践模式必须适应公共治理情境的变化。公共治理情境可分为"常态"和"非常态"两种，并分别对应着不同的公共治理理念和模式：在常态化情境中，公共治理面临相对稳定的对象和目标，可采取既有的手段和工具，在整体上有章可循，为实现民主和效率等价值，以规范化、程序化乃至模式化为理念指引，确保治理体制和机制的合理性，努力实现制度化的治理模式；而在非常态化情境中，公共治理针对的是例外性、突变性和非均衡性的对象状况，无论是目标设定还是手段选择均面临显著的不确定性，整个过程充满着各种风险与挑战，因此以应变性、灵活性和时效性为价值引领，确保具体治理举措的有效性，努力实现应急性的治理模式。然而，当前我们所处的公共治理情境已并非泾渭分明，而是两种情境的时空共存、彼此交融和相互渗透，公共危机的常态化导致非常态公共治理情境的常态化，进而为整个公共治理理念和模式提出了巨大挑战：一方面，常态化治理情境的稳定性变得十分脆弱，公共治理无法彻底或长久地摆脱如影随形的公共危机；另一方面，公共危机呈现常态化特征，几乎全天候不间断地干扰着日常的公共治理过程。总之，公共危机已不再是非常态的一个个独立事件，公共危机治理不得不处于常态化情境，这就需要公共危机治理与公共危机现状相适应：从"非常态"走向"常态"的治理理念与模式。

对常态化的公共危机治理而言，关键是将治理理念和模式落到机制层面，即建立健全与危机常态化相适应的公共治理机制。机制是系统中要素之间的联系及互动方式，而公共治理的基本含义在于公共生活领域中的多元主体合作，决定治理成效的便是合作能否形成以及形成之后能否有效运行，这主要涉及合作的机制问题。公共治理机制是公共治理系统得以有效运行的动态机理，包括在危机应对当中；而在危机常态化情境中，公共危机治理机制便成为公共治理的常态化机制。

王春城教授、邱密副教授所著的《公共危机治理：危机常态化情境中的公共治理机制》一书，具有显著的特色与创新性。其一，公共危机日益浮现出类型多样、产生诱因多重、影响结果多种、应对主体多元等特征，均在客观上要求对其进行预防、监测、处置、恢复等活动，实现治理模式从"管理"向"治理"的转型。其二，公共危机呈现常态化趋势，对公共治理提出重大挑战，危机常态化情境中的公共治理，需要以常态化的公共危机治理作为重要面向、重要内容、重要支撑，实现治理情境从"应急"向"常态"的转变。其三，探寻公共危机治理之道，提升公共危机治理之效，必须更加精准地把握"机制"这一治理的核心要素，实现治理重心从"过程"到"机制"的转移。本书试图根据时代情势的变迁来重构关于公共危机理解与应对的知识体系，基于对公共危机常态化的基本判断，将公共危机置于整个公共治理的视野当中，遵循治理理念、逻辑与框架，聚焦危机演进及处置过程中的机制问题，解读和揭示新情境中公共危机治理的理论与实践。本书的撰写打破了以"流程"为核心的知识组织方式，将公共危机治理的关键机制从流程中提炼出来进行专门阐述，更加彰显了"治理"活动的要点所在。

河北省社会科学院原院长
燕山大学文法学院（公共管理学院）荣誉院长

郑金平

2024年9月于秦皇岛

目 录

第一章 公共危机治理的理论原理

一、公共危机治理的概念 / 3

二、公共危机治理的观念 / 22

三、公共危机治理的理念 / 52

第二章 公共危机治理的社会机制

一、公共危机治理的社会动员 / 65

二、公共危机治理的应急协调 / 71

三、公共危机治理中的社会力量及其参与渠道 / 74

四、走向共建共治共享的公共危机治理格局 / 88

第三章 公共危机治理的决策机制

一、公共危机决策的概念 / 97

二、公共危机决策的理论模式与流程 / 104

三、公共危机决策的影响因素 / 110

四、公共危机决策的主要挑战 / 114

五、优化公共危机决策的建构路径 / 118

第四章　公共危机治理的沟通机制

　　一、公共危机治理中的危机沟通 / 127

　　二、公共危机治理中的信息发布 / 134

　　三、公共危机治理中的谣言控制 / 140

　　四、公共危机治理中的媒体监督 / 148

　　五、公共危机治理中的舆情引导 / 156

第五章　公共危机治理的学习机制

　　一、公共危机治理的调查机制 / 169

　　二、公共危机治理的追责机制 / 176

　　三、公共危机治理的评价机制 / 192

　　四、公共危机学习机制的挑战与应对 / 199

第六章　公共危机治理的准备机制

　　一、公共危机治理中的预警机制 / 205

　　二、公共危机治理中的预防机制 / 219

　　三、公共危机治理中的预案 / 229

　　四、大数据时代的公共危机治理 / 236

第七章　公共危机治理的处置机制

一、公共危机处置的概念 / 245

二、公共危机处置的过程 / 250

三、公共危机处置的策略与方法 / 260

第八章　公共危机治理的恢复机制

一、公共危机恢复的概念 / 269

二、公共危机恢复机制的主要内容 / 274

三、公共危机后的精神心理救助 / 279

四、公共危机治理的反馈调整 / 284

第九章　公共危机治理的保障机制

一、公共危机治理的资金投入 / 291

二、公共危机治理的人才支撑 / 296

三、公共危机治理的科技支撑 / 300

参考文献 / 307

后记 / 312

第一章
公共危机治理的理论原理

公共危机,作为现代社会的重大挑战之一,不仅考验着一个国家或地区的社会治理水平和应急响应能力,更深刻地映射出其制度设计、公民素质、科技应用以及国际合作等多方面的综合实力。从地震、洪水等自然灾害的肆虐,到卫生事件、恐怖袭击等人为灾害的冲击,公共危机以其不可预测性和破坏性,不断提醒我们,在这个充满不确定性的时代,构建一套高效、灵活且可持续的公共危机治理体系,是维护国家安全、社会稳定和人民福祉的必然要求。这就要求我们需真正认识公共危机的含义与理念，从理论层面剖析公共危机的本质、含义及演变规律，以全新的视角和创新的思维来审视和应对公共危机。

本章从公共危机治理的概念、公共危机治理的观念和公共危机治理的理念三方面解释公共危机治理的理论原理。通过明确公共危机治理的相关概念，提炼其核心理念和价值取向，深入理解公共危机治理的本质和内涵，为后续探讨公共危机治理的一系列机制奠定坚实的理论基础。

一、公共危机治理的概念

（一）公共危机的"本体"认知

1. 公共危机的含义

21世纪以来，公共危机事件成为影响社会发展的重要因素，相继发生的"非典"、汶川大地震、福岛核泄漏等危机事件引起了人们的关注，并给人类生产、生活造成了重大影响。因此，国内外学者对公共危机的各种研究日益增多，然而对公共危机的含义鲜有界定。

一般认为，公共危机是指社会偏离正常轨道的情况与非正常状态。具体而言，公共危机是指相对于一般危机而言，对社会系统突然产生严重威胁，并因事件影响很大，而必须运用公共权力、公共政策和公共资源来紧急应对和处理的危险境况和非常事态。概括地说，突然发生的、对社会的稳定造成巨大影响的，并且会导致人员伤亡的重大紧急事件，就是公共危机事件。

公共危机由两个关键词组成，即"公共"和"危机"。"公共"是相对于私人而言，表示的是国家、政府及其他公共组织的职能及活动范围，代表着一个众多人的事务领域，意味着与多数人利益相关，有较多的社会公众参与。"危机"是一种紧急事件或者紧急状态，它的出现和爆发严重影响社会的正常运作，在较大程度上和较大范围内威胁到人们的生命和财产安全，引起社会恐慌并要求政府和社会采取特殊措施加以应对。

2. 公共危机的特征

一般而言，公共危机具有以下特征。

第一，突发性和紧急性。公共危机事件一般都是突发性灾难事件，人为灾害如食物中毒、恐怖活动等，自然灾害如山体滑坡、台风、海啸等，都发生于毫无准备或者难以预料的情况下；而发生原因及危害程度存在一定不同，均需要政府在有限的时间内做出危机处理方案。

第二，破坏性。由于公共危机事件有着极大的破坏力，因此当其爆发后，人们原本的生活状态会被打破，社会秩序变得混乱，社会不稳定因素增加。而公共危机事件所带来的财产损失以及人员伤亡往往是难以估量的。不仅如此，公共危机会极大地伤害人们的身心健康，如果公共危机事件爆发后，政府没有采取相关手段及时处理，也会使人民对政府的公信力产生怀疑。

第三，不确定性。公共危机本身具有复杂性，且其发展演变的多样性所导致的危机影响是难以预见的。因此，在外界环境变动急剧、人类理性认识有限的情况下，危机发展对人类的影响的不确定性尤为明显。这种不确定性主要表现为危机状态的不确定性、危机影响的不确定性以及危机回应的不确定性。

第四，跨界性。随着科技与经济的发展，全世界已然逐步融合为一个整体，公共危机的风险波及范围已然突破了地理的界限。主要表现在：公共危机扩散和蔓延的全球化，全球化时代人们的密切联系使危机得以快速扩散；公共危机的影响也呈全球化趋势，一国发生的危机事件很可能给其他国家甚至全球的经济造成连带性冲击影响，波及经济、政治、文化等领域的多个行业。

3. 公共危机的构成要素

通过分析公共危机的含义和特征，再从公共危机事件发生的时间序列角度，可以总结出公共危机的构成要素。

一是事件发生具有突然性、不可预判性。尽管从以往的公共危机事件中，可以找到危机事件的细微预兆，但从世界各国处理危机事件的经验看，它是不可预判的，通常都是突发性的，危机发生的时间、地点均是难以预知的。

二是事件引发了公众的恐慌情绪和行为，并对公共利益造成严重损害。公共危机发生后通常影响范围较广，且对人们的安全、经济、生活造成重大的影响，从而引发公众的恐慌情绪和行为，对人们的经济等公共利益造成严重的损害。

三是事件需要紧急处理，作出反应的时间有限。由于公共危机事件对公共利益造成的重大影响和损失，如果不给予及时的处理将会引发更严重的后果，因此，危机事件发生后都需要在短暂的时间内做出应对方案并进行紧急处理。

四是事件带来的后果和影响具有高度的不确定性。公共危机事件带来的后果通常是难以预估的，其引发的一系列矛盾和冲突具有高度的不确定性。

4. 公共危机的分类

如何对公共危机进行科学分类以便更好地应对公共危机一直是国内外危机管理学界关注的问题，但时至今日仍未有统一的标准。我国学者对公共危机类型的划分比较庞杂，不同的学者依据的标准不同，给出的分类也不同，对此不一一列举，本小节重点介绍我国政府对公共危机的类型划分。

按照《中华人民共和国突发事件应对法》《国家突发公共事件总体应急预案》的规定，公共危机分为自然灾害、事故灾难、公共卫生事件、社会安全事件四大类，具体见表1.1。

表1.1 公共危机的分类

危机类型	危机示例
自然灾害	主要包括水旱灾害、气象灾害、地震灾害、地质灾害、海洋灾害、生物灾害和森林草原火灾等
事故灾难	主要包括工矿商贸等企业的各类安全事故、交通运输事故、公共设施和设备事故、环境污染和生态破坏事件等
公共卫生事件	主要包括传染病疫情、群体性不明原因疾病、食品安全和职业危害、动物疫情，以及其他严重影响公众健康和生命安全的事件
社会安全事件	主要包括恐怖袭击事件、经济安全事件和涉外突发事件等

在此基础上，我国对突发公共事件实行了分级管理制度，根据《国家特别重大、重大突发公共事件分级标准（试行）》，各类突发公共事件按照其性质、严重程度、可控性和影响范围等因素，被进行分级管理，一般分为四级：Ⅰ级（特别重大）、Ⅱ级（重大）、Ⅲ级（较大）和Ⅳ级（一般）。

5. 公共危机的发展态势

公共危机是人类社会有史以来客观存在的事物，随着社会的发展，尤其是进入21世纪以来，全球化日益深入、信息化不断推进，公共危机呈现出以下发展态势。

一是公共危机的诱发因素多元化，发生频次、危机种类变多。一方面，从世界的层面看，冷战结束后，国际形势发生了广泛而深刻的变化，虽然和平与发展仍然是时代的主题，但国际形势的不稳定性、不确定性突出，局部冲突、恐怖袭击、金融动荡等突发事件屡见不鲜；另一方面，随着人类生产生活领域的不断扩大和科学技术的进步，人类对自然界的破坏不断加剧，自然灾害的种类在增加，如温室效应、雾霾、酸雨污染等。另外，还有来自生物因素、核辐射、电脑病毒等多形式、多波次的突发事件的潜在威胁。由此，诱发公共危机的因素变得越来越多元化，公共危机发生的频次也变得越来越多，危机的种类更是多种多样。

二是公共危机信息扩散的速度加快。与农业时代相比，随着信息化的发展，人类的交流方式、交流途径更加多样，人们获取信息的途径越来越多元化，也更加便捷，重大公共危机信息的传播带有越来越强的扩散性。人们除了通过电视、电话等途径传播信息，还可以通过各种聊天软件、互联网等将事件的信息迅速传播到各地。

三是公共危机影响的范围越来越广。显而易见，公共危机影响的范围会随着全球化进程变得越来越广，一方面，由于国与国之间、地区与地区之间、人与人之间的联系越来越紧密，整个社会乃至整个世界都成为一个有机的整体。这使突发事件，特别是带有传染性、扩散性的公共危机事件的扩散力迅速增强。另一方面，公共危机事件的发生，通常会引起一系列连锁反应，比如一场重大的自然灾害如果应对不好，可能导致经济受到重大损失，继而引发政治动荡。

四是公共危机的破坏性呈扩大态势。由于公共危机的扩散力、传染力的不断增强，影响范围的不断扩大，公共危机给人类带来的危害也变得越来越大。一方面，公共危机波及范围扩大带来直接的财产、生命损失；另一方面，进入信息时代后，人类交流的方式、途径更加多样化，有关事件的信息可以迅速传递到各地，由此引发民众的恐慌加剧，造成更加混乱的局面，从而给人们的生产生活造成更大的影响。

因此，在全球化背景下，我们必须意识到，公共危机的发展态势日新月异，采取科学的治理方式去预防和应对是必要的。

（二）公共治理的"危机"情境

1. 公共治理"危机"情境的相关概念

全世界范围内无论是理论领域还是实践领域，都对公共危机应对问题进行了持续、高度的关注。理论界和以政府为主导的公共部门都认识到应该科学地应对公共危机，如何科学地应对公共危机呢？对危机进行管理的同时更需要治理。一时间治理与善治理论成为公共管理领域研究的热潮，世界各国在应对危机的过程中更加凸显了危机治理的核心地位[①]。

在前文对公共危机本体的认知中我们了解到公共危机主要是社会运行过程中出现偏离社会正常运行的状态，社会系统遭到严重威胁，对社会产生重大影响，以公共部门为主体，运用公共权力、公共资源

---

① 刘霞，向良云. 公共危机治理：一种不同的概念框架[J]. 新视野，2007（5）：50-53.

来处理和应对出现的非常状况。引发公共危机的主要因素分为可抗力因素（社会、人为因素）和不可抗力因素（自然因素），公共危机具有突发性、紧急性、破坏性、不确定性、跨界性等特征，破坏了社会秩序及人们的生存空间，同时也会破坏公众对政府的信任，降低公众生活的安全感和幸福感。

公共治理主要是由"公共"与"治理"两个词构成。"公共"是与"私人"对立而言的，主要是指为公众服务，追求公共利益的国家、政府等以公共组织为首的公共部门。"治理"有别于传统的统治，是处于同等合法地位的主体之间的一种理想关系，其内涵基于以公共或私人为主体的个人或机构管理共同事务、对不同的利益进行协调并采取措施的过程。公共治理主要是以政府为主导的公共组织对社会公共事务中出现的相互冲突或不同利益的事务加以协调并采取联合行动的一种治理系统，是以公共管理与广泛的公众参与来整合公共区域的一种治理模式。"公共"体现出治理主体的多元化、治理方式的多样化的特征。治理与公共治理的区别主要在于治理可以被用于非公共领域，治理主体追求多元化，如公司治理、企业治理等非官方的治理模式；而公共治理专指政府部门或公共行政部门转变其职能，将向社会提供公共物品和服务的功能让渡给社会，积极培育社会组织，进行社会治理并改善社会环境。公共治理是由治理理论发展而来的，公共治理理论是治理理论系统的一个子系统，子母系统的关系表明二者是被包含与包含的关系。

危机治理以浅层认知来理解是指在危机发生的基础上引入治理理论来应对和处理社会非常态状况，由"危机"和"治理"两个组成部分构成。"危机"通常让我们联想到紧急突发事件，它的出现通常威胁社会的正常运作，在人们的生产生活中造成生命和财产安全的破坏，是易引起全面的恐慌、造成民众身心损害的一种突发性的事件。危机治理是指在社会生活的各个领域，各类公共或私人的组织为应对出现的危机情境所进行的信息收集分析、措施实施、经验总结和政策修复等全过程。治理目的在于减少、预防危机带来的威胁和损失，努力实现危机转换，将危险转化为机遇，使政府或社会组织能克服困境进入新的社会发展阶段。由此可知，危机治理具有应急性、长期性、约束性、互动性、权变性等五大特征。

2. 危机的常态化与非常态化

（1）危机常态化与非常态化的认知

我国对危机事件有了初步的框架性认识，如通过对"非典"等众多危机事件时间密度、破坏程度的分析，对危机事件有了较常态化的认知。危机的常态化特征首先体现在危机事件发生的频率上。全球经济快速发展的同时也让我们生活的环境付出了相应的代价，相关数据表明，地震、滑坡、泥石流、洪涝灾害、瓦斯爆炸、传染疾病、台风等众多突发事件几乎每天都在发生，发生的频率和密度都较高，危机发生的频率及密度的集中都表现了危机事件逐渐向常态化转变。其次，危机事件发生多与经济发展相联系。从山东蓬莱金矿发生塌陷事故、汶川地震、山东域内两辆列车相撞等事件可以看出危机事件的发生与经济的发展息息相关，经济的发展不能有效避免危机事件的发生。危机事件与经济相关也体现了危机事件的常态化特征[①]。

危机事件非常态化表现在危机事件发生的状态特点上。首先，非常态化的危机带有很大的随机性、偶然性，往往突然发生。其次，危机发生具有迅速性，非常态事件突然发生并扩散迅速。再次，社会负面影响大。公共危机事件属于公共管理范畴，涉及面广，事件一旦发生，势必会给社会公民带来一定的负面影响。最后，决策的非程序化。对非常态事件的处置打破常规事件的决策程序，省略其中的复杂程序并果断作出决策。

---

① 孙彦军. 危机事件的常态化及非常态应对的不足 [J]. 才智，2008（15）：257-258.

（2）常态化与非常态化的区别

从两者的特征可以看出两者的区别。一是来源不同。非常态化危机在无条件应对的非传统的安全领域。常态化危机的失控表明启动一般的程序或动用一般的力量将会失效，需要更高层次、更多主体参与才能进行应对。二是路径不同。常态化危机具有基本的应对条件，在有效的时间内可以解决，若危机演化为一种未见过的非常态化危机，需要整体应对方能解决。非常态化危机往往具有突发性、爆发性，通常影响范围广，需要超常规的措施来应对、治理。三是目标不同。常态化危机具有常态化的危机治理模式，通常以涉及相关部门的既定考核为主，以应对危机的成功为最终目标。非常态化危机不仅以成功应对危机为本身的目标，而且以危机应对过程中能力的提升，并通过一系列新的理念、法律、体制实现长久防控同类危机的再次发生为最终目标。四是演变结果不同。常态化的公共危机以传统的危机演变周期为主，遵循一般危机周期的演变规律。非常态化危机研究将常态化危机研究作为考量的同时更注重考虑危机发生导致的次生危机，如政治危机、社会危机、经济危机、国际危机等潜在危机爆发的可能性，超越了一般危机周期理论的演变规律[①]。

3. 危机情境下公共治理与常规治理的区别

治理理论系统包含着众多子系统的治理理论，如常规治理、非常规治理、公共治理等众多治理理论。常规治理与非常规治理是对立统一的关系，常规治理与公共治理也存在众多的相似性与差异性。

常规治理是相对非常规治理而言的。什么是常规治理？常规治理在学界讨论中大多停留在理想化的科层治理上，科层治理来源于韦伯的官僚制理论，官僚制在公共行政中遵循法律和权威，非遵从私人性关系权威。本书认为理想层面的常规治理与科层治理有相似之处，但

---

① 余潇枫，潘临灵."非常态危机"识别与防控：基于非传统安全的视角[J]. 探索与争鸣，2020（4）：149-159，289-290.

现实中常规治理虽有照章办事、循规蹈矩的成分，但与科层治理不同。常规治理是通过制定和执行规章制度来规范社会权力、维护社会秩序，依靠理性化的制度设计和政策安排达到善治的目的，其核心是要在多元冲突中建立一个满足规范和共识的制度化过程，这种制度化过程就是通过制度化系统来吸纳社会参与从而构建政治支持的常态治理[①]。我国常规治理通常包含半正式治理、正式权力的半正式运作、策略主义等逻辑。非常规治理是指能迅速处理社会发生的重大问题，将事件控制在一定的时间和空间范围内，防止其扩散造成严重影响的治理过程。常规治理与非常规治理是既对立又统一的辩证关系，常规治理是非常规治理的前提基础，非常规治理是对常规治理的制度、规则的补充和完善[②]。

公共治理与常规治理既存在联系又存在差别，两者的共同点在于都依照法制规则进行依法治理，具有循规蹈矩、照章办事的治理特点。公共治理与常规治理的区别主要体现在以下几个方面。①应用范围不同：公共治理涉及的范围领域是公共区域，而常规治理不但应用于公共领域，其他领域如公司的治理等也会运用常规治理。后者较前者应用范围广。②治理主体不同。公共治理主要是以政府为中心的官方权威机构进行的治理，常规治理主体并没有明显的限定，可以是政府、企业等，主体更加多元化。③服务理念不同：公共治理是以政府为主进行的社会治理，其服务理念主要是为人民服务，维护人民的公共利益。常规治理的服务理念关键看治理主体是谁，其服务理念呈复杂多元化。④问题意识不同：公共治理以对以公众利益为核心的社会问题的治理为主，维护社会秩序，规范社会行为；常规治理以涉及企业、社会、公益机构主体的利益问题为主。

---

① 杨志军. 从非常规常态治理到新型常态治理[J]. 探索与争鸣，2016（7）：125-130.
② 张爱军. 建立和完善重大突发事件常规治理与非常规治理相结合的机制[J]. 党政研究，2020（2）：30-37.

4. 危机情境下的常规治理与突发事件治理

（1）公共危机情境下的治理

公共危机情境下的治理不同以往。对公共治理而言，危机是治理过程中的一种特殊情况，公共危机事件不能单纯等同于一个偶然的事件，它是具有潜伏期、爆发期、延续期和解决期的动态过程。因此，公共危机治理应该贯穿于公共危机生命周期的整个过程[①]。

公共危机情境下的治理组织应是治理过程中对资源进行权威分配的核心主体，在危机治理中发挥着主导作用，组织各行动主体围绕共同的治理目标行动。在公共危机治理过程中必须吸纳众多行为主体共同参与危机应对，在以政府为主体、中央政府最高统一决断的前提下，政府机构同其他社会组织共同形成危机管理上下联动的常规化应对格局，组织权力分解、决策权力统一、应急处理联动，形成统分结合的网格式治理结构，构建共荣共存的治理格局，更加卓有成效地应对各种公共危机。

（2）常规治理与突发事件治理

常规治理下公共危机的应对主要是按既有的规定制度进行治理。不同层级的制度治理的势能和效果不同，制度的核心是体现公平正义，其决定权力行使的公平正义。在危机来袭时，政府权力的行使需更加公平正义，防止因外在因素弱化危机信息的传播，从而降低全民危机风险防控意识，出现政府偏袒不同地区使资源分配不均等众多因不公平公正带来的状况[②]。常规治理就是按法来治理，法治不但包括宪法、法律、法规等顶层设计的规划治理，而且需要规章条例、政策文件等具体操作指南，能为当地人民政府及时提供危机治理的建议措

---

① 刘霞，向良云. 公共危机治理：一种不同的概念框架 [J]. 新视野，2007（5）：50-53.
② 魏程琳，赵晓峰. 常规治理、运动式治理与中国扶贫实践 [J]. 中国农业大学学报（社会科学版），2018，35（5）：58-69.

施，控制危机的扩散，做好应急处置工作，维护社会秩序。法律、法规、条例等上下统一的法律文件能使常规治理有章可循。常规治理还需要按程序规则来治理。规则是指实质的公平正义，公共危机的应对离不开社会组织遵循规则和规范进行的资源分配。

突发事件呈现应急性、突发性的特征，对其往往不能使用常规式按部就班的治理。对突发事件的治理需要发挥战时治理的特点，采用非常规的治理方式遏制突发事件的扩散和传播，从而减少突发事件带来的重大损害。针对公共危机治理，要将突发事件的非常规治理与常规治理建立协同治理机制，构建完善的国家治理体系，为突发事件防范体系提供理论指导和行动指南。

（三）公共危机的治理需求

1. 治理与公共危机治理

20世纪70年代以来，"治理"一词逐渐兴起，其背景是传统政府失灵和市场失效。为应对外部环境的挑战，补充政府管理与市场调节的不足，治理和善治成为引人注目的国际浪潮，一种新的社会管理模式——治理模式应运而生。

"治理"一词源于希腊动词 steering，意为"引导"，经由柏拉图隐喻而被传播引用。在古希腊寓意中，治理与定义期望、授予权力或验证性能的决策有关，它是单独的过程、管理过程或领导过程的特定组成部分，通常人们会建立以政府为主导的公共部门来管理这些过程和系统。20世纪以来，全球治理委员会对治理作出了有代表性、权威性的界定：治理主要是各种公共或私人的个人和机构管理其共同事务的诸多方式的总和，它是使相互冲突或不同利益得以协调并采取联合行动的持续过程[1]。治理强调的是一个过程，并不是一套规则，也非一

---

[1] 刘霞，向良云. 公共危机治理 [M]. 上海：上海交通大学出版社，2010.

种制度形式，治理过程是多元主体相互协调的过程。

公共危机治理作为一个全新的理念知识和治理模式，在学界的研究尚少，但是目前已在公共管理领域成为热门话题。公共危机治理在把握治理这一精准要义的基础上，适应公共危机的紧张情势下而发展了危机治理理论。公共危机治理在治理基础上承袭一般治理理论的核心思想，其要义是以政府或非政府组织，包括民间组织、政社间或政企间的中介组织、志愿者团体、企业组织及公民个人等多元主体，运用现代的信息与网络技术，依据法律法规和规章制度安排，高效科学地应对公共危机，从而形成的一个资源互补、权力分享、风险共担、彼此依赖的动态自组织网络系统[1]。其核心在于在公共危机的应对过程中引入全主体、针对全要素，形成责任分摊、风险共担、共同治理社会的模式。

治理与公共危机治理既相互联系又存在差异，公共危机治理是治理的重要组成部分，是在治理的基础上发展而来的。公共危机治理适用于治理的相关理论，但两者存在实质性差别。治理与公共危机治理的区别在于组织权力中心载体的多元性，治理是多元性的组织主体，而公共危机治理是以政府为主体，权力中心单一；治理是对国家和社会关系的重新调整，寻求一种新型的国家-社会的关系，重新定位政府和公民在社会发展中所起的作用[2]。在治理过程中公民能参与其中，排除了只限于政府治理的专属性，还权给公民，不断增强公民的参与意识，强调了国家和社会之间建立相互依赖的关系。治理是各种利益关系进入并参与社会政策治理的制定、执行过程，决策方式更加分散化，而公共危机治理主体的单一性决定了决策方式呈分散化。

---

[1] 刘霞，向良云. 公共危机治理：一种不同的概念框架 [J]. 新视野，2007（5）：50-53.
[2] 刘霞，向良云. 公共危机治理 [M]. 上海：上海交通大学出版社，2010.

2. 公共危机治理的必要性

现代社会环境面临严峻的挑战，公共危机事件隐藏着众多复杂的问题，单一的政府组织难以对公共危机管理所涉及的各个方面都充分了解，难以拥有所需的全部知识和资源，僵化的传统行政手段难以应对复杂多变的公共危机，因此，传统危机管理模式已不适应现代社会的发展。危机管理面临困境的同时也为其他社会组织提供了发展的契机，其并不完全摒弃传统的危机管理模式，而是在此基础上引入治理的框架与理论，构建多元主体所构成的协作治理系统，采用新的方式将政府与社会组织重新组合起来，进而形成权力向社会回归的一种公共危机治理系统。此种治理模式迫切需要吸纳社会各种力量，综合多种管理模式以及应对方式形成多元治理理论，并将此治理理论应用到公共危机的治理中，提出清晰明确的公共危机治理理论的框架体系，使组织在现实中具有可操作性[①]。具体的现实意义，是在广泛包容性与参与性的基础上构建公共危机治理系统，利用自身的信息和技术优势在危机管理中嵌入一套深入社会各层面的公共危机治理体系，能快速地预测各种可能性。公共危机治理的必要性具体体现在以下几方面。

第一，公共危机治理是构建和谐社会的必然要求。我国是社会主义国家，政府与人民的关系属于一种委托代理关系，政府权力的行使需要以维护人民的公共利益为主。在危机治理中，政府代人们行使公共权力、调动整合社会资源，对公共危机进行有效治理。尽管公共危机治理存在多中心的发展趋势，但政府始终在危机治理中起着主导作用，因此，面对公共危机治理的诸多挑战，需要提高政府的公共治理能力。

第二，公共危机治理是维护政府形象的必要条件。面对不断发生的公共危机事件，政府需要设立专门的部门来处理公共危机，完善政

---

① 刘霞，向良云，严晓. 公共危机治理网络：框架与战略 [J]. 软科学, 2009, 23（4）: 1-6, 12.

府新闻发布制度，建立政府与公众双向沟通模式。注重培育以公共利益为出发点的公共危机的治理体系，从而提升政府的形象，提高政府化解公共危机的能力。政府在公共危机治理过程中起着主导作用，具有高度的责任性，不断提高政府的治理水平，有助于政府更好地监测、预防公共危机事件，树立有责任感的政府形象，从而真正代表最广大人民的利益。

第三，公共危机治理是适应全球化趋势的重要保障。全球化使世界连成一个整体，也加速了公共危机蔓延的速度，任何一个国家的公共危机都会波及其他国家。在全球化背景下，我国社会的发展并不是孤立封闭的状态，因而面临的公共危机具有波及范围广和发生频率高的特征。因此，政府在公共危机的治理中需要具有全球化视野，加强与各国的协作合作，共同治理公共危机。

3. 公共危机治理的内容

（1）公共危机治理的要素

效率性。公共危机具有突发性、紧急性、破坏性、不确定性、跨界性以及危机影响的广泛性等特征，要求迅速、及时的危机预警和应急救援工作，实现公共危机的治理。甄别公共危机性质、选择预备治理方案、确定实施时间、组建治理小组可以更高效地治理公共危机，从而减少危机带来的损失。因此，政府应对公共危机时，新组建的治理小组要避免人员臃肿导致的低效的状态，人员尽量少而精，提高公共危机治理效率，切忌因低效产生二次危机，因此效率性是公共危机治理的重要特性。

效益性。公共危机治理的价值取向是将公共治理融入危机常态化的管理中，要求公共危机治理更加注重管理的效益。一方面治理以最低的成本将危机损失控制在最小范围内；另一方面公共危机治理注重社会效益，培育社会多元主体形成危机防范意识，强化危机防范技能的培训，加强社会多元主体（政府与非政府、民间组织、社会组织、个人）间的合作与互动，达到公共危机共治的社会效益最大化。

效果性。公共危机治理要遵循效果导向性。危机信息的滞后性、不对称性等众多危机问题极易使公共危机治理决策主体产生混乱，导致决策出现偏差或失误，直接影响公共危机治理的效果。同时，若管理不当公共危机在不同发展阶段会出现治理效果不佳的状况。因此，公共危机治理需要通过危机治理的规划设计及治理制度体系的安排，实现危机的有效预防、预警、恢复等，达到危机善后治理的综合效果。

公平性。对公平的追求不仅是常态化下公共危机管理的要求，也是公共危机治理尤为重视的。在公共危机爆发时，如何第一时间分配救援物资及救援力量；在众多的治理主体诉求中，如何权衡他们的权益，保证危机救援中不出现矛盾冲突，这些不仅仅是公共危机治理策略问题，更是政治矛盾。因此，在公共危机治理中，要更加注重公平、正义，决定如何正确分配有限的人力、物力资源来进行公共危机的救援工作，在顾全大局的同时又要涉及重点，从而保证受灾地区恢复社会稳定。

（2）公共危机治理的目标取向

预防为主，防范结合。公共危机治理最好的阶段是危机发生的萌芽时期，等危机真正爆发后不得已才实施的灾害救援管理会带来更惨痛的损失及影响，只有将危机消灭在萌芽状态才能达到危机预防效果。因此，公共危机治理就在于将其融入常态化的危机管理中，从制度设计到组织体系调动一切力量防范危机的发生。通过制度设计不断改进、提高危机治理能力，进行预防为主、防范结合的危机预防管理，将各类危机消灭在可能发生的状态中，实现危机预防管理。

统分结合，多元治理。常态化的公共危机治理在治理框架体系设计上应主要体现统分结合、多元治理。统分结合是指在权力配置上实现决策集权、治理分权的结合。多元治理是指治理主体多元化，涉及众多治理主体；在治理体系组织上实行分级化治理，由中央、省、市、县（区）、乡镇、村庄到个人；在应对危机时实行分段化，在事前防范阶段进行风险管理，在事中化解阶段集中力量应对危机，在事后恢复阶段进行恢复重建与经验总结。此外，公共危机治理职能分层化，涉及决策层、指挥层、执行层等。

职责明确，协同共治。公共危机治理应对过程中因治理主体的多元化，需要明确分配各主体的权责范围，构建协同治理机制，使各方主体能在各自职责范围内进行责任分工、协同共治，以极快的速度处理公共危机突发事件。同时根据公共危机建立绩效管理和考核评估体系，进一步优化人员、物资、技术等资源的合理配置，实现全方位主体协同配合，共同治理。

转变思想，注重学习。对于公共危机的认识不能只停留在危机应对上，要转变传统思想，善于学习，每一次公共危机的发生都是一次学习的机会，需要进行危机后的反思及相应的认知和行为上的调整，只有经过不断地学习与积累经验教训，才能提高公共危机治理水平和能力。同时，强化学习能扩大各危机治理主体的知识储存量，在危机治理体系构建的基础上能更快提升应对危机的自治、共治、协调能力和集体行动能力，转危为机。

（3）公共危机治理的特征

公共危机治理主体的多元性。公共危机治理是在党中央的领导下由政府主导，吸纳其他社会组织、民间组织、公民及个人集体参与，共同治理危机的过程。在市场经济的发展下，政府很难进行全方位的治理，政府自身在公共危机的治理中存在一些局限性，唯有社会各主体协调治理，才能发挥治理的最大作用，提高公共危机治理的效能。在当前全球化趋势的背景下，应对公共危机还需世界各国的力量，加强国际合作,协调治理。正因为世界各国的交流日益紧密,公共危机的发生并非某一个国家的责任,其后果并非要让某一个国家承担。跨区域的公共危机治理还需要加强世界各国的联系,进行有效的沟通,更好地进行资源优化配置,从而提高治理效率[①]。

公共危机治理对象的突发性。社会上各种矛盾和问题的相互交织,使得公共危机事件的发生率不断提高,涉及的种类和领域也更加多元化。除了自然、政治、经济、社会领域,还涉及公共卫生领域、工厂事故领域等。危机在未能预测到的前提下突然发生,危机爆发时间与空间的不确定性,使得公共危机治理也难以预测,加之公共危机事件发生前后由于信息不畅通等问题,对危机造成的灾害无法进行准确判断,治理危机的难度也不断加大。

公共危机治理手段的多样性。公共危机治理主体的多元性决定着治理手段的多样性,随着信息技术手段的蓬勃发展,在公共危机治理过程中要综合运用各种治理手段,尤其要注重现代信息技术手段的加强和运用,发挥大数据、新媒体的作用。无论是发达国家还是发展中国家,互联网为公共危机的信息传播提供了便利的渠道,使治理主体联合治理成为可能,从而降低公共危机治理的成本,提高治理效率。

4.公共危机治理与公共危机管理的不同

学者唐钧认为公共危机管理是指以政府为主体,组织相关力量进行有效预防和科学地应对公共危机,通过危机前防灾减灾备灾、事中应急处理救援、事后恢复重建整改,有效防止社会风险、科学应对突发事件,达到防止或减少公共危机的发生,从而监测、预警、干预、控制以消除公共危机造成的损害,保护人民群众生命财产安全,维护国家安全、公共安全、环境安全和社会秩序的一系列管理工作和活

---

① 文丰安.新时代我国公共危机治理的特征、经验及启示[J].邓小平研究,2020(2):95-103.

动①。另一种对公共危机管理的看法在并不严格区分公共危机相关概念的基础上界定，是与突发事件、紧急事件、事故等相关概念相似的一种概括，指没有预料到的危机，政府采用相关措施对威胁公共安全、公共利益的事件进行及时救援，有效处理危机，恢复社会稳定。总之公共危机管理是以政府为主体对公共危机事件进行一系列的应对救援、恢复重建工作，以使社会稳定，恢复政府公信力。

公共危机治理与公共危机管理的最本质区别在于两者所要达到的最根本利益和要实现的终极目标是不同的。公共危机"管理"模式是在传统政府管理模式下追求统治利益的最大化，而公共危机"治理"模式是最大限度地增加社会公众的公共利益，两者的权力主体、目标价值、方式内容等存在很大不同。

正因为最根本利益和终极目标的不一致，所以在传统的政府管理模式下，政府是公共危机管理的唯一主体，无论是早期的封闭式传统政府还是逐渐开放的半封闭管理，政府权威管理一直是唯一②。"治理"模式下追求公共利益的最大化，其行为主体是多元的，且各主体之间法律地位平等，从而能达成真正意义上的合作。由此表明，治理的权威主体并非只有政府机关，在政府体系外的非政府机关，如民间组织、非政府组织、公民个人等行为主体都可以共同参与、共同决策，一起治理公共危机。公共危机治理模式区别于传统单一行为主体行政管理模式，倡导全社会多元治理主体间构建相互合作、协同治理的组织关系，这不仅是公共危机治理的理念，也是应对公共危机的现实所需，但公共危机治理的权力中心只能是以政府为核心的单一结构中心，与其他多元治理主体明确权责关系，最终实现公共危机治理的全方面社会共治（见表1.2）。

---

① 唐钧. 公共危机管理 [M]. 北京：中国人民大学出版社，2019.
② 刘霞，向良云. 公共危机治理 [M]. 上海：上海交通大学出版社，2010.

表1.2 公共危机管理、公共危机治理的差异

对比维度	管理模式	
	公共危机管理	公共危机治理
权力主体	单一	多元
权力中心	单一	单一
权力来源	科层制	权威、信任
组织关系	隶属关系	相互合作
目标方向	效率优先	效率、效果、效益、公平
管理方式	公治为主	自治、共治、公治
管理内容	预警、应急	预警、应急、评估、学习
决策方式	时序性、阶段性	分布式
责任承担	政府为主	责任分担

（四）危机治理的公共意义

以私人利益为参考，公共意义具有一定的普遍性和公益性，危机治理的公共意义主要是对国家、社会运行，社会秩序、资源整合利用，以及危机预防意识起着重要作用。

第一，有利于稳定社会公共秩序。危机治理的公共意义在于有利于稳定社会秩序，维护社会团结。危机治理的首要目的是恢复社会秩序，保障社会正常运行。危机治理多元主体有责任和义务去维护好我们的公共生活。危机爆发后危机治理部门需要及时应对事件，保证生活必需品的有序供应，维护好公民的基本社会生活。

第二，有利于调整国家社会关系。危机治理的公共意义在于能重新调整国家与社会的关系，也探求一种新型关系。危机治理的成功需要有活跃的社会公民积极参与，重新释放能量，因此，公民组织发展和积极参与公共事务是危机治理得以运转的基础。在理论层面，危机治理理念要求政府还权给社会，大力发展公民自组织，增强公民参与危机治理的意识。在实践中，政府放权给公民，鼓励公民积极参与社会事务，提升和培育公民自主管理社会的能力是危机治理的重要环

节。公民积极参与和公民自主管理能力的提升冲击着传统国家与社会的关系，因此，危机治理的公共意义在于能建立新型国家与社会的关系。

第三，有利于社会资源合理调配。危机治理能使政府在应对危机事件时合理调配社会资源。以政府为核心的治理主体，在应对危机时，发挥我国集中力量办大事的优势，从各地调配应对危机所需的资源，进行合理的配置，及时应对公共危机，极大地提高了紧急应对的有效性，防止了危机的扩散。

第四，有利于增强危机预防意识。危机治理的公共意义在于能提高全社会公众的危机预防能力。对公共危机的学习是公共危机治理的重要内容，一方面对于治理主体而言，加强危机经验教训的学习能增强对危机的防范意识，提高治理主体应对公共危机的综合素质和能力；另一方面对于社会公众来讲，加强危机救灾知识的学习和教育，普及危机的预防、避险、自救、互救、减灾等知识，有利于增强公众预防危机的意识，克服其面临危机时的恐慌心理，及时规避风险，展开自救行动。

第五，有利于推进国家治理现代化。危机治理的基本理念和治理标准与国际社会所尊崇的善治理念相契合。善治的重要标准是参与、公开、透明、回应、公平、责任、合法性等，在我国国家治理现代化进程中，遵循治理的基本理念及标准原则，确保治理坚持以人民为中心，增进人们的福祉，是国家治理现代化不断完善的重要表现。因此，危机治理为国家的发展奠定基础，应提高治理能力、制度执行力以及治理效能。

二、公共危机治理的观念

公共危机治理是一项系统工程，包含事前防范、事中化解以及事后恢复三个阶段在内的所有活动，在公共危机治理的任何阶段和任何环节中，治理主体都需要在正确、科学的观念指引下实施一系列的治理行为，以更好地提高危机治理的效果。本小节主要研究从价值观与工具观、权力观与责任观、制度观与执行观、目标观与绩效观四对统一的观念出发，以此为导向从而实现公共危机治理的现代化。

（一）公共危机治理的价值观与工具观

1. 公共危机治理的价值观

价值观对社会行为起着导向和规制作用，在公共危机治理中各主体和参与者的行为动机都会受价值观的支配和制约，这些价值取向更是决定着危机治理的成效，在确定好公共危机治理的价值取向后，各主体便可以在这些价值观念的引导下积极、主动地开展活动应对危机。由于公共危机治理主体呈现出多元化特点，因此可以从政府、非政府组织、社会公众三个层面来分析公共危机治理过程中的价值取向。

（1）政府层面

政府是公共危机治理的重要主体，因其权威地位和社会影响力使其承担着最主要的责任，为了更好地在公共危机治理过程中解决人民群众的难题，减少危机带来的损失，政府要遵循的价值取向主要表现在以下几个方面。

一是以人为本。人民群众不仅是公共危机的影响者，也是重要参与者，以人民为中心是公共危机治理要坚持的根本点，保护好人民群众的生命安全和个人健康是最基本的目标，远比获得经济利益重要得多。要实现以人为本的价值取向，就要将"人"置于最核心的地位，始终从人民群众的需求出发开展公共危机治理活动，保护好人民群众的切身利益和权利。在危机发生后，要以最大限度地保护好人民的生命健康和财产安全为最主要的任务，无论付出多大的成本和代价都要营救处于危机中的人民群众。同时，在危机情境下人民群众的正常生活会受到影响，政府要为他们提供充分的物资，保障其最基本的生活需要，做好这部分群体的后盾。

二是"4E"原则。"4E"即效率（Efficiency）、效果（Effect）、效益（Economy）、公平（Equality），坚持"4E原则"是公共危机治理体系建立的价值前提，政府要以其为基本遵循，治理的结构和过程都要以此为指引和归宿[①]。所谓效率，即危机发生后，政府要迅速、及时地进行预警和应急处置，对危机进行高效治理，尽最大努力减少危机带来的损失。这就要求应对危机的政府机构要精简，避免出现机构臃肿导致效率不高的现象；参与到政府治理中的行政人员要专业化，坚持"少而精"原则构建公共危机治理人才队伍。所谓效果，即危机发生时一般处于环境复杂、资源有限、信息不对称、结果难以预料的条件下，会给决策者增加决策难度，难以避免出现决策失误，延误危机的最佳解决时机，因此必须考虑决策对危机治理产生的影响，重视决策效果问题，这就要求政府加强调查研究，健全交流沟通渠道，考虑公众的真正需要，提高决策的实用性，确保通过决策方案的执行可以有效解决危机。从总体上看，要构建系统的公共危机治理体系，构建有效的危机预警机制、防控机制和事后重建恢复机制。公共危机治理必须注意效益问题，首先要将社会效益放在首位，加强各主体之间的协作配合度，形成多元主体协同治理的格局，全面提升公共危机治理的效益；其次，公共危机治理的效益还意味着要以尽可能低的救治成本将危机造成的损失控制在最小范围内。对公平的追求不仅是在常态下政府对公众的回应，在危机状态下政府更应将公平放在至关重要的位置，公共危机爆发后，政府要平等地对待每一位危机受害者，为他们提供统一的救助，而当面对众多的救助群体时，优先救助哪些群

---

① 刘霞，向良云. 公共危机治理 [M]. 上海：上海交通大学出版社，2010.

体、优先将资源分配给哪部分受众，这些都是要着重考虑的问题。公平的价值取向决定了有限的人、财、物等资源分配的重点，既要顾全大局又要突出治理重点，这关乎公共危机治理的有效性。

三是预防优先。戴维·奥斯本和特勒·盖布勒在《改革政府——企业家精神如何改革着公共部门》中曾经指出，政府治理的目的是使用少量的钱预防，而不是花大量的钱治疗。因此，不能只在公共危机发生后才付出巨大的成本代价来解决危机，而要在危机发生前就给予充分的关注，做好预防和准备工作，这些预防和准备工作能够帮助避免危机的发生或提高社会的警惕性，以此减轻危机带来的威胁或利于公共危机治理主体及时调用资源、建立相应的治理机制以确保受危机影响的群体获得帮助。从国外公共危机管理的实践看，灾害减除与准备是紧急事态管理周期四阶段的重要组成部分，更是公共危机治理的关键内容，这可以消除安全隐患，从根本上避免突发事件的发生率[①]。

（2）非政府组织层面

非政府组织可以弥补政府在公共危机治理中的不足，在公共危机发生后，政府的工作流程使其无法因地制宜地作出及时反应，而非政府组织中的成员分布领域广、专业性强，并具有信息和地理位置的优势，可以迅速地开展动员，做出紧急行动，因此，非政府组织在公共危机治理中扮演着重要角色，是不可或缺的治理主体。鉴于非政府组织的重要作用，这些组织在公共危机治理中应秉持的价值取向主要表现为积极承担社会责任。

具体来说，首先，非政府组织作为对上承接政府组织、对下联系群众的纽带，要做好两者间的衔接工作，对公共危机的预兆和原因作出快速、及时的反应和判断，通过多种途径将搜集到的有关信息报告给政府部门，协助政府做好应急处理工作，防患于未然。其次，在公

---

① 沙勇忠，解志元. 论公共危机的协同治理 [J]. 中国行政管理，2010（4）：73-77.

共危机发生后,非政府组织要将所拥有的各种资源投入公共危机治理中,为政府治理提供资源支持,帮助政府解决资源紧张的难题。与此同时,非政府组织应发挥灵活性优势,填补政府救助的空缺,深入基层群众中,理解并满足他们的需求,从而维护公共危机救助的平等性和公正性。总之,非政府组织是公共危机治理中不可缺少的力量,这些组织通过积极承担在解决危机事件中的责任,成为政府的帮手,能够更好地维护社会公众的权益,营造稳定和谐的社会治理局面,从而大大提高公共危机治理的效率,创造更多的社会效益。

(3) 社会公众层面

社会公众既是公共危机的直接或间接影响者,也是重要的参与力量,公民参与到公共危机治理中是促进政治民主化的现实要求,他们都希望能在公共事务中表达自己的诉求,维护自身的权益,而且随着网络与自媒体的普及,公众有了更多的发表言论的空间,他们成为影响社会舆论走向的重要力量。对于社会公众而言,在公共危机治理中的首要价值取向就是树立大局观念,平衡好义利关系,要在个人利益和社会公义之间求得平衡,既尊重个人利益,又坚持社会公义,当二者发生冲突的时候,能够牺牲个人利益成全社会公义[①]。因维护个人利益而置社会整体利益于不顾,会引发更多的社会矛盾,或将其他危机受害者置于险境之中使其得不到及时的救助,进而产生更大的损失,阻碍公共危机治理的进程。因此,社会公众要配合好政府和其他治理主体的工作,坚持从社会整体出发,为公共危机治理作出力所能及的贡献。

2. 公共危机治理的工具观

在公共危机情境中,治理工具是以政府为主的治理主体为了控制公共危机发展速度,尽快解决危机事件,实现公共危机的治理目标而

---

① 张海波. 中国转型期公共危机治理:理论模型与现实路径[M]. 北京:社会科学文献出版社,2012.

采取的方法和手段的总和。由于治理目标的实现是执行政府公共危机治理政策的结果，而且从公共危机治理的实践看，政策工具已被广泛应用于公共危机治理领域，并提高了政府应对公共危机的效能，因此此处主要从政策工具的角度分析其在公共危机治理中的具体运用。

治理公共危机需要在政府、社会、市场三方力量的协调、互动和配合的基础上作出正确的政策工具选择。在危机情境下，如何选择恰当的政策工具并合理运用是要考虑的重点问题。有学者将政策工具分成三类，即强制性政策工具、混合型政策工具、自愿性政策工具，表1.3介绍了常见的政策工具的基本情况，政府通过优化组合可以实现政府、社会和市场的良性互动，从而提高公共危机的治理效能[1]。

表1.3 常见的政策工具

	强制性政策工具	混合性政策工具	自愿性政策工具
基本特征	高强制性，借助政府的权威和强制力实行控制和引导	兼具强制性和自愿性	在自愿的基础上做出选择
政策工具类型	政府使用的最基本的政策工具	政府常用的直接和间接相结合的政策工具	没有政府干预的政策工具
政府干预程度	政府干预程度最高	有一定程度的政府干预	很少或几乎没有政府干预
具体政策工具	管制、法律法规、命令、制度规章、公共服务	信息、公告、宣传教育	家庭与社区、志愿者组织、市场
表现形式	政府以命令、法律条文等强制性规定约束社会行为	政府提供政策制度、环境、信息传播平台等支持	政府与社会组织、公众互动合作
运用效果	在短期内可以获得明显的危机治理效果，但由于执行的强制性，会受到约束对象的影响	实现政府直接与间接政策工具相融合，提升公共危机治理的有效性	动员全体社会成员参与到公共危机治理中，实现各主体之间的良性互动

在政策执行过程中，往往需要混合运用政策工具才能获得最佳

---

[1] 李新仓，陈彩红. 危机治理中常见政策工具与运用策略研究[J]. 治理现代化研究，2020（1）：84-89.

的执行效果，为了有效应对公共危机，美国联邦应急管理署提出了突发公共事件应急系统（Integrated Emergency Management Information System，iEMS）。iEMS 模型的基本假设是各类型的危机均有共同的危机特性，并考虑多目标途径，将危机管理分为舒缓阶段、准备阶段、回应阶段、恢复阶段，这四个阶段分别对应舒缓政策、准备政策、回应政策、恢复政策，[①]由于该系统模型具有系统性，在危机情形中具有普遍适用性，因此被广泛运用于公共危机治理中。

（1）公共危机治理舒缓阶段中政策工具的运用

该阶段的政策目标是消除公共危机发生的诱导性因素，减少危机发生的概率，因此政策工具的选择以预防为主。随着自然环境、社会条件的变化，影响社会秩序的风险性因素增加，并分布于不同的领域中，因此在舒缓阶段要以政府的权威力量作为保障，辅之以社会、市场的力量。首先是强制性政策工具的具体运用。政府要出台并完善相关的法律法规，通过立法、规章制度规范约束社会行为，在法律许可的范围内开展有关活动。比如我国为应对突发事件，出台了《中华人民共和国突发事件应对法》，以该部法律为基础构建了危机治理的基本框架，促进了危机治理的法制化建设。与此同时，政府还要直接提供资金、物资及其他公共服务，为公共危机治理提供充足的物质基础，保障治理进度的有序开展。其次是混合性政策工具的具体运用。政府通过信息、公告、宣传教育等政策工具向社会公众普及公共危机的相关知识，以及在危机状态下可以采取哪些自我保护措施，提高公众对公共危机的认识和警惕。最后是自愿性政策工具的具体运用。发挥家庭、社区和志愿者组织的作用，开展有效的社会动员，提高公众规避风险的水平，将社会力量运用到公共危机治理中。

---

① 唐庆鹏，钱再见. 公共危机治理中的政策工具：型构、选择及应用 [J]. 中国行政管理，2013（5）：108-112.

(2) 公共危机治理准备阶段中政策工具的运用

此阶段的政策目标是增强社会的公共危机防范意识，提升政府应对公共危机的能力，政府应对危机时越是准备充分、预防措施及时完善，越能提升社会主体的危机意识和应变能力。首先是强制性政策工具的具体运用。公共危机的发生难以预料，在准备阶段，政府要提前制订系统完善的危机应急预案和危机治理规划，提供社会安全保障服务，并完善应急管理体系，做好全面应对危机的准备。其次是混合性政策工具的具体运用。政府要通过官方网站或借助大众媒介平台将应对公共危机的详细事项告知社会公众，提升他们的自我应对能力和防范意识，还可以通过教育的方式进行危机应对演练，借助于实际情景模拟来提高公众在危机状态下的自我保护能力。最后是自愿性政策工具的运用。公众和社会在准备阶段的作用至关重要，家庭、社区和志愿者组织要系统学习有关公共危机的防范知识，提升危机防控意识和应对能力。

(3) 公共危机治理回应阶段中政策工具的运用

此阶段是公共危机治理的重点阶段，也是政府全面应对危机的主要阶段，回应阶段的政策目标是通过优化政策工具组合，及时有效开展公共危机治理，最大限度减少危机带来的损失，在有限时间内解决危机。首先是强制性政策工具的具体运用。在回应阶段，强制性政策工具是主要的选择方式，当危机已经爆发并对社会产生一定的影响时，政府需要发挥管理、协调、领导、保护职能，并及时采取管制、命令、制裁、直接提供等政策工具，对公共危机作出迅速反应，及时动用各方资源和力量投入公共危机治理中，还要成立应急指挥小组，健全危机应对系统，保障充足的物资供应。其次是混合性政策工具的具体运用。政府通过公告、信息、宣传的政策工具加强与社会公众之间的交流沟通，了解危机受害群众的需求，通过发布公共危机的相关信息和政府采取的治理措施的信息，让公众了解危机真相，缓解他们的恐慌情绪。同时，要发挥主流媒体在此阶段的作用，对公共危机事件作出客观、翔实的报道，让媒体成为政府与社会公众交流沟通的纽带，保障公共危机治理进程的公开、透明性。最后是自愿性政策工具的具体运用。要提高家庭、社区、志愿者组织参与到公共危机治理中的积极性，发挥这部分群体的独特作用，从而弥补政府公共危机治理的缺陷。

（4）公共危机治理恢复阶段中政策工具的运用

此阶段的政策目标是帮助公众和地区尽快从危机事件的影响中恢复过来，重建稳定的社会生活秩序，需要运用政府主导和市场机制辅助结合的方式实现社会资源的合理配置。首先是强制性政策工具的具体运用。政府可以利用管制、法律规章、直接提供等政策工具帮助受影响地区恢复重建，具体包括：完善危机恢复重建的法律法规，明确恢复时期相关责任人的职责和任务，对违法行为实行处罚；加大财政政策和优惠政策对受害地区的扶持力度，保障基本的生活运行。其次是混合性政策工具的具体运用。利用发布公告、信息与规劝、宣传与教育等政策工具，对前期的公共危机治理实践进行总结和反馈，积累经验，以便下次出现同类危机时有例可循。同时，要着力查明导致此次危机事件的原因，对已经产生的影响作出统计分析，将相关情况通过新闻发布会或媒体报道的形式告知社会公众，对阻碍公共危机治理进程的人员进行处罚和教育，强化危机治理效果。最后是自愿性政策工具的具体运用。危机事件会给群众带来严重的心理创伤，除了政府要为他们提供帮助和安抚，社区、志愿者组织也要加入后期的恢复工作中，可以组建专门的心理咨询中心，进行心理疏导，安抚好公众的情绪，帮助他们尽快恢复正常的生活状态。

3. **价值观和工具观的统一性**

公共危机一旦爆发便会产生严重影响，在危机情境下的所有活动都需要在法律允许的范围内进行，任何不理性的行为都会对公共危机治理进程产生阻碍，此时要遵循的价值取向为有关治理活动的开展和各主体的治理行为提供了规制和指导，并决定着公共危机治理目标的实现程度。正确、科学的价值取向使得政府在处理危机的过程中事半功倍，相反，错误、非理性的价值取向则会导致政府在处理危机时事倍功半，甚至延误危机的最佳解决时机，产生更为严重的后果。因此，政府作为主要的治理主体，必须树立正确的价值取向，在全社会都认同的价值观的指导下开展治理活动，这也为运用公共危机治理工具提供了指引方向，更是实现公共危机治理政策目标的前提和基础。

价值目标的实现依赖于一定的方法和手段，这就需要发挥治理工具的作用，两者是配合统一的关系。就政策工具而言，政府在优化政策工具组合时需要在价值观的引导下进行选择，它是化解公共危机、实现公共危机治理目标的基本途径，若没有这些手段作为配合便不能有效预防、处理和消除危机带来的影响。

（二）公共危机治理的权力观与责任观

1. 公共危机治理的权力观

在公共危机治理中，政府处于主导性地位，是发布命令、处理事务的核心机关，其发布的政策方案具有权威性，从而动员相关部门和社会公众在危机发生后的行为，引导社会的发展。具体来说，政府在公共危机治理中的权力可以分为以下几个方面。

（1）决策权

公共危机发生时处于环境复杂、资源短缺、后果难以预料的条件下，给危机管理者提出了巨大考验，需要尽快做出决策，这就需要政府凭借自身的主导地位及时做出决策。此时的决策属于一种非常规决策，是决策者在特殊条件下做出的，因此在决策过程中，政府必须认真分析危机情境，否则就无法识别危机发生的条件，难以分辨从危机现场发出的信号。同时在决策过程中决策者要吸纳社会公众、专家学者的意见和看法，充分发扬民主精神，提高决策的实践可行性。另外，行使决策权要满足三个条件：第一，享有决策权的政府人员必须要求与其职位相一致，不能超越职权、无限制地使用或扩大决策权，否则会带来权责不匹配的现象，更不能允许"有权无职"或"有职无权"的状况存在，否则会延误危机解决的最佳时机。第二，决策权的大小要与决策者的素质相符，在某个职位能做出决策的政府工作者需要掌握一定的专业知识，自身素养较高，能够果断应对突发事件，反之，拥有职权但没有行使职权的能力，做出的决策也会缺乏说服力。第三，决策权要与职责相匹配，决策权的行使是为了更好地完成本职任务，在公共危机治理中，行使决策权是要及时应对突发事件，最大范围内保护公众的生命财产安全，权责是一致的，行使多大的权力就需要承担与之相匹配的责任，避免出现决策失误但无法追究相关责任人的责任的情况。

（2）领导权

作为公共危机治理的核心主体，政府始终承担着领导者的角色，指挥、动员其他危机管理主体在危机治理中的行为，这是由政府的权威地位和性质决定的。政府作为人民利益的捍卫者、社会秩序的维护者，始终站在大局高度思考问题、解决难题，尤其在公共危机治理中，政府将人民群众放在首位，想尽一切办法应对危机，减轻危机对人民、对社会产生的影响，因此政府有很强的号召力，可以动员社会中一切可能的力量投入危机治理中。政府会出台相关的制度文件，不仅约束政府内部工作人员的行为，也对其他参与者在危机治理过程中的行为做出了基本规定，这就使得其他危机治理主体在政府的领导下严格按照制度规定办事。社会公众作为危机的影响者，是公共危机治理中的重要组成部分，他们会在政府的领导下提高对危机的警惕性，避免影响他人和发生不理性行为，配合好政府的工作，降低危机的管理难度。

(3) 资源调配权

公共危机的发生使得政治、经济、文化等社会发展的方方面面都处于非常态条件下，严重时会影响社会发展状态，因此需要整合社会资源、保障资源供给，才能保障社会基本运行。受突发危机巨大冲击力的影响，可以及时动用的资源是有限的，而且危机本身就是在资源紧张、环境复杂的条件下发生的，对于一般的危机管理参与主体和社会公众来说，他们能力有限，凭借自身力量投入危机治理中的资源是有限的，这就需要发挥政府的作用。一方面，政府内部会有可以紧急调配的资源使用，这是应对危机的后备保障；另一方面，政府处于权威地位，号召力强，能够动员全体社会的力量，将所需资源投入危机治理中，进而在政府的统一指挥下，整合这些资源，统一调配使用。

(4) 行政紧急处置权

面对突如其来的事件，政府会动用行政紧急处置权来处理遇到的紧急情况，从广泛的意义上看，行政紧急处置权是国家在宣布进入紧急状态后所行使的权力，通过必要的权力集中与人权克减来达到消灭危机、恢复国家正常秩序的目的。从这个意义上来说，紧急状态事实上就意味着集权，即一种有限的、受制约的、集中性的权力行使。为了更好地应对危机，政府可以采取的紧急措施包括：①立即启动紧急预案；②加强对危机事件发展过程的监测，及时将相关状况汇报给相关管理者；③向社会公布此次危机的可能性危害与潜在影响，增强危机受众的警惕意识和自我防范能力；④根据实际需要实行封闭、隔离等其他限制性措施，避免危机波及更大的范围，产生更严重的影响；⑤应急救援队伍和其他必要性人员时刻处于待命状态；⑥调用所需的物资和设备，保障基本的社会生活。当然，行政紧急处置权要在法律允许的范围内行使，受到法律的理性规制，从而使政府行政人员合理合法运用手中的权力，保护公民的权益[①]。

2. 公共危机治理的责任观

政府是公共危机治理中的核心主体，在危机治理中承担着最大的责任，有必要将公共危机管理的方略与社会发展总体方略相结合，最终实现公共危机治理的善治。政府责任是政府活动的基本目标和基本使命，也是政府工作的总方向，它强调的是政府行为的质量，是全部政府机关的基本职能和整体功能，公共危机管理是政府职能的重要体现。由于公共危机从产生到结束可以划分为不同的阶段，每个阶段对危机治理都有不同的要求，因此在不同阶段政府需要承担不同的责任。

（1）公共危机爆发前政府的责任

在公共危机爆发前，相关机构要有强烈的危机意识，能从社会事件中捕捉到危机信号，提高预警和监测水平，并能制订危机应对方案，以便危机发生时有章可循。具体而言，在此阶段政府的责任主要表现在以下几个方面。

作为主要的危机管理者，政府要时刻具备危机意识，防患于未然，将危机意识作为政府执政能力的重要组成部分，这也是公共危机治理中政府责任的首要体现。

加强对社会公众的危机教育，普及与危机有关的知识和危机发生时的保护措施，提高公众对危机的警惕性。通过危机教育，公众可以对危机有基本性的认识，以至于在危机真正发生后不会产生过度的恐慌，这也能降低政府治理危机的难度。

设立完善的公共危机管理机构，配备专业的危机管理人员。在政府内部设立公共危机常设机构，可以提高政府的公共危机治理效率，这些机构上下协调统一，确保能及时发现危机并在危机发生后能够协

---

① 翟佳佳. 论行政紧急处置权 [D]. 郑州：郑州大学，2019.

调工作。危机管理人员是具备专业知识和实际经验的工作者，其职业道德和专业素养都达到一定的要求，他们是公共危机治理的主要权威力量。

建立危机预警和监测机制，避免公共危机的大规模爆发。灵敏而有效的预警系统可以及时捕捉到危机发生的信号，基于此，政府可以增强对危机的防范意识和防控能力，从而通过及时的措施降低危机发生的概率。

制定危机治理的制度规范，合理约束危机管理者的行为。法律法规、制度规范等是引导危机管理行为的保障，规定了危机管理者怎样作为、要遵循哪些要求、如何行使权力等内容。有了制度作为约束，公众的利益要求、社会的发展运行就有了权威保障。

（2）公共危机爆发时政府的责任

公共危机爆发时，有关机构根据掌握的权力、法律法规要求，调用各种资源投入危机治理工作中，以期控制危机的蔓延范围，减少危机带来的损失。在此阶段，政府的责任主要体现在以下几个方面。

在第一时间内启用危机应对系统，并迅速做出决策。政府对危机的反应速度直接决定着危机的蔓延速度和影响程度，政府要根据掌握的各种信息和对危机的基本了解，给出及时性决策方案，各相关部门要协调统一，配合工作，保证危机治理的效率。另外，要根据危机涉及的不同领域和产生的不同影响组建相应的专业性应急队伍，做到责任明确、反应快速、沟通渠道畅通。

尽快实施已经制订的危机决策方案，在有限时间内化解危机。为了保证方案的有效实施，要将有关的资源投入危机治理中，同时整合社会力量，发挥不同主体的优势，齐心协力解决危机。随着危机的发展及后续治理工作的有序开展，危机决策方案还应结合现实情况做出相应的调整，以提高危机治理的针对性。

增强政府透明度，保证公众的知情权。社会公众是公共危机的直接影响者，他们对危机信息表现出强烈的需求，在公共危机发生后，政府有关部门要及时公开与危机有关的各种信息，以及政府为了应对危机采取了哪些措施，以缓解公众的恐慌和紧张感，动员公众做好政府危机治理的配合工作，降低公共危机治理的难度。

发挥主流媒体在信息传播中的作用，引导媒体对公共危机作出正面报道。政府要合理利用媒体，发挥媒体的教育和传播作用，借助媒体向社会宣传与危机有关的信息，并向社会开展公共危机方面的教育，提高公众对危机的认识，树立全社会战胜危机的信心和决心。

（3）公共危机爆发后政府的责任

公共危机爆发后，政府主要承担的是善后工作，对危机产生的影响和对社会造成的破坏进行弥补，引导社会重新发展运行。具体来说，在此阶段，政府的责任主要体现在以下几个方面。

公共危机爆发后，伴随着危机的结束，政府应总结此次危机事件中的经验和教训，可以将有效的经验制度化，提升应对能力，以便更好地服务于未来的公共危机治理实践；对于危机，要分析其中的原因，深入研究，提高警惕性。

完善公共危机治理的相关制度，进一步明确政府公共危机管理的职能，有助于从制度层面解决危机治理中的各种问题，同时这也是约束政府行为的制度规范，避免政府工作人员在危机治理中推卸责任，这也有助于保障公众的需求，更好地为人民服务。

安抚公众情绪，恢复正常的社会秩序。危机的爆发会给社会公众带来焦虑、紧张情绪，影响他们的正常生活状态，因此政府要及时安抚公众的情绪，重塑他们对社会、生活的信心。公共危机会使社会运行产生各种问题，在危机结束后，政府要弥补危机带来的破坏，采取措施恢复正常的工作，以确保社会继续有序运行。

3. 公共危机治理中的权责统一性

权力与责任是不可分割的整体，有权力必然要承担一定的责任，有责任则必然有对应的权力，权力为其责任而执行，责任为其权力而承担。简而言之，拥有多大的权力就要负多大的责任。权力本身具有两重性，用得好可以造福于民，用得不好则会产生负面影响。政府作为行政机关，作为主要的公共危机治理主体，必须采取积极的措施和行动履行其职责，不作为、乱作为、违法作为的行为不仅会影响政府的公信力，行为者更要承担相应的法律责任。

在整个公共危机治理过程中，为了防止政府官员滥用职权或不当作为现象的发生，增强政府官员的责任意识，有必要明确他们的权力和义务范围，同时也有必要让他们接受政府内部和外部的监督，更好地规范其行为，确保他们在危机治理中始终站在人民整体利益的角度化解危机，因此有必要将行政问责机制引入公共危机治理领域。公共危机治理的主体包括政府组织、非政府组织、社会公众等，其中起主导性作用的是政府，其他主体都要在政府的统一领导和指挥下参与到危机治理中，并严格按照政府规定的要求开展相关活动，因此政府在公共危机治理中承担着主要责任。然而，从危机实践中不难发现各级政府及其行政人员会出现失职行为，但是有的行政人员并没有得到应有的惩罚，甚至还在以往的职位上继续充当"人民公仆"的角色，长此以往会使得更多的行政人员漠视法律法规，产生更多的渎职失职行为。在危机治理中，缺乏责任感和法律意识会给危机治理工作带来巨大难度。尤其是在公共危机面前，有的行政人员临危受命，手持大权，若出现失职行为不仅会延误危机的最佳解决时机，还会给社会带来更为严重的影响，造成无法估计的危害。因此在公共危机治理领域，为了防止出现行政人员的权责不统一的现象，引入问责机制是十分有必要的。为了发挥问责机制的作用，在公共危机治理的实践中，要进一步健全与之相关的法律法规，并扩大问责的范围，加强问责的力度，更好地约束政府官员的行为，使其通过合理行使手中的权力，积极承担人民群众所赋予的责任，来达到保障社会公众基本需要、维护社会正常运行的目的。

（三）公共危机治理的制度观与执行观

1. 公共危机治理的制度观

公共危机治理需要多元主体的参与，危机的解决需要依靠主体的自觉行动，更需要依靠各主体间的通力合作和信息的交流共享，同时必不可少的是制度规则的约束，这是规范主体行为的保证。制度是一种基本性规定，一般由正式规则（如宪法、各领域法律等法律条文规定）和非正式规则（如行为规范、社会惯例等）组成，为相关主体提供基本的行为准则和要求。由于公共危机的爆发使社会群体处于一种特殊情境下，会引发不理性行为从而加大危机治理难度，因此迫切需要制定被各主体共同认可和遵守的应急管理法律和制度规则，为各时期各主体的活动做出相关规定，对他们出现的不当行为采取惩罚措施，强化各主体的正向行为。

（1）健全应急法律体系

应急法制是关于突发公共事件引起的紧急情况下如何处理国家权力之间、国家权力与公民之间的各种社会关系的法律规范和原则的总和，具有内容和对象上的综合性、适用的临时性和预备性、实施过程的行政紧急性、法律制裁的严苛性等特点[1]。应急法制规定了危机管理主体可以行使哪些权力，并对危机管理的程序、条件、行为规范等做出了明确规定，促进了公共危机治理的法治化和制度化，也是使公共危机治理过程顺利运行的保障和依据。应急法制可以营造良好的法治化环境，进一步减少危机发生的可能性因素。

---

[1] 刘霞，向良云. 公共危机治理 [M]. 上海：上海交通大学出版社，2010.

为了预防和减少危机事件的发生，减轻危机事件对社会造成的危害，维护人民群众的生命财产安全，我国于2007年颁布实施了《中华人民共和国突发事件应对法》（以下简称《突发事件应对法》），对危机事件的预防与应急准备、监测与预警、应急处置与救援、事后恢复与重建等方面都做出了详细说明，并明确规定要建立统一指挥、专常兼备、反应灵敏、上下联动的应急管理体制，明确了应对危机事件要按照预防为主、预防与应急相结合的原则，这些都对危机治理工作提供了指导。

《突发事件应对法》的实施是我国突发事件法律体系建设过程中的里程碑，标志着突发事件应对工作逐渐走向法制化[1]，该法律确立的内容与制度包括：①预防和应急准备。这是整部法律中极其重要的内容，具体有：一是建立应急预案体系；二是建立风险评估体系；三是建立安全管理制度；四是建立突发事件应对管理培训制度；五是设立专业应急救援队伍。②突发事件的监测制度。这是为了有效预防和减少危机的发生，减轻危机对社会产生的危害，具体内容可分为：一是建立统一的突发事件信息系统，涵盖了信息收集、分析、会商和评估，上下左右互联互通和信息及时交流等内容；二是建立健全监测网络。③突发事件的预警制度。这是以突发事件的预测信息和风险评估为依据，针对突发事件的危害程度和发展趋势而采取不同解决措施的制度，具体内容包括：一是预警级别的划分；二是预警警报的发布；三是发布三级、四级警报后应该采取的措施；四是发布一级、二级警报后应该采取的措施。④突发事件的应急响应制度。这是为了避免突发事件的迅速蔓延，尽可能地避免次生危机的发生而必须采取的制度，主要可分为：一是自然灾害、事故灾难或公共卫生事件发生后应该采取的措施；二是社会安全事件发生后应该采取的措施；三是突发

---

[1] 汪永清.《突发事件应对法》的几个问题[J]. 中国行政管理，2007（12）：8-11.

事件严重影响国民经济正常运行时应该采取的措施。⑤突发事件的事后恢复与重建。这是在突发事件得到有效控制，威胁和危害消除后，为了尽快使社会恢复正常的生产、生活状态，保障国民经济正常运行而需要采取的制度，主要包括：一是及时停止应急措施，同时采取或继续实施防止次生危机发生的措施；二是制定恢复重建计划；三是上级人民政府应提供的指导和援助；四是针对突发事件对受害地区产生的影响程度而采取优惠扶持政策。

（2）加强法律政策间的衔接配套

《突发事件应对法》是我国应对突发事件的纲领性文件，该部法律需要其他法律与之适当配合，在制定多样性的应对危机的法律文件时要注重彼此间的衔接配套，从而形成完整、统一的危机管理法律体系。同时为了加强各法律的适用性，需要进一步出台相关的具体细则，为危机治理实践提供更为翔实的指导。

这样一是为了避免危机治理主体随意使用自由裁量权损害公民权利和公众利益，要在危机法制体系建设中突出对危机治理程序的法律控制；对危机治理中政府权力的范围和使用限度、其他部门的作用、突发事件的应对期限等，均要有明确的规定和程序控制，以确保后期法律执行过程中的合法性和正当性。二是为了保证危机治理过程中的行为的统一性，还要对参与到危机治理中的各部门、各机关的机构设置、程序和制度做出统一规定，明确各相关机构的法律地位、权力范围以及资金来源；同时还要合理界定危机事件应急处置的指挥权和领导权，为了动员全体社会力量投入危机治理中，形成多样化的危机治理网络，更要对相关组织、个人所扮演的角色和承担的任务做出明确界定，从而形成分工明确、权责统一、治理有效的危机治理法律体系。

2. 公共危机治理的执行观

法律规范、制度规定从标准层面为公共危机治理提供了指导，要将制度层面的要求落实到具体实践中,就需要加大执行力度,切实将规范转化成实际行动。在公共危机治理中,制度执行是危机治理的有关主体以制度为根本遵循,通过有效的活动将目标和要求转化为预期效果的过程,这是对危机治理主体能力的一种考验,可以说,加强制度执行是推进公共危机治理现代化的必然要求。现代社会日益形成了一种"社会共治"的危机治理网络,需要多元主体的积极参与,虽然他们的最终目标都是控制危机的蔓延,避免危机对社会产生更大的危害,但在这过程中各主体间的价值取向难免会存在差异,出现价值冲突或行为对立的现象,制度已经从顶层设计的角度为各主体的行为做好了规范,关键还要看落实,以制度为指导加大执行力度可以缓解主体间的价值和行为冲突,营造和谐统一的危机治理环境,助力实现危机治理现代化。要将制度优势转化为治理效能,就应把执行力放在突出位置,赋予执行过程充分的支持,而有效执行需要必备的保障,主要包括以下几个方面。

一是培养专业的执行队伍。人才支持是制度执行有效开展的重要保证,也是危机治理过程中不可或缺的基础力量,要以解决危机困境为目的培养一批专业的执行队伍,不拘一格选拔人才,通过考核、培训等一系列的方式将优秀人才吸纳到制度执行队伍中。培养的执行队伍不仅要具备系统的专业理论素养,以理论为依据指导具体的危机治理实践,还要有良好的思想道德修养,始终从大局出发,维护社会、公众的权益,杜绝谋取私利、逃避责任等不良现象发生。

二是确保后备资源充足。执行效果的发挥离不开充分的资源保障,资源是有效执行的动力来源,具体来说,这些资源包括技术、设备、人力、物资、资金等,无论缺少哪一种资源都不能确保执行的有效开展。在危机治理过程中,执行主体不仅要确保这些资源的充足性,更要广泛动员社会力量为治理提供源源不断的资源支持,从而优化执行过程。

三是强化执行监督。监督不仅是防止权力滥用的重要方式，也是防止执行产生偏差的手段，缺乏对执行主体行为的监督、缺乏对执行过程的监督，很有可能会导致执行主体出现随意行为，因此要健全监督机制，实行内部监督和外部监督相结合的方式，也可以设置专门的执行监督机构，及时发现、精准识别执行过程中产生的偏差，并尽快采取针对性的纠偏措施。

3. 制度与执行之间的关系

执行在制度建设中的重要地位和作用，一方面体现为执行是制度必不可少的内在组成部分，是发挥制度优势的重要过程，制度的调整和完善也只有通过执行才能实现；另一方面体现为同一项制度经由不同的执行主体和执行过程会产生不同的效果，执行手段的选择需要结合具体的实践过程。制度和执行是相辅相成、有机统一的，制度的生命力就在于执行，因此既要加强制度建设，优化制度设计，也要重视和优化执行过程，将执行视为制度的生命。具体到公共危机治理实践中，要以化解危机困境、减少危机影响为目的做好相关制度、政策设计，又要在执行中做好信息反馈、资源保障、责任追究等工作，从而保障公共危机治理工作的有效开展。制度与执行的具体关系可以表述为以下内容[①]。

（1）执行包含于制度中

公共危机治理的相关制度主要是合理的规则、规定或规范，这些规则、规定或规范要符合危机治理的实践要求和一般规律，不仅能约束、规范治理主体的行为活动，也能切实为危机治理提供真正的指导。执行对于制度来说具有重要的作用，习近平总书记指出："各项制度制定了，就要立说立行、严格执行，不能说在嘴上，挂在墙上，写在纸上，把制度当'稻草人'摆设，而应落实在具体的实际行动

---

① 周文彰，宋歌. 执行力在制度建设中的地位和作用 [J]. 人民论坛，2020（9）：46-47.

上，体现在具体工作中。"公共危机治理是一种特殊的治理实践，面对复杂的治理环境和艰巨的治理任务，确立的制度只有通过执行才能收到成效。危机治理的制度得到执行，这从侧面反映出制度具有权威性，能够成为各治理主体行为的向导。制度的执行必须强而有力，执行过程中若出现有意规避、有令不行等不良行为，要进行一定的惩罚，因此，要公平对待执行过程中的每一位执行主体，确保没有任何特权和例外发生。

（2）制度在执行中得到调整和完善

首先，制度在执行中得到检验。公共危机可以分为潜伏期、爆发期、延续期和解决期四个阶段，每个阶段危机的特征都会随着环境的变化而出现相应的变化，已制定的制度是否合理、是否符合实践需要根据实际执行情况进行判断，因此执行是检验和评价制度优越性的重要标准。执行建立起了制度与危机治理实践之间的联系，在执行中可以发现制度存在的不科学之处，执行主体将具体的实践情况与制度规定之间的偏差反馈给制度制定者，可以促进制度的完善与优化。危机情境下的条件极其复杂，会产生新的社会问题，通过执行可以发现这些问题所在并以解决新问题为目标促进制度的更新。

其次，新制定的制度没有经过实践检验可能会隐藏一些问题。一方面，通过执行可以使制度本身存在的问题暴露，比如有些危机治理的相关制度过于理想化，忽视了公共危机爆发的特殊环境以及治理主体面临的潜在困境，涉及的有关规定在执行时可操作性不强或缺乏实际可行性；当前的公共危机治理已经形成多元化的治理网络，各主体在这个过程中承担着不同的责任和任务，需要分门别类地对其加以区分、做出规定，在设计制度时精准度不够便很容易导致危机治理主体责任不清、治理任务边界不明等现象出现。另一方面，制度之间的问题也会暴露，危机治理是以《突发事件应对法》为总行动纲领，还要辅之以其他的制度规定，彼此之间是否协调，是否存在衔接不当问题都会通过执行得到验证。

最后，执行促进制度创新。制度创新可以分为确立新的制度和已有制度的内部创新两个方面，为提高危机治理的有效性，可以将危机治理中的成功经验和典型做法加以总结，最终形成制度，为下次解决相同性质的危机提供借鉴。另外，通过执行可以发现已有制度中存在的不足之处，将危机治理进程中的社会需求和意见反馈给制度制定者，从而对制度进行补充、更新和修改，促进制度的优化。

总而言之，执行的首要前提是有相关的制度作为指导和保障，而制度的生命力又在于执行，我们应找准制度执行的着力点，确保各项制度落到实处。

（四）公共危机治理的目标观与绩效观

1. 公共危机治理的目标观

公共危机治理是对危机事前防范、事中化解和事后恢复三个阶段的全面治理，需要以政府为主导的公共危机治理主体恰当处理危机，以避免或减少危机带来的损失，并通过及时、正确的应对措施控制危机的蔓延以及转化为其他危机的可能性。其根本目的就是最大限度地减少危机带来的危害，维护人民群众的生命财产安全。具体目标可以从以下几个方面进行理解。

（1）确保损失最小化

公共危机的突发使得社会整体陷入困境之中，社会发展、经济运行都会受到一定影响，尤其是对于受危机影响的中心群体来说，危机给他们造成的危害难以估量，若不果断采取措施会产生更严重的后果。受重大危机事件的影响，相关企业的运行会受到阻碍，社会公众的基本生活难以获得充分的保障，减少公共危机对社会造成的损失是公共危机治理的当务之急。

有学者指出，危机管理和研究的目标就是最大限度地降低人类社会悲剧的发生，首先要保证在危机情境下人民群众的生命安全，其次是要最大限度降低危机给人民群众造成的威胁程度。要实现损失最小化的公共危机治理目标，首先，政府要查明导致危机产生的原因，对相关因素进行总结分类，找出危机发生的源头，以便及时采取针对性的治理措施；其次，及时启动应急管理机制，对各部门在公共危机治理中的任务做出详细规定，统筹安排人员、物资、设备等资源；最后，借助媒体的力量将此次危机事件详情以及可能带来的影响告知社会公众，增强他们的防范意识，避免危机产生更大的危害。公共危机影响程度大，波及范围广，在危机发生后的第一时间政府会采取有关治理措施，但因其力量有限，短时间内无法面面俱到，为了减少损失，政府要坚持"重点突出"原则，先对危机破坏力大、受影响程度深的地区和人员实施救援，然后辅之以其他力量对其他地区和人员进行救援和帮扶，将一切可能的资源和力量投入危机救援工作中。

（2）化解危机与恢复重建

当公共危机已经发生，成为不可改变的事实时，政府和有关部门为控制事态进一步恶化或避免次生危机的发生，及时开展有效的治理、化解危机并恢复到正常状态便成为最需要执行的任务。化解危机是政府从危机发生到危机结束期间对紧急事态实施高强度治理的特殊性公共管理活动。在公共危机治理体系中，化解危机占据核心地位，在体制和机制完善的情况下，危机情境下的所有治理活动都要围绕着这一目标展开，要妥善化解危机必须注意两点：一是化解危机不是要看投入了多少人力、物力及财力，而是要看应急方案是否得当、组织是否得力、人员是否精干，因此要根据危机影响程度的大小，合理配置应急资源，组建强而有力的应急队伍，发挥相关资源和人员的最大优势有效解决危机。二是应急防控的范围不是越大越好，当然防控范围大可以起到有效的保护作用，但也会造成巨大的成本代价[①]，要处理好紧急事态和非紧急事态之间的矛盾，着力对紧急事态进行治理。

恢复受危机影响地区群众的正常生产、生活是人民群众关心的重点问题，事关这部分群众的切身利益，更关系到社会整体的经济发展和社会稳定，这也是政府公共危机治理的关键问题。要做好恢复重建的有关工作，首先，要成立领导小组，对受危机影响的地区仔细调查，明确受害程度和损失大小，结合当地群众的实际需求制订恢复重建的具体方案；其次，结合实际需求加大财政政策和优惠政策对受危机影响地区的扶持力度，并帮助当地发展特色产业，助推经济发展；最后，在恢复重建的过程中，要强化领导干部的质量意识、责任意识、求实意识、监督意识等，促使领导干部始终保持对人民群众高度负责的精神，采取科学的工作方法，以求实的工作作风做好灾后重建工作。

（3）稳定社会公众的情绪，维持正常的社会秩序

在危机重大冲击力和破坏力的影响下，社会公众会产生恐慌和畏惧情绪，由于受危机影响的群体极其广泛，且危机情境下社会公众在非正常情绪的支配下可能会诱发不理性行为，产生群体极化现象，导致社会秩序的混乱，因此在公共危机发生后稳定好社会公众的情绪，维持正常的社会秩序是又一目标。要实现这一目标，政府就要对公众进行安抚，了解他们的真实状况，确保在危机状态下仍能保障他们的基本生活需要，做好公众坚实的后盾；满足社会公众的合理需求，尤其是通过各种渠道将与危机有关的信息告知社会公众，公众对危机有了基本认识从而提升自身的警惕性，对公共危机的进程和政府所做的努力有了了解后可以提升对政府的信任感，从而缓解个人的恐慌和畏惧情绪。稳定好社会公众的情绪后，一些由情绪引发的不理性行为会大大减少，社会秩序也

---

① 李经中. 政府危机管理[M]. 北京：中国城市出版社，2003.

（4）实现社会和谐与可持续发展

一个和谐与可持续发展的社会是公民各尽所能、各得其所而又和谐相处的社会，是社会各方互利共赢的社会。实现社会和谐与可持续发展是国家治理追求的目标[①]。公共危机治理是国家治理的重要组成部分，通过执行方案化解公共危机，最终实现社会和谐与可持续发展也是公共危机治理的最终追求。当公共危机发生后，如果政府采取的措施不到位，人民群众的利益会受到极大的损失，社会运行的各方面会处于险境中，构建和谐与可持续发展社会的目标就难以实现。随着各种不确定性因素增加，各领域中的危机事件不断涌现，无论是哪种类型的危机都会对社会产生一定的威胁，对这些公共危机事件进行治理是政府的基本职责，也是社会全体成员的共同愿景。

实现这一治理目标需要动用各方力量共同完成，要减少公共危机的发生、实现社会的稳定发展就需要制订可持续发展规划，对社会各方面的发展目标做出规定，使其成为政府公共危机治理的目标参考；发展政府与企业、民间组织之间的新型合作伙伴关系，通过责任机制、激励机制建设激发各方在治理中的责任感和积极性，实现各主体间协调统一行动，共同为社会和谐与可持续发展贡献力量。可以说，社会的和谐与可持续发展与公共危机治理之间具有相互关联性，没有有效的公共危机治理，社会的基本运行就不会获得保障，社会的和谐与可持续发展更无从谈起，因此，政府等治理主体必须对公共危机进行及时、有效的治理，消除影响社会发展的隐患。

2. 公共危机治理的绩效观

（1）公共危机治理中的绩效

人们对绩效的最初认识源自以弗雷德里克·泰罗为首的科学管理

[①] 周晓丽. 灾害性公共危机管理 [M]. 北京：社会科学文献出版社，2008.

先驱做出的重要探索，泰罗通过工人完成的工作任务来定义绩效。在公共管理学领域，众多学者及管理实践者对绩效进行了各种有益探索，将绩效的内涵概括为三种：一是将绩效视为产出或取得结果；二是将绩效视为一种管理行为；三是将绩效视为行为与结果的统一体。绩效是一个多维构建的体系，观察测量的角度不同，取得的绩效结果也不同，采用综合观来看待绩效，既要关注过程行为又要强调结果导向[1]。在公共管理实践中，绩效管理分为组织绩效、部门或团队绩效及个人绩效三个层次，组织绩效是以组织为单位在组织任务的数量、质量、效率等方面的完成情况；部门或团队绩效是以部门或团队为单位的绩效；个人绩效是对个体在工作中表现出的相关工作行为及结果的评估。

公共危机治理过程中引入绩效来衡量治理的效果，是对公共危机治理效果的综合阐述。具体来讲，公共危机治理中的绩效是指以政府为主体的公共组织在公共危机治理过程中，在组织内部管理与外部治理、数量与质量、经济因素与政治因素、刚性规范与柔性机制相统一的基础上阐述公共危机治理所产出的效果。根据公共危机治理投入的物质和精神成本来看治理产出的实际成效，体现治理绩效注重经济、效率、效益的输入和输出。这有益于在公共危机治理中提高资源投入的效益，提高危机决策的科学性和有效性，从而提升公共危机治理能力。

（2）公共危机治理中绩效管理的作用

一是绩效管理对政府的作用。通过对目标的分解，保证组织中所有人都积极朝向治理的目标努力，从我国公共危机治理组织体制来看，垂直化的治理体系较为完备，但存在政府部门分工不细化、责任分担不明确、治理相对不完善的公共危机治理格局。通过公共危机治

---

[1] 冉景亮.政府绩效管理：理论与实务[M].北京：中国社会科学出版社，2018.

理的绩效管理能迅速对内外环境因素做出反应,及时调整战略,明确各个部门的责任,各部门朝着治理目标努力形成良好的治理氛围。同时,各政府部门在治理过程中能淘汰无效做法,努力提升公共危机治理的能力①。

二是绩效管理对组织的作用。公共危机治理的对象是社会中各种公共危机事件,而公共危机是复杂多变的,其治理方式的多样,导致公共危机治理系统内部处于不断变化之中。组织治理危机过程中不断受到地方政治、经济、文化的影响,在内外部因素的不断交汇叠加下,组织面临治理不同公共危机的情况,因此,组织必须进行创新来应对这些危机情景的变化。此外,通过公共危机治理的绩效管理找出组织自身存在的问题,回顾危机治理过程中存在的不足,思考如何改进组织工作以达到组织的创新目标。

三是绩效管理对社会公众的作用。公共危机治理的绩效管理应注重社会公众的参与,社会公众在危机治理中兼具双重身份,既是危机治理的主体之一,又是危机的亲历者,因此,社会公众对于危机的治理有最直接的感触和参与积极性。在危机治理面前形成社会公众积极参与的局面,可以有效避免因危机带来的重大社会问题,为今后政府开展危机治理工作创造良好的条件,减轻政府的治理压力②。因此,社会公众是危机治理的重要组成部分,绩效管理对社会公众的满意程度进行管理,可以有效地推动政府危机治理工作在社会公众中普遍开展,激发公众参与的积极性。

(3)公共危机治理绩效体系建设

为了发挥绩效管理的重要作用,顺利实现公共危机治理的绩效管理目标,需要构建完整的绩效体系,保证绩效计划、绩效监控、绩效

---

① 刘晓亮,刘文文.公共危机管理绩效与执政合法性资源[J].华东理工大学学报(社会科学版),2011(4):88-94,116.
② 康丽霞.我国公共危机管理的绩效评估问题研究[D].长春:长春工业大学,2013.

评价和绩效反馈四个环节的连续性和有效性。

第一，绩效计划。公共危机治理中制订科学的计划是实现危机治理目标的必要条件，在公共危机突发性、不确定性的状态下，具有前沿性和洞察性的危机绩效计划越来越重要。公共危机治理的绩效计划是指危机发生后政府和其他相关治理主体依据危机治理的战略规划，通过协商的方式共同确定危机治理主体的工作任务，并签订绩效目标责任书的过程。绩效计划既是对危机治理目标进行分解的过程，也是对危机治理内容和职责有效回应的过程。危机绩效计划的具体制订过程需要面向绩效管理环节，内容尽量做到系统、全面和规范，否则一旦方向错误，其具体操作过程也会出现偏差，导致资源的错配和浪费，因此，治理中及时发现问题并对计划进行修改，有利于制订规范科学的绩效计划[1]。

第二，绩效监控。绩效监控是确保绩效目标实现的重要内容，绩效计划的实施过程需要适当的绩效监控，监控是保证绩效计划实施的必要环节。在计划实施过程中，政府与其他治理主体保持有效的绩效沟通，采取有效的监控方式对公共危机治理绩效目标的实施情况进行监控，通过必要的工作指导和工作沟通共同协商治理公共危机。在监控过程中，政府领导者通过绩效沟通和绩效辅导对发现的潜在问题提供必要的工作指导和帮助，推动危机治理绩效目标的顺利实现。同时，公共危机信息的绩效监控也需要为后期的绩效评价和绩效反馈做好信息准备工作，为整个公共危机治理的绩效管理系统的高效运转提供决策参考[2]。

第三，绩效评价。评价具体指围绕绩效目标而制订的评价指标、指标权重及目标值等。为了确保绩效目标的实现，需要在绩效计划中将公共危机治理战略目标转化为每个小组的治理评价指标、指标权

---

[1] 冉景亮. 政府绩效管理：理论与实务 [M]. 北京：中国社会科学出版社，2018.
[2] 冉景亮. 政府绩效管理：理论与实务 [M]. 北京：中国社会科学出版社，2018.

重、目标值，建构完整的评价体系，评价体系是绩效管理的核心内容。绩效评价是绩效管理系统的核心环节，根据绩效目标协议书所约定的评价周期和评价标准，采用绩效管理方法对各个小的治理目标完成情况进行评价。绩效评价不仅面向绩效管理所有的环节，而且是绩效管理决策集中展现的重要环节，治理主体需提高对绩效评价的重视[①]。

第四，绩效反馈。危机治理的绩效反馈是指在危机治理绩效评价结束后，以政府为首的治理主体与其他治理主体通过面谈的方式将绩效反馈给各治理主体，共同分析危机治理不佳的原因，及时制订与改进危机治理计划的过程。绩效反馈是危机绩效管理的最后一个环节，也是制订下一个周期绩效计划的前提和基础，进而使危机治理的绩效管理呈螺旋式上升趋势。将公共危机治理效果不佳的原因进行反馈是实现总体治理目标与个体目标协同治理的重要环节，推动个体治理目标的治理效果与总体目标所要达到的治理效果相一致。各治理主体应重视绩效反馈环节，为实现最终治理目标需时刻保持各主体目标与治理总目标相一致。

3. 公共危机治理中目标和绩效的关系

公共危机治理目标为各主体的公共危机治理活动提供了行动指南，从危机爆发到危机结束后，任何活动都要围绕着已确定的目标而展开，确保危机造成的损失最小化、化解危机并恢复重建、维持正常的社会秩序、建设和谐与可持续发展的社会，实现这些目标是全体社会公众的共同愿景。有了目标作为指引，各危机治理主体就有了行动的动力，确定危机治理方案、执行危机治理计划等才能实现最终确定的目标。从性质上看，目标属于意识形态上的概念，是对危机治理活动预期结果的主观设想，目标要转化为实际结果，就必须引入"绩

---

① 刘晓亮，刘文文. 公共危机管理绩效与执政合法性资源[J]. 华东理工大学学报（社会科学版），2011（4）：88-94，116.

效"的概念。分析相关的危机治理活动是否达成了预期目标、遇到的问题是否已经解决,这都是确定绩效的价值所在。因此目标与绩效之间的关系可以看作观念与结果之间的关系,两者之间是统一的,都是公共危机主体需要重点考虑的内容。

三、公共危机治理的理念

提升化解公共危机效能是国家治理现代化的重要内容,我国社会正处在从农业文明向工业文明、信息文明的飞跃阶段,这对国家应急管理的决策过程、执行效果和监督机制都提出了新的要求,要求用科学的理念、科技的手段打破"事后应对"和"忙于应付"的被动治理模式,以人民至上、生命至上为核心,举国一心,增强事先预警和风险排除能力,从根本上化解公共危机。

(一)公共危机治理的科学理念

系统论、信息论和控制论就是科学技术整体化、综合化的产物,是20世纪自然科学取得的重大成就之一。它们是具有综合特性的横向科学,它们沟通了自然科学和社会的联系,改变了科学发展的图景和人们的思维方式,并以其特有的新颖思路,为科学研究提供了崭新的方法,拓展了人们研究问题的广度和深度,实现了人类认识史上由定性到定量认识物质之间各种关系的飞跃,极大地提高了人类认识世界、改造世界的能力。

系统论、信息论、控制论在科学体系结构中的横向科学的特殊地位,决定了它们在解决一切复杂的科学、技术、经济和社会等方面的问题,有着其他科学不可替代的重要作用。

1. 公共危机治理的系统理念

（1）系统理念的基本特征

系统一词，来源于古希腊语，最早是由部分集成整体的意思。人们从各种角度对系统进行研究，对系统下定义，一般系统论试图给出一个能表示各种系统共同特征的一般的系统定义，通常把系统定义为：由若干要素以一定结构形式联结构成的具有某种功能的有机整体。系统理念的基本特征为整体性与相关性。

系统整体不等于系统内各部分的简单相加。任何系统都是一个有机的整体，它不是各个部分的机械组合或者简单相加，作为系统整体中的组成部分所具有的性质、功能和运动规律，与它们脱离整体时有质的区别。系统的整体属性与功能决定组成系统的要素的性质、系统内诸多要素的数量和比例、系统的结构三个方面。

系统各要素之间相互关联，构成了一个不可分割的整体。系统内部相互关联，各个要素不是孤立地存在着，每个要素在系统中都处于一定的位置上，起着特定的作用，往往某个要素发生了变化，其他要素也随之变化，并引起系统变化。系统具有外部关联性，系统内部与外部环境是相互联系、相互制约和相互影响的。系统联系是以结构形式表现的，系统的整体功能是由结构决定的，不同的结构有不同的功能。

（2）系统理念在公共危机治理中的应用

应用系统论的思想方法，研究公共危机治理问题，应从整体上分析系统组成要素、各个要素之间的关系以及系统的结构和功能。研究三者的相互关系和变动的规律性，根据分析的结果来调整系统的结构和各个要素关系，使系统达到优化目标。

从系统的角度来看，公共危机治理的系统架构主要体现为危机管理机构和日常政府管理机构的融合，通过地方、省级和国家层面的各公共治理主体（政府组织、非政府组织、营利部门等），基于应急职能及各部门之间的协同配合，在跨区域、跨领域、跨行业、跨部门之间建立起高效的配合体制，形成综合协调的公共危机治理系统架构。

从公共危机事件发生的角度来看，公共危机有其事件自身因素的影响，同时也有社会、经济、政治的原因，是各个子系统的紊乱所造成的整体的失衡，因此在公共危机治理的过程中，必须加强整体化原则，从社会、经济、政治、科研等多个层次和渠道同时入手，从各个要素和子系统中的相互联系和作用所构成的有机系统整体，寻求公共危机治理的有效途径。

2. 公共危机治理的信息理念

（1）信息的基本特征

信息科学是研究信息的本质及度量方法，信息的获得、传输、存储、处理和变换一般规律的科学，是跨越信息论、控制论、系统论、系统工程、仿生学、计算机和人工智能等学科的综合科学。信息论的理论基础是系统论和控制论，其技术途径是仿生学和人工智能，其技术工具和手段是计算机、传感器和各种通信设备。

信息的根本特性则在于它的表意性。信息是事物属性，是相互联系和作用的表征，是我们对真实世界的各种现象和客体进一步认识的依据。我们获得某些信息，我们就认识了信息所反映的对象的某种属性。

（2）信息理念在公共危机治理中的应用

应用信息理念对公共危机治理进行研究，是一种直接从整体出发，用联系的、转化的观点研究综合系统过程的方法。在对系统进行研究时，首先根据对象与由它发出的信息之间某种确定的对应关系，撇开研究对象的物质和能量的具体形态，把研究对象抽象为信息传输和交换过程，以达到对复杂系统运动过程的规律的认识。

当今世界处于"信息爆炸"的时代，在众多数据信息中快速、准确地筛选出最有价值的数据是防治突发公共危机的重要步骤，同时，畅通信息通道及确定信息可靠程度更为迫在眉睫。大数据、人工智能、云计算等数字技术与现代信息技术的飞速发展和广泛应用，为公共危机治理提供了有力的信息技术和信息资源支持，特别是网络通信技术的广泛应用极大地提高了公共危机治理时信息的传输和交换能力，使各部门和相关机构实现信息共享在技术上成为可能。

由于公共危机涉及多个方面，因此信息的需求也是多元化的，需要各个部门的参与。依托于信息技术的公共危机管理系统，有利于各部门在处理公共危机事件中及时有效地协作，提高信息的收集、分析和处理效率，对进一步提高预警功能和管理能力有重要作用。

信息理念在公共危机治理的整个过程中都发挥着重要作用。在公共危机预警及预防时，收集准确、及时的信息能够在一定程度上减轻甚至避免危害的发生；在识别公共危机时，信息技术能够对危机信息进行认识和识别，分析出危机的潜在影响，总结危机的核心要素，争取将公共危机消灭在萌芽状态；在隔离公共危机时，信息资源系统收集危机信息，迅速判断危机的主要影响利益方，为应对危机事件奠定基础；在治理危机时，政府信息传播的透明度、连续性和一致性，能够在一定程度上消除恐慌和谣言，消减公共危机对政府形象的负面影响；在危机处理时，信息技术将有效的信息资源整理归类，并提出相应的解决办法和补救措施，为之后类似的危机事件提供预案和详细参考。

3. 公共危机治理的控制理念

（1）控制的基本特征

控制论通过对信息的能动处理，使系统保持稳定，并处于最佳的状态，从而达到明确规定的公共目标。系统控制采用的是反馈的方法，各种信息的输入和输出对系统的稳定性有重要的调节作用。系统的输出信息作用于被控对象，后将产生的结果传递回来，从而影响信息的再输出。控制理论的基本特征为信息化、反馈与动态性。

从信息化角度看，控制是获取信息、处理信息和利用信息调整系统的结构以实现系统所追求的目标的过程。所以信息是控制的基础，而控制论就是研究信息的处理利用。反馈是控制系统把信息输送出去，又把其作用结果返送回来，并对信息的再输出发生影响，起到控制作用，以达到预定目的。正确应用反馈原理的关键是使反馈信息灵敏、准确和有力。及时有效地收集和接收组织系统内外信息，是开展反馈活动的前提，也是有效应用反馈原则的基本要求。动态性是指这种系统为了在不断变化的环境中维持自身的稳定，内部都具有一种自动调节的机制，换言之，控制系统都是一种动态系统。

（2）控制理念在公共危机治理中的应用

公共危机控制处理是危机管理者通过监督、监察有关活动，保证危机应对活动按照危机应对计划进行，并不断纠正各种偏差的过程。公共危机控制手段可分为前馈控制、同期控制和反馈控制，分别用于避免预期的问题发生、对正在进行的活动进行控制，以及对危机管理过程结束后进行调查评价。

我国在公共危机治理过程中，以政府为核心，强化动态性原则，密切观察各种措施的应用效果，并根据对效果的评估和危机的动态变化及时调整危机应对策略，合理应用反馈机制，使各子系统间相互协调，发挥最优作用。

（二）公共危机治理的时空理念

1. 公共危机治理的时代理念

世界面临百年未有之大变局，我国发展仍处于并将长期处于重要战略机遇期，这是习近平总书记对全世界发展大势和中国自身发展作出的重大判断。"百年未有之大变局"是时间的变局，保护主义、单边主义上升，世界经济低迷，全球产业链、供应链因非经济因素而面临冲击，国际经济、科技、文化、安全、政治等格局都在发生深刻调整，世界进入动荡变革期。今后一个时期，我们将面对更多"逆风""逆水"的外部环境，必须做好应对一系列新的风险挑战的准备。

从全球公共危机到全球经济危机，再到全球治理体系危机，这是全球系统性危机，对世界各国都带来了巨大挑战，在这一特殊时期，我国公共危机治理理念也发生了转变，更好地适应了当下危机的特征。第一，通过大数据、信息互联、智能识别等技术手段，加强了危机预警能力，增强领导者和决策者的危机意识，并注重从系统的角度进行公共危机治理；第二，公共危机治理主体更加多元，政府主导、全社会共同参与，提高了公共危机事件解决的效率；第三，在网络和信息技术的高速发展下，公共危机事件信息更加积极广泛地公开，信息管理的时效性更强，民众积极参与程度更高。

2. 公共危机治理的空间理念

以人民为中心的执政理念，是公共危机治理的前提。习近平总书记反复强调，要把人民群众生命安全和身体健康放在第一位，必须牢记人民利益高于一切。确保人民群众生命安全和身体健康，是我们党治国理政的一项重大任务。在应对危机的过程中，每一个生命都被尊重，小到刚出生的婴儿，大到上百岁的老人，国家都实现了不计一切代价、不计成本的应救尽救，这是中国特色社会主义制度的优越性所在。

统一领导、分工协调是公共危机治理的核心。面对公共危机，我们坚持党中央的集中统一领导，各级政府和职能部门分工协作的管理机制。中国共产党是坚强的领导核心，代表最广大人民的根本利益。坚持党的集中统一领导是中国特色社会主义制度最本质的特征，也是最大的优势。

科技的进步、人才的支撑是公共危机治理的关键环节。面对危机，我国有一批甘于奉献、善于科研、有权威、有实力、专业的智囊团，当危机来临时，智囊团群策群力、建言献策，对应对危机起到了积极的关键性作用。

我国还有调集迅速、保障有力的资源动员机制。资源是应对公共危机事件的砝码，资源动员包含多重范畴。首先是经济学范畴，在应对危机的过程中，所需物资量大，后续所需物资量也将持续扩大，因此物资生产企业、社会捐赠款物等巨量的物资必须有相应的科学机制来保驾护航。其次是社会学范畴，众志成城是我国组织动员能力的基本价值取向，各级政府迅速将党的领导向民众渗透，形成万众一心的生动局面，是实现资源全面动员的内生动力。最后是政治学范畴，我国的政治动员机制是对中国特色社会主义制度优越性的生动体现，也是确保处置效率和结果的根本保证。

（三）新时代中国公共危机治理的核心理念

1. 科学应变

公共危机直接关系到人类生存和生命财产安全，反映了外部环境在自然变化和社会转型时的风险性和不确定性。对它的防范和管控，既要从源头出发，对危机发生的条件、机理、过程进行规律性的解释，也要着眼于现实，以科学技术推动危机管理能力、危机救援能力和危机保障能力的建设。总之，依靠科学思维和技术手段，是从全局性、针对性和专业性高度，化解公共危机的根本途径，科技支撑赋能危机治理专业化、科学化、精准化、高效化。

（1）科技支撑赋能危机监测专业化

从事前的隐患排查和风险感知，到事发的预报警戒和综合评估，再到事中的报告统计和应急救援，监测工作贯穿社会风险管理的各个环节。而对危机演变、人口流动、物资调配、舆情发展的跟踪，同样是现代公共危机治理的重要问题。现代科技设备和服务以数据为关键要素，以平台为主要媒介，凭借高速、智能、融合的功能特点，最大程度实现了现场信息的获取和信息资源的汇聚。以通信互联互通、数据共享共通为基本形式的各类传感器技术、信息互联，以及传输技术、智能识别和预测技术的深度应用，广泛适应了自然灾害、生产隐患、区域风险、救助现场的监测需要，推动形成了全面感知、动态监测、智能预警、全民参与的危机治理新生态。

（2）科技支撑赋能危机决策科学化

与常规治理不同，大多公共危机及其治理具有突发性、非常规性，任何决策都可能对社会运行和公众心理造成更大影响。这就要在尽可能分析危机事件来龙去脉的基础上做出决策，同时也要尊重群众在决策中的知情权、参与权、表达权和监督权。依据机器学习、神经网络、知识图谱等算法，物联网、卫星遥感、视频识别、网络爬虫等技术提供了多维度信息源的决策支持。这不仅以动态信息分析的"智慧大脑"推动国家对公共危机的决策从对个体经验的绝对依附，转向基于事态发展的证据研判，也在群策群力、集中全民智慧的过程中，建立健全了政府和公众在危机决策时的信息交流和舆情反馈机制，提高了决策的针对性和透明性。

（3）科技支撑赋能危机管控精准化

公共危机具有不确定性，即使社会预感到某一具体危机的存在，但对其危害程度、波及范围和应对方式的掌握，依然有混乱模糊的可能。相较于粗放的传统危机管理方式，信息的获取、甄别和处置是现代公共危机治理的基础。在新一轮科技革命蓄势待发的变局中，"大数据+医疗"促进了对重大卫生疾病群体的动态分析和精细救治；"数字天网"对社会安全和交通运输的风险隐患实现了全覆盖、无死角、无盲区布防；"智能仓储"确保了储备物资按照品类、规模、用途、供求等禀赋情况，完成从储藏到投放的标准化管理。许多新兴科技成为畅通信息渠道、感知信息态势的重要手段，在处置公共危机过程中，对精准监管、统筹调度、人性化服务起到显著作用。

(4) 科技支撑赋能危机指挥高效化

突发性公共危机一般在国家和社会毫无准备的情况下发生，变化和扩散的速度甚至超出想象。这种紧急性、多变性和严峻性决定了必须建立一套成熟、高效的应急响应和指挥协调机制。借助数字信息技术，危机管理以网络为基础，实现了跨层级、跨地域、跨部门和跨业务的协调联动，使国家在危机管理中从信息的收集者转变为分析者、从数据的被索取者转变为推送者、从决策的预报者转变为实报者，为形成"一盘棋"式的预警应对机制提供了技术条件。同时，在数字化、智能化、平台化的管理方式下，信息的整理和传导不必重复填报各类表格，不仅节约了危机管理的时间成本，而且有效遏制了损害危机治理效能的形式主义和官僚主义现象的发生。

2. 人民至上

人民至上，就是要在任何时候都把群众的利益放在第一位，为保护人民生命安全和身体健康可以不惜一切代价。在公共危机面前，必须坚持人民至上、紧紧依靠人民、不断造福人民、牢牢根植于人民，并落实到各项决策部署和实际工作之中。

人民至上是中国共产党人的价值追求和执政理念。依靠人民群众，充分发挥人民群众的主体性作用，调动人民团结一致的力量。基层党组织必须进一步提升群众组织力，严密群众组织，实现人民参与、人民管理的总体防范危机常态化，为社会生产生活创造条件。广大群众发扬无私奉献精神和伟大的爱国主义精神，一方有难、八方支援。人民主体性的发挥，必将激发出社会经济发展的原生力量，更有助于我们党在应对危机中掌握工作主动权、打好发展主动仗。

3. 生命至上

生命至上的原则，即始终把危机事件对人的影响放在首位进行考虑。在严重的危机面前，抢救受害人员生命、保护人民最基本的生存权利是首要的责任。

生命是宝贵的，生命对于每个人来说都只有一次。人民至上、生命至上，为应对公共危机提供了科学理念。无数医务工作者、基层干部、志愿者都曾奋不顾身投入应对危机的"阻击战"中，他们作出了巨大的奉献和牺牲，有的甚至付出了自己的生命，体现了生命至上、全心全意为人民服务的崇高境界，体现了中国人民深厚的仁爱传统和中国共产党以人民为中心的价值追求。

4. 举国一心

集中力量办大事、集全国之力是社会主义制度具有的重大优势，有效处理应急事件，共同治理公共危机，全国人民心往一处想、劲往一处使，把个人冷暖、集体荣辱、国家安危融为一体，绘就了"团结就是力量"的时代画卷。中国特色社会主义制度的优越性体现在国家面临重大风险挑战时，可以号令四面、组织四方共同应对。聚沙成塔、握指成拳的物质保障，同舟共济、守望相助的精神力量，是应对重大公共危机的重要支撑。各个群体能够守望相助、万众一心的团结背后，是以习近平同志为核心的党中央总揽全局、协调各方，发挥了中国共产党的坚强领导核心作用。我国社会主义制度具有非凡的组织动员能力、统筹协调能力、贯彻执行能力，能够充分发挥集中力量办大事、办难事、办急事的独特优势。举国同心的背后，是集中力量办大事的制度优势；团结一致的内核，是我国国家制度和国家治理体系的优越性。

第二章
公共危机治理的社会机制

当前，我国正处于经济社会的转型期，随着改革的深入，各种风险和不确定性因素不断增加，导致各类公共危机事件发生的概率增大，且公共危机事件背后隐藏着众多复杂的问题，社会环境面临严峻的挑战，若处理不及时，将不利于社会和谐稳定。现代单一的政府组织难以对公共危机管理所涉及的各个方面都能充分了解，僵化的传统行政手段难以应对复杂多变的公共危机。公共危机治理的基本含义在于危机状态下公共领域中的"多元主体合作"，核心在于在公共危机的应对过程中引入全主体、针对全要素，形成责任分摊、风险共担、共同治理社会的模式。除了政府部门，企事业单位、社会组织、基层自治组织、公众等各种社会力量也是公共危机治理的重要主体，在公共危机治理中发挥着重要作用。建立健全社会动员机制，广泛动员社会力量参与公共危机治理，既能预防和减少公共危机事件的发生，又能弥补政府危机管理能力的不足，与政府部门的公共危机管理形成合力。

一、公共危机治理的社会动员

（一）公共危机治理社会动员的概念

1. 公共危机治理社会动员的含义

"社会动员"一词作为传统政治社会学领域的重要研究话语，是一种"有目的地引导社会成员参与社会活动的过程"。所谓公共危机治理的社会动员，是指各级政府为有效防范和成功应对危机，充分发挥主导作用，调动企业和社会力量的积极性，整合全社会的人力、物力、财力，通过宣传教育、组织协调等方式，形成防范和应对危机的合力。公共危机治理中的社会动员主要集中在两个目标上：一是通过一定的政策干预，形成稳定有序的社会环境，消除或减少突发事件可能引发的恐慌及负面影响；二是积累强大的社会资源和社会多主体力量参与应对紧迫的外部危机和挑战。总之，公共危机治理的社会动员往往是在非常态情境下有效地动员政府、市场、社会成员等力量，实现战胜危机的目标。

2. 公共危机治理社会动员的要素

（1）公共危机治理社会动员的主体

在危机管理活动中，各级党委和政府是社会动员准备与实施的主体，主要负责：确定社会动员准备与实施的原则、方针、政策和计划；及时做出准备和实施社会动员的决策；审议、发布有关社会动员的法规；组织相关部门和单位建立健全社会动员机制，组织协调、检查、监督各部门、各行业完成社会动员的任务；组织社会动员的宣传，开展社会动员教育和演练，不断提高社会动员能力；监督动员领导机构执行社会动员法规的情况。各相关行政管理部门是社会动员的执行机构，主要负责社会动员任务的落实与执行。

（2）公共危机治理社会动员的客体

公共危机治理社会动员的客体主要是指社会力量及其所掌握的资源。社会力量主要包括企业、非政府组织、社区、志愿者与公民个人。

第一，企业。企业一般是指以营利为目的，运用各种生产要素（土地、劳动力、资金、技术等），向市场提供商品或服务，实行自主经营、自负盈亏、独立核算的法人或其他社会经济组织，属于社会力量的一部分。根据《中华人民共和国突发事件应对法》，国家应建立机制，动员企业参与突发事件应对工作，这既是政府的职权，也是企业承担法律及社会责任的一个重要体现。企业除做好安全管理工作外，还应履行社会责任，响应国家号召，为应对突发事件作出贡献，如按照有关法律法规或协议，保障应急物资的生产和供应，提供力所能及的人员和财产支援，向灾区和人民捐赠物资，并提供自己的应急技术和产品服务，派出内部应急救援队伍直接参与救灾，优先运送救援队伍和物资，受委托转发相关应急管理信息，对接政府应急预案，制订企业内应急预案，及时上报应急信息，参加应急培训演练，参与灾后恢复重建等。

第二，非政府组织。非政府组织包括各类协会、社团、基金会、慈善机构、非营利公司或者其他法人机构等。这些组织是不以营利为目的的，具有公共性、志愿性、自治性和民间性等特征。非政府组织参与危机管理是有益而必要的补充。尤其是随着政府从"全能政府"向"有限政府"的转变，非政府组织在危机管理中发挥的作用越来越受到重视。这些组织可以在防灾、救援、医疗救助、捐赠、灾后重建等方面发挥重要作用，是政府在动员危机社会中需要整合和协调的资源。与政府组织相比，非政府组织至少具有三个方面的优势：一是在对弱势群体的关怀和对受害者的心理干预方面，非政府组织会更加细心和耐心，并且能够持之以恒。二是非政府组织通常聚集了大量具有一定思想共识、兴趣爱好或专业技能的应急人员和技术,在一些专业领域可以发挥很大的作用。三是非政府组织应对迅速、灵敏,有助于减少危机管理的压力,提高社会快速应对危机的能力。

第三,社区。社区是生活在同一地理区域内、具有共同意识和共同利益的社会群体。当紧急情况发生时,社区公众是承受灾难最直接的主体。在许多情况下,社区已经成为危机管理的第一反应主体。因此,社区是重要的动员对象,社区参与对危机治理具有重要意义。且从西方国家危机管理的实践来看,危机管理已经成为社区建设和管理的重要内容之一。社区公众具有一定的认同感和归属感。动员社区参与危机治理,一方面可以充分调动公众的主动性、积极性和创造性。通过资源整合,可以建立以社区为基础的基层危机治理体系,对政府的危机管理产生积极的影响。另一方面,社区参与可以增强公众的公共安全意识,及时化解公共安全风险,也可以在突发事件发生后第一时间有效组织公众自救互救,将其负面影响降到最低。可以说,没有社区参与的危机治理是不彻底的,不可能达到预期的效果。

第四,志愿者与公民个人。志愿者是指自愿贡献个人的时间及精力,在不求任何物质报酬的情况下,为改善社会服务,促进社会进步而提供服务的人。志愿工作具有志愿性、无偿性、公益性、组织性四大特征。志愿者是我国应对重大突发事件的重要补充力量,近年来在各有关方面的大力支持下,我国应急志愿者队伍快速发展,初步形成政府引导、志愿者自我组织、全社会广泛参与的运行格局,在协助开展隐患排查、科普宣教、应急救援、灾后恢复重建等方面发挥着日益重要的作用。与国外危机志愿者服务相比,我国志愿服务参与公共危机管理的未来发展趋势应是更加法治化、制度化、组织化与专业化。除了志愿者,公民也有义务接受危机治理的社会动员。突发事件发生时,公民应当积极开展自救互救,服从突发事件发生地人民政府、居民委员会(村民委员会)或者其他所属单位的指挥和安排,投入应急救援，帮助维护社会秩序。

（3）公共危机治理社会动员的方式

公共危机治理社会动员的方式是主体与客体之间的"中介"，是公共危机治理社会动员的主要内容。各级政府在进行社会动员时主要通过宣传引导、教育培训、典型示范与组织协调等方式。

第一，宣传引导。主要通过对语言、文字、图像、音乐等各种符号或具体事例的运用来影响对象的情感、思想和行为。马克思曾说，人是"一个有激情的存在物"，"激情、热情是人强烈追求自己的对象的本质力量"。一般来说，对于生活质量不高、没有意识到生活意义的人来说，激发他们情绪的力量要比利益的诱惑和道德的启迪强得多。

第二，教育培训。主要是通过灌输、培训、强制性学习、教育等手段来提高人们的文化素质和思想觉悟，使人们对外界刺激产生一种习惯性反应，进而指导人们的行动。马克思主义认为"工人阶级单靠自己本身的力量，只能形成工联主义的意识"，科学社会主义的思想"只能从外面灌输进去"。灌输、培训、强制性学习、教育对提高被动员者的思想觉悟，巩固宣传鼓动的成果，并从中培养宣传骨干具有重要意义。

第三，典型示范。主要是运用先进人物的事迹或典型事例来激发人们的赶超心理，规范人们的行为。总的来说，先进典型反映了事业的前进方向。他们不仅超越了一般群众的水平，而且来自群众，是群众的一部分。因此，他们对群众具有直接的、现实的、直观的说服力和吸引力。在从无意识到自觉的过渡时期，他们不仅起着主导作用、骨干作用和桥梁作用，还在群众整体中起着树立信心、鼓舞勇气的重要作用。

第四，组织协调。主要是根据组织的功能或人们的职业、年龄、性别等分门别类地把人们吸纳到各种组织中。这些组织是按其功能或成员的职业、年龄、性别分门别类、自上而下建立的。其动员模式主要是按照组织的层级结构，由上而下一级级地推动下去，使上层的动员能得到下层的反馈，从而有力地保证动员渠道的畅通，为在较短时间内聚集足够力量、实现目标奠定组织基础。

（二）公共危机治理社会动员的重要性

1. 公共危机治理的社会动员是推进社会治理现代化的必然要求

推进社会治理现代化是为了实现善治这一重要目标。而善治又是一个追求公共利益最大化的公共治理过程。善治的本质在于政府与公民对公共生活的合作管理，是两者之间的最佳状态。善治体现多元、合作和互动的基本理念。公共危机治理作为社会治理的重要组成部分，是一项复杂而系统的社会公共工程。有效的治理需要动员各种社会力量的参与，形成政府主导下的多主体公共危机共同治理体系。这也是新时代构建共建共治共享的社会治理格局，推进社会治理现代化的必然要求。

2. 公共危机治理的社会动员是弥补政府治理能力不足的重要途径

公共危机，尤其是重大公共危机事件发生时，往往会造成重大人员伤亡和财产损失，而每一次重大公共危机事件都具有复杂性、不确定性和处置紧迫性等特点。基于这样的特点，政府作为公共危机管理的主导力量，其资源配置能力有限，在一定时期内可以投入的人力、物力、财力有限。因此，任何政府都可能存在应对重大公共危机能力不足的问题。如果仅仅依靠政府，往往会影响公共危机治理的效率。面对这一问题，通过政府、企业、社会组织和公众的合作，广泛动员社会力量，是解决这一问题的最佳途径。

3. 公共危机治理的社会动员是消解社会恐慌的有效途径

公共危机事件的发生会对人们的正常生活和社会秩序产生巨大的影响，特别是在导致重大人员伤亡和财产损失时，会造成人们的心理阴影，使其对政府不信任，认为没有生存的希望，所以一件小小的公共危机事件就足以造成严重的后果，不利于社会和谐稳定发展。亨廷顿认为，社会公众参与是社会的安全阀，通过立法渠道加以组织和安排起来的"参与社会"，能够消解政府与民众的矛盾，从而保证社会稳定。在公共危机管理中，广泛动员社会力量，可以使公众及时了解事件真相，消除疑虑和紧张情绪，从而有效消除重大公共危机事件引发的社会恐慌，有利于维护社会的和谐稳定。

（三）公共危机治理社会动员的活动类型

关于公共危机治理社会动员的活动类型，从不同的角度，有以下不同的分类[①]。

（1）按动员对象划分

根据动员对象的不同，公共危机治理社会动员可以分为人力动员、物资动员、财力动员、避难场所动员、交通运输动员等类型。人力动员是指为增强公共危机事件应对与处置能力，对社会上满足应急需求的人力资源进行挖掘、汇集、调配和使用；物资动员是对公共危机事件应对与处置活动中需要的社会物资进行储藏、征收、调配以及使用；财力动员指对公共危机事件应对与处置活动中需要的资金进行筹集、分配和监督；避难场所动员是指开放既定的应急避难场所，同时对可能被开辟为应急避难场所的建筑物进行征用；交通运输动员是指组织和利用国家、社会交通运输力量，提升交通运输应急能力，运送应急人员、应急装备、应急物资等。

（2）按公共危机发展阶段划分

社会动员贯穿于整个危机管理过程。所以按照危机阶段不同，公共危机治理社会动员可以划分为减缓动员、准备动员、响应动员和恢复动员。减缓动员，即动员各种社会力量，预先采取措施，消除或减

---

① 王宏伟. 公共危机管理[M]. 2版. 北京：中国人民大学出版社，2019.

弱风险因子的影响与风险，如防灾减灾安全宣传教育；准备动员，即在危机发生之前动员各种社会力量，采取措施，做好公共危机事件响应及后果管理的准备，如公众为应急预案的制订提供意见、开展防灾演练等；响应动员，即在公共危机事件发生之后，调集各种社会力量和资源，立即采取措施，预测危机事件可能产生的各种不利后果，将危机事件带来的损失最小化，如动员志愿者、红十字会提供救援服务；恢复动员，即在危机事件影响得以控制后，动员社会力量，立即采取措施，投入灾后恢复重建工作，使社会情况修复到可接受水平，如组织进行对口援建、捐款捐物、灾后心理干预等。

二、公共危机治理的应急协调

（一）公共危机治理应急协调的含义

应急协调不是简单地把公共危机治理工作中的职能部门与有关组织调集在一起，不是简单地召集有关人员到现场展开救援活动，而是具有特定内涵、规范、方法和途径的，需要政府缜密计划、决策指挥和组织实施周密工作。公共危机治理中的"协调"，是指上一级领导为使下属各应急管理机构之间、各应急管理人员之间及其他应急管理参与主体之间能分工合作、协同一致地实现共同的应急管理目标所进行的各项活动。协调的重要作用在于，使每一个应急管理机构、每一个应急管理人员及其他参与主体的工作都成为实现共同应急管理目标的整体工作的一部分，从而保证整个应急管理活动有条不紊、井然有序地开展。

（二）公共危机治理应急协调的主要内容

在公共危机治理工作中，应急协调主要包括两个方面：行政系统内的协调（即行政系统内每个应急管理职能机构内部的协调它们之间的协调）和行政系统与其他参与主体（新闻媒体、企业、非政府组织、公民个人等）的协调。

1. 行政系统内的协调

第一，职能机构内部的协调。职能机构内部的协调指每个职能机构领导者对所属部门之间以及执行人员之间的工作所做的协调。协调职能机构内部是该机构领导者的权力，也是他的职责。在实际工作中，职能机构的领导者既可以采用具体的应急预案、具体分配应急工作和检查的应急工作进度等方法来进行协调，也可以通过提供应急工作所需要的人力、物资、经费等物质条件来进行协调。同时，当应急管理中出现矛盾和纠纷时，也要及时进行协调，加以解决。

第二，职能机构之间的协调。职能机构之间的协调包括上下级职能机构之间的协调和平行职能机构之间的协调。上下级职能机构之间应保持经常性的、密切的联系，下级职能机构有责任及时向上级职能机构汇报情况，请示工作，反映问题、意见和要求。上级职能机构对下级职能机构不仅要有工作布置，而且要有工作指导和检查，对下级职能机构提出的困难和问题，要及时给予答复和解决。平行职能机构之间虽然没有隶属关系，但是作为执行系统的一个组成部分或要素，相互之间在工作上也有十分密切的联系，这就要求他们相互之间要互通信息、主动配合、协同动作。一旦出现分歧和矛盾，上级领导就要出面进行协调，消除分歧、解决矛盾，以达到新的协同一致。

2. 行政系统与其他参与主体的协调

以往的应急管理实践已经证明，靠单一的政府主体来实施应急管理是十分困难的。多元主体的参与，一方面可以分担政府的负担，使政府把主要精力放在处理一些带有全局性、制度性的问题上；另一方面，也可以满足其他主体的参与需求，发挥他们的优势，弥补政府的某些不足。因此，必须建立多元主体的参与机制，充分调动其他主体的积极性。在其他主体的参与过程中，由于各种原因也会出现某些无措、无序、抵触、冲突，甚至违反相关法律法规的情况。因此，在整个应急管理工作过程中，政府应当按照《中华人民共和国突发事件应对法》的规范，发挥主导作用，负责全面的统筹和指挥，切实加强对其他参与主体及其相互之间的指导、协调和合作，整合各种资源，增强合力，实现配合联动。

（三）公共危机治理应急协调的主要方法

在应急方案实施过程中，对行政系统职能机构和各参与主体进行协调的方法或途径有很多种，应根据具体情况选择运用。

第一，通过确定共同的目标达到协调一致。共同的目标是行动一致的根本前提，只有在多元主体参与下确定共同的执行目标，才能有协调一致的方向和行动。在应急方案实施过程中，地方政府及应急管理机构可以在充分协调各方利益的基础上，确立明确的共同目标。目标确立以后，通过一定措施和途径，比如宣传、教育等，努力使大家达成共识。

第二，通过制定恰当的策略实现协调一致。策略是为了达到一定的目标，调节各方面的关系，缓和、解决各种矛盾而制订的行动方案，它是应急管理活动协调一致的保证。这就需要各参与主体尤其是各职能机构或组织的具体实施策略要协调，在这个过程中，就需要政府牵头，进行总体沟通协调。

第三，通过统一的指挥系统获得协调一致。在公共危机治理实践中，指挥系统在行政组织内是指行政组织的层级节制系统，即由行政领导以统一的指挥、命令以及对权责范围的规定，搞好分工合作，消除矛盾，达到协调一致。在行政组织与其他参与主体的合作中，也需要这个系统，实行统一的指导。最重要的是，基本的应急大政方针、策略和行动等必须服从这个系统的统一指挥。

第四，通过加强法纪约束实现协调一致。法纪是应急管理活动的依据和准绳，严明健全的法纪可以防止违法乱纪现象发生，保证应急管理工作的井然有序和协调一致。一般来说，各参与主体在应急管理活动中不可避免地都带有自身的利益，如果没有明确的法纪约束，就可能出现为了自身利益而违纪违法的情况。因此，各地方政府必须明确各参与主体的权利、义务，并将其纳入法制的轨道，对各参与主体加以有效约束。

第五，通过有效的信息沟通促进协调一致。要想实现多元主体行动上的协调，必须首先实现思想认识上的一致，而思想认识上的一致只有通过有效的信息沟通才能达到。因此，地方政府在应急管理实践过程中必须整合各种信息资源，通过有效渠道进行沟通，使多元主体都能获得相关的信息，实现信息共享。信息的畅通，对于各级政府科学合理地调配救援力量和物资装备、协调各方面行动可起到重要作用。

三、公共危机治理中的社会力量及其参与渠道

影响范围广、破坏力度大的公共危机频繁发生，让政府和社会意识到，有效地应对公共危机无法仅仅依靠政府的力量，必须将社会力量引入公共危机治理中来。引入共治的治理理念，积极培育社会力量，在政府的领导之下，企业、非营利组织、志愿者、社区及公民通过协同合作，积极参与到危机治理中，共同应对公共危机带来的各种风险与挑战。

（一）社会力量参与公共危机治理的优势

第一，专业优势。大多数非政府组织从成立之日起，就将"专业"二字作为自己的不懈追求。组织纲领有着明确的"专业化"指

向，比如致力于医疗救助、环境保护、文化恢复等；组织成员的招纳都是按照组织宗旨和目标有针对性地进行。在危机管理中，不同领域、不同规模的社会组织凭借自身的专业知识、技能和行动，发挥着独特的优势。危机前，各组织以其对特定类型危机更为敏锐的认知和洞察力，作出前瞻性判断和有效的预警；危机中，各组织提供更专业、更合理的政策咨询和专业服务；危机后，发挥其专业优势，参与危机总结和评估，并继续参与灾后重建和恢复等工作。

第二，资源优势。能否及时配置和使用充足的资源是危机应对能否成功的关键。应对危机时所需要的资源主要有两个来源渠道：一是政府财政系统拨付的公共资源；二是自愿资源或社会公益资源。然而，由于政府资源的有限性以及公共危机的突发性和不可预见性，政府无力对公共应急资源大包大揽，以致危机应对常常陷入资源困境。而有些社会力量具有民间性、公益性和专业性，组织结构灵活多样，在危机资源的收集和整合方面具有独特优势。比如，筹集资金和物资；招募、培训和管理志愿者；利用其基层优势，获取大量真实可靠的第一手信息等。因此，这些社会力量便成为政府之外公共应急资源的主要筹集者，可以实现人、财、物、信息等社会公益资源的多样化和快速聚集，有效弥补公共危机应对的资源短缺。

第三，效率优势。时间紧急、需要迅速做出决策是危机情境的重要特征。然而烦琐冗长的决策过程、官僚主义的弊端以及某些政治和价值因素严重制约了政府应对危机的能力，使得政府在危机来临时决策迟缓，行动效率低下。相比之下，社会力量具有明显的效率优势，原因有三点：一是决策的独立性和分散性。作为一种社会自治机制，它主要依靠内部治理程序来监督自己的活动，而不受其他力量的制约。它的决策是分散和独立的。当危机来临时，它可以迅速做出决策并果断行动。二是运行方式灵活。非政府组织、志愿者和社区等规模普遍较小，组织结构趋于扁平化和简单化。在危机应对过程中，他们可以根据危机形势的变化迅速调整行动计划,及时、灵活、高效。三是具有内在动力和自觉性。企业、非营利组织、志愿者、社区等社会力量都渴望在危机中展示自己强大的行动力,从而提升自己的公信力,树立良好形象。

第四,沟通和协调优势。社会力量在危机治理中具有天然的沟通和协调优势,这种优势主要源于两个方面:一是民间性特质。他们一般都发端于民间,成员多来自基层,是公众利益的忠实代表。二是公益性和自愿性特质。这些社会力量参与危机治理,不是出于行政责任和利益诉求,而是基于自愿精神和道德责任。其沟通和协调优势突出体现在两个方面:一方面,民间性的特质和天然的亲和力使其比政府更准确地了解公众的想法和需求,与公众的沟通更加顺畅有效;另一方面,这些社会力量作为"中介",上接政府,下联基层,可以起到联系政府和公众的纽带和桥梁作用。当危机发生时,他们可以有效地实现上情下达和下情上传。特别是在群体性事件引发的各种社会矛盾和利益冲突中,这种作用更为突出,可以成为疏通社会利益关系的"调节器"和化解矛盾的"减压阀"。

(二)社会力量参与公共危机治理的渠道

1. 企业参与公共危机治理的渠道

企业是公共危机管理过程中的重要组成部分。许多公共危机事件就发生在企业所辖范围内,甚至就发生在企业所在区域内,由于企业自身原因导致危机事件的发生。受害区域的企业作为危机的直接利益相关者,是危机事件的第一目击者和第一应急者。在这样一个紧急的抗逆环境下,企业有两大职能,一是迅速向政府有关部门通报灾情及其发展情况,二是及时组织现场抢险救灾工作。此外,由于公共危机的发生,其危害可能影响整个社会。在紧急救援过程中,政府可以调用企业的相关资源支持政府的危机管理活动,如银行的资金支持、保险公司的保险赔偿、通信公司的设备维修人员等。畅通的参与渠道是企业参与应急管理的基本条件之一。目前，我国企业参与公共危机管理的渠道主要有三种，即与政府合作、与非政府组织合作和独立参与。

（1）企业与政府合作参与公共危机治理

企业与政府合作参与公共危机治理是一种常见的渠道，为企业与政府带来"双赢"的局面。一方面企业配合政府履行公共管理职能，分担了政府单独治理时承担的巨大成本；另一方面，对于企业来说，合作不仅有利于在政府心目中树立"负责任企业"的良好形象，而且有利于企业自身管理能力的提高。

第一，公共危机治理中的政府采购合作方式。在各种公共危机中，特别是在一些灾害中，危机的处理需要巨大的物质支持。很多时候，危机处理得不及时往往是由于人员和设备的缺乏所导致，从而耽误了最佳治理时机。这就需要政府特别是地方政府及时采购相关的机械设备，以及灾害管理所需的物资。企业作为市场单位，通过生产满足特定需求的产品并进行销售，获得自身发展的动力。对于一些特殊行业的企业来说，他们生产的产品是为了满足危机防范和治理的需要。这些特定产品的购买者主要是政府，政府采购满足了企业的营利需求，是一种双向选择。然而，作为一个特殊的行业，它所提供的产品可能会直接影响到灾害管理的效果和过程。因此，政府会干预这些产品的生产。比如，对一些有特殊要求的产品，政府会将其转包给一些有实力的企业，以许可的方式生产。再比如，有些产品可能政府不需要采取许可的方式进行干预，但仍然会在其生产过程中运用监督手段。比如对于消防器材的生产，尽管企业具备生产实力，但其产品必须经过消防部门和相关质监部门严格的监督检查程序。

第二，政府主导下的应急演练。应急演练是预防公共危机的一种有效途径和手段。政府主导下的企业参与应急演习，最大限度地避免了突发事件对企业及其周边地区造成的损害，而且政府主导的演练更具针对性和方向性。为提高政府应对突发事件的能力，在国务院领导下制定了《国家突发公共事件总体应急预案》。企业突发公共事件应急预案成了该预案的组成部分，并日渐成为企业在处理突发性公共事件时的主要保障机制。企业突发事件应急预案是企业参与社会灾害管理的基础。企业在制订应急预案的基础上，及时修订预案，组织员工进行应急演练，可以保证企业正常的生产经营秩序，有效减少危机可能造成的损失。为了检验应急预案的有效性，我国不少大中型企业在政府部门的指导下积极开展应急演练。

第三，危机后应急物资、服务的捐赠。企业的优势之一是具有独立的生产能力。危机后物资捐赠是企业参与公共危机管理的重要表现。为了防止这些物资在危机后的混乱秩序中丢失，一般企业都会将物资直接捐赠给当地政府。一方面，地方政府将开辟绿色通道，降低运输成本和物资流失的可能性；另一方面，对地方政府的直接捐赠有助于提升企业形象，为企业今后在这个领域投资、创造投资环境提供参考。企业向地方政府捐赠物资后，发放工作更多地交给政府和非政府组织。企业的这些行为体现了企业应该具备的社会责任，最大限度地和政府、第三部门配合，减少了灾害带来的影响。

（2）企业与非政府组织合作参与公共危机治理

与非政府组织合作是企业参与公共危机治理的常用方式。我国非政府组织发展迅速，已成为公益领域的积极力量，在危机治理中也发挥着极其重要的作用。但是，由于非政府组织的特殊性和自身的局限性，非政府组织的作用受到很大的限制。在公共危机治理过程中，企业与非政府组织的合作已成为一种常用的治理方式。

第一，企业对非政府组织的捐赠。非政府组织介于政府和市场之间，这种特殊的地位使得非政府组织不像政府可以有稳定的财政拨款，也不像企业通过生产和销售产品来获得活动所需的资金。非政府组织主观上希望参与公共危机管理等公共利益事业，但是资金匮乏。此时，企业捐赠无疑成为非政府组织活动的重要资金和捐赠来源，为危机治理工作特别是灾后恢复重建工作提供了有力支持。

第二，企业与非政府组织的合作营销。企业与非政府组织合作营销，基于两方面原因：一方面是非政府组织苦于资金匮乏；另一方面是企业不愿意经常地采取无偿捐赠的方式，因为企业还想扩大市场份额，提升自己的社会形象。因此，彼此的合作就成为一种共赢的选择。企业在向社会推出某种产品时，会将利润的一部分捐献给某一非政府组织，作为回报，非政府组织也会容许企业使用自己的名义进行推销。最终的结果就是，该组织会按照达成的契约分享企业的一部分利润作为某一项公共事业比如危机处理的活动经费，而企业也会赢得社会的赞誉。因为比起与政府合作，公众更愿意看到企业与非政府组织合作。这种合作方式，比起企业单纯的产品宣传更具有吸引力，企业在赚取利润的同时也履行了社会责任。

（3）企业独立参与公共危机治理

企业独立参与公共危机治理主要有两种形式：第一，企业家阶层参与政府决策。在公共危机治理中，企业参与的一个重要表现就是企业家对政府相关政策执行的影响，这主要是企业家通过政治参与来实现。企业家作为一个迅速崛起的社会群体，广泛参与政治决策，表达自己的政治诉求，通过自己的活动影响和推动政治制度的决策过程。随着私营企业家在政治参与体系中的影响力日益增强，许多优秀私营企业家当选为各级人大代表或政协委员，拓宽了政治参与渠道，增强了政治参与效果。企业家在政治参与中的话语权日益增强，还有一些优秀的私营企业家申请加入中国共产党，最终被党组织接受。第二，企业家自组织形式的参与。企业家自组织形式是由企业家组成的致力于维护公共利益的非政府组织。不同于与企业和非政府组织的合作，企业家组建非政府组织更能充分发挥企业所具有的独特优势。

2. 非政府组织参与公共危机治理的渠道

非政府组织是独立于政府体制之外，具有一定公共性且承担一定公共职能的社会组织，具有非政府性、非营利性、公益性和志愿性四个基本属性。近年来，我国非政府组织以其自主性、灵活性和对需求的敏感性等独特优势，应对社会公共危机，为政府公共危机管理提供有力帮助，在筹集资金、运送物资、专业援助等方面发挥重要作用。尤其是灾区的非政府组织，他们往往对灾情比较熟悉，能够在第一时间采取有针对性的行动，减少损失。此外，由于许多非政府组织经过多年的建设和发展，社会公信力很高，在公共危机后往往能获得许多其他社会资源来支援灾区。实践表明，无论是在事前防范的阶段，还是在事中化解或事后恢复阶段，非政府组织的作用都是不可或缺的。

（1）非政府组织在事前防范阶段参与公共危机治理

对于公共危机而言，最好的结果就是将其扼杀在萌芽状态，并在危机爆发前消除危机的根源，这样可以节约大量的社会资源，避免对社会资源的破坏。更重要的是，危机所带来的生活、生理、心理创伤，不能用一句简单的"危机已被控制"来弥补。因此，增强公众的危机意识，积极防范危机就显得尤为重要。而非政府组织在这方面有自己的优势，能够在危机治理的事前防范阶段发挥良好的预警作用。

第一，非政府组织的中介地位使其与政府和基层民众联系起来。它们利用自己广泛的社会交往和成员基础，在危机潜伏期大量搜集信息，找出危机的根源，尽早发现危机的苗头，为危机预警提供信息。同时充分发挥非营利组织的专业特点，加强与国家有关部门的合作，研究分析可能出现的各种危机，向政府提出政策建议和对策。

第二，非政府组织也是防灾宣传教育的社会渠道。在这方面，非政府组织有自己的渠道和优势。它们专业性强，能通过大量的群众宣传，为社会提供多层次、多形式、多性质的社会服务，包括学术研讨、理论研究、环保宣传、自然文化遗产保护等，通过在民间进行大量的宣传，树立群众的危机观念。非政府组织作为一个跨部门、跨行业的社会组织，有自己的网络和社会活动，可以迅速向成员传播相关的灾害信息和防灾方法，起到预警和自我保护的作用。而且非政府组织植根于社会的基层、特定的群体和社区。因此防灾宣传教育大多易于实施，因地制宜，贴近实际。

（2）非政府组织在事中化解阶段参与公共危机治理

公共危机事中化解阶段是公共危机管理全过程中最重要的阶段。在这一阶段，非政府组织主要通过以下途径参与公共危机治理。

第一，快速传递信息，帮助政府部门决策。危机事件的处理对时间非常敏感，需要快速的信息传递。政府机构之间在信息传递、相互配合、审批上的拖延，都会造成不同程度地对危机征兆视而不见，形成盲点。非政府组织可以避免上述情况的发生，社会基层社区、社团、公益组织等可以通过各种信息渠道及时反映危机信息，从而辅助政府相关部门的决策，为危机管理系统中的信息传递架起又一座桥梁。

第二，提供资源支持。抵御危机入侵的过程是一个大规模消耗资源的过程，资源是否充足是决定危机应对效果的关键因素。政府的资源总是有限的，非政府组织在公共危机爆发后可以积极筹集物质资源。它们是政府之外筹集资源以应对公共危机的新力量。它们通过国际关系募集国外援助，以游说、呼吁等方式吸引社会对危机的关注，并劝说营利组织参与到危机应对中来，如捐款、捐物等。

第三，第一时间开展社会自救。所谓社会自救，就是通过社会自组织的方式对已经发生的风险、危机等社会问题进行救助，尽可能减少风险和损失，维护公共利益和社会稳定。危机事件发生后，第一时间作出应急处理最为有效，可以防止事态扩大，尽量减少损失，而且越早越好。实际上,政府的专业应急人员无论多快到达事故现场都需要一段时间。在这个时候,社区组织、志愿者组织或市民可以就近开展自救和互助,事半功倍。

第四,关注政府部门无法或不能及时关注的社会成员的利益,给予必要的物质和精神支持。社会上存在着大量的弱势群体,包括大量的农民工、城市流浪者、失业人员等,由于长期脱离主流社会,没有被纳入政府管理范围。因此,这部分人群的危机防范往往是政府部门最难应对的,而相应的管理和约束也处于缺失状态。因此,在这个时候,作为非政府组织的社区或各种民间志愿组织都可以发挥自己的作用,弥补政府行为的不足,使社会任何一个角落的任何一个成员都不被忽视。

(3)非政府组织在事后恢复阶段参与公共危机治理

在危机的事后恢复阶段中,非政府组织参与危机管理则主要通过以下几种途径。

第一,充分收集、整合各类信息,全面分析危机成因,为政府提供相关建议,避免类似危机再次发生。如"非典"事件后,我国行政管理学会多次召开危机管理研讨会,全面总结经验教训,就如何构建我国危机管理体系提出政策建议。

第二,参与危机管理评估。评估危机的影响,帮助政府确定利益受损者的受损程度,以确保政府将资源集中于最需要的人,确定危机后重建的优先次序,评估政府使用和可利用的各种资源,以及政府在危机管理中的资源使用绩效,并评估政府在危机管理中所采取的措施对原规划的影响,为政府回归正常管理提供建议。

第三,帮助那些由危机造成的、危机后需要救助的弱势群体,因为他们仅依靠政府的帮助还不足以应对困难。

第四,反思非政府组织在危机管理中的行为,评价自身表现,总结经验教训,不断开展自身能力建设,提高危机管理的应急能力和专业化水平,努力扩大非政府组织在社会发展中的影响力和力量。

3.社区参与公共危机治理的渠道

社区拥有公共危机事件应对的实践优势。一方面,社区充分掌握当地信息。例如人口普查、经济普查等很多基础性工作都是从社区做起,社区因此掌握了社区居民家庭的真实信息。例如,在传染病防疫中,社区拥有详细的人口信息,可及时做到信息排查,以控制传染病。再例如,在自然灾害的预防或者处置中,社区充分掌握实际情况,事前做好预防和宣传,事中及时处置突发事件。另一方面,社区与居民关系密切,便于调动人力资源。社区居民享受社区服务,其中很多困难群众会受到社区的长期帮助,长此以往,社区与居民建立起亲密的关系。因此,在突发事件发生时,社区居民会主动配合突发事件的处置工作,同时可能主动参与突发事件的救援等处置活动,方便社区快速、有效地调动人力资源,高效地开展处置工作。社区参与公共危机事件的渠道主要有三种,包括资源管理、秩序维护和公共服务。

(1)社区在资源管理方面参与公共危机治理

社区在公共危机事件中提供资源管理工作的参与渠道主要体现在人、财、物等方面的储备、计划、组织与协调上。比如,建设和培训新的社区应急队伍,结合当地救援和民兵力量,发展社区灾害信息员、群众监测和群众防范员、安全联络员和网格成员队伍,同时通过宣传和组织演练,提高社区居民在防灾减灾、公共安全、公共卫生等方面的知识素养和应急能力。一旦发生突发事件,要采取封闭管理、限行等措施控制人口流动,防止突发事件在社区进一步演变。在财力、物力管理方面,重点完善社区基础设施和物资储备,建设应急服务站,将资源下沉到基层,提高社区应急防控能力。社区公共危机防控要注重事前防控和源头管理,形成包括预案、队伍、物资、演练等内容的社区应急管理体系。

（2）社区在秩序维护方面参与公共危机治理

社区在公共危机事件中提供秩序维护工作的参与渠道主要体现在维护舆论秩序和行为秩序工作上。在舆论秩序方面，社区工作主要包括及时澄清不实言论、及时跟进宣传、正确引导；通过网络社交媒体、村广播站、流动宣传车、横幅、宣传栏等线上线下相结合的方式，积极宣传有关政策和方针，形成更加客观的舆论导向。在行为秩序方面，加强社区巡逻服务中心值班，通过建立由基层党组织牵头，社区工作者、志愿者和党员积极参与的"突击队"和"小分队"，及时收集人员流动信息，坚持早发现、早报告，形成网格化管理，为社区突发事件防控过程中的秩序保障提供有效的应急措施。

（3）社区在公共服务方面参与公共危机治理

公共危机事件中社区提供公共服务工作的参与渠道更具有现代治理意义上的人文关怀价值，更能体现以人为本的治理取向。从各地的实践来看，社区服务主体呈现出多元化、社会化的趋势，服务设施也有所完善。除社区党组织、村居委会和社区工作者外，社区物业公司、社区志愿者、社区企业等社会力量也进入社区防控治理过程。社区物业公司将安全管理、环境卫生管理、车辆及道路管理、便民服务等服务与社区防控工作相结合，为社区应急管理全过程提供区域监控、路障设置、现场供应等公共服务。社区志愿者参与登记信息、走访调查、落实服务等环节，在一定程度上缓解了基层工作人员数量不足、业务能力不强的问题。社区企业通过财产捐赠，配合基层政府、街道和社区的防控要求，有序提供必要的生活用品，保障居民的基本食品供应和其他必要的生活服务。"三社联动"的治理模式为社区应对突发事件提供了很好的机制支撑。服务设施以便民服务中心、社区卫生室、社区临时服务摊位、各类应急服务站（点）为依托，扩大社区应急防控的有效服务范围。

4. 志愿者参与公共危机治理的渠道

公共危机本身的特点决定了政府在危机事件发生时往往缺乏预见性，权力受到限制。正如危机管理专家罗伯特·希思所指出的，警察、消防等政府的专业应急组织在处理日常小的危机事件时效率很高，但是"一旦发生大的灾难，这些专业组织的应急活动将不再有序"。因此，来自志愿者的力量将为公共危机管理提供有力的帮助。第一，志愿者可直接参与救治救助。一方面，志愿者队伍作为一个公共组织，直接出现在灾害现场，能够迅速填补政府的空白；另一方面，志愿者队伍具有灵活性和高效性，在政府与公众之间起着中介作用，能够为政府开展危机管理提供支持。第二，志愿者可以缓解社会矛盾。公共危机带来的不可预见的灾难性问题，如贫富差距、失业、阶级利益冲突等，极易引发社会冲突。志愿者通过自身在危机中的主动性，在一定程度上缓解了社会矛盾，承担了社会润滑剂的重要作用。一方面，志愿者可以作为政府应对公共危机的补充，弥补政府在制定危机管理政策方面的不足；另一方面，通过收集受危机影响人群的群体意见，志愿者可以作为公众的代表向政府反映自己的利益，安抚受危机影响人群的不安情绪，缓解社会矛盾和政府压力。

志愿者参与公共危机治理的渠道主要有五种：第一，志愿者组织指导下的合作。这类志愿组织在公共危机管理方面通常有自己明确的战略、伙伴和网络。在此基础上，它们与政府、企业和志愿者合作。第二，志愿者组织之间的互助合作，又称志愿者组织联盟。第三，面向社会企业的志愿者组织与合作。第四，专业志愿者组织的合作。专业志愿者基于自身的专业能力建立组织，如自然之友、广州社工映秀社工站等。第五，基层志愿者组织志愿合作。但无论哪种参与方式，志愿者在危机管理中既要发挥自身优势，又要明确对象地位，在危机管理中服从政府统一指挥，不要在危机发生后盲目行动。

5. 公民参与公共危机治理的渠道

社会公民是参与社会活动、扮演一定社会角色的民众个体。随着互联网与社会生活的深度融合，一部分公民有了新的身份——网民。公民出于维护自身利益和社会责任的需要，积极参与公共危机治理。同时，由于网络信息技术的发展，为公民参与治理提供了便捷的手段和更多的渠道，进一步激发了他们的积极性。公民在公共危机的合作治理中可以发挥重要作用。首先，公民可以通过提高自身的危机意识和危机应对能力，采取相应的措施减少危机对自身的危害。其次，公民可以积极参与治理公共危机，贡献自己的力量和智慧。最后，公民可以在网络传播平台上传播正确真实的信息，抵制虚假新闻或谣言，净化网络空间，避免公共危机的扩大。我国公共危机治理中公民参与的渠道多样，可以分为四种渠道：资金捐赠、物资捐助、专业技术以及信息发布。

（1）公民通过资金捐赠参与公共危机治理

公共危机发生后，资金捐赠是公民参与公共危机治理的一种最普遍的形式。一些基金会和民间组织最初可能是为了同样的目的而建立的。在公共危机的事后恢复阶段，需要大量资金购买物资。政府在危机事前防范阶段有一定的预算，然而，由于公共危机的突发性和不确定性，无法准确评估其严重性，难以满足实际需要。此时，公民的资金捐赠可以填补空缺。因为捐款将在第一时间送到灾民手中，这对于缓和受灾公民的心理创伤具有很大的帮助，能够有效遏制灾情的恶化，一定程度上缓解了政府的救援压力，展现了"一方有难，八方支援"的精神。

（2）公民通过物资捐助参与公共危机治理

物资是物质资源的简称。物资的重要性在于其是物质上的保障，政府会在危机的事前防范阶段准备足够量的物资来应对突发的公共危机事件，量的多少由专门的评估机构来衡量，不是越多越好，准备的种类和比例的多少也是经过评估确定的,专业的评估使其可以在应对各种危机时保证公民的基本需求。但是,危机的突发性、不确定性可能会让物资的储备达不到现实的需要。另外,如何在第一时间将受灾物资送到救援现场也是一大难题。公民的物资捐助在这个时候可以发挥很好的作用。在交通、通信都中断的情况下,附近没有受灾的地区的物资救助显得格外重要,无疑为生命的救援赢取了时间。另外,社会公众的物资捐助也缓解了政府的经济压力。

(3)公民通过专业技术参与公共危机治理

公共危机发生后可能有众多的基础设施遭到破坏,虽然一时无法确定损失的范围和程度,但危机过后重建仍需要大量人力。国家层面的救援依靠消防部门、武警和解放军,但这些人员毕竟是少数。如果仅仅依靠他们,在巨大的工作量面前是不可能有效地完成任务的。受过一定教育和专业培训的公民可以利用自己的专业技能参与救援。公共危机发生后,公民的专业技术参与主要体现在群体参与的形式上,如在抗震救灾中自发形成的救援队、医疗队等,这些都是典型的以技术形式参与救援的社会组织。在政府的统一指挥下,这种群体性的技术参与形式取得了显著成效,可以大大减轻武警官兵和解放军战士的工作量,使政府更加专注于解决重点任务,也最大限度地提高了应对危机的效率。

(4)公民通过信息发布参与公共危机治理

公共危机发生时,政府通过各种网络平台、电视、广播等形式,在第一时间向公众发布信息。未受危机影响的公民可以获得公共危机信息,进而了解事态发展和后续情况。受灾公民还可以不断向外界传递客观公正的信息,让外界公众了解其近况。公众得到消息后,会采取各种措施救助灾区群众,政府也可以在发生危机时告知他们正确的救助方式。网络能够传递正能量,也能传播负能量,与正能量相比,负面新闻更容易引起市民的关注。负面新闻一旦出现,公民会产生更多没有事实根据的恶意联想和想象,把小事无限放大,这无疑会对政府形象造成严重损害,增加救助难度。

四、走向共建共治共享的公共危机治理格局

共建共治共享作为我国社会治理格局的理想目标,体现了党对治理认识的不断深化过程。从党的十七大以前一直使用"管理"一词,到十八届三中全会第一次使用"治理"一词;从党的十七大和党的十八大报告中表述为"实现发展成果由人民共享",到十八届五中全会时调整为"构建全民共建共享的社会治理格局",再到党的十九大提出"打造共建共治共享的社会治理格局",一路走来,渐入佳境。这并非文字和概念的变化,而是党和国家领导者社会治理理念的与时俱进和进一步升华,其丰富的内在意涵和对社会组织发展的意义值得解读和挖掘。

(一)共建共治共享的时代进步价值[①]

第一,共建共治共享是中国共产党对公共治理理念的吸纳认同。"公共治理"作为一种公私权关系模式,是工业文明发生以来,全球各国公私权关系模式的又一次调整。"治理"在世界银行创生,经历国内外十几年的讨论,之后在 2013 年中国共产党十八届三中全会上被纳入顶层设计并逐步付诸治理的实验。"治理"比"管理"进步之处在于,这个概念更全面,具有利益相关者对公共事务的参与、互动、协商的民主元素。从这个意义上看,无论理论和实践中如何,共建共治共享的提出,对整个国家和社会来讲无疑都是里程碑性质的大事。

第二,共建共治共享是上层建筑对经济基础的积极适应。四十年

---

① 马庆钰.共建共治共享社会治理格局的意涵解读[J].行政管理改革,2018(3):34-38.

多的改革开放使中国取得了很多成果，其中最为核心、最大的收获，是中国认同了市场经济文化和制度价值。时至今日，尽管中国特色的社会主义市场经济还需要完善，但今天全社会经济理念的主流是市场经济，社会经济运行的底色是市场经济，经济资源配置的基本机制也是市场经济。无论在体制上还是机制上，都需要回应经济基础的发展而必须走向开放、平等、包容和利益相关者参与。共建共治共享就是对市场性质的经济基础的新适应。

第三，共建共治共享是应对社会主要矛盾变化的正确回答。在邓小平解放思想和改革开放旗帜的带领下，四十余年努力创造出社会转型进步的丰硕成果，社会转型成为一个可观察、可衡量的进步现象。按照"罗斯托模型"，一个国家进入"初步成熟社会阶段"后的经济水平，参考世行2012年标准，应该在年度人均GDP 4085美元以上。我国2016年底人均GDP大约8100美元，2017年底达到了将近9000美元，早已踏入了中上收入国家的门槛，社会主要矛盾因此发生了显著变化。在跨入成熟阶段门槛之前，全社会普遍物质短缺，此间人们更多关注的是温饱，物质产品的供不应求是主要矛盾。在跨入成熟阶段门槛之后的今天，社会总体生活水平大幅提升，社会主要矛盾逐步转化为人民日益增长的美好生活需要和不平衡不充分的发展之间的矛盾。在期待更高物质文化生活的同时，人民在民主、法治、公平、正义、安全、环境等方面的要求日益增长。这个变化的重要结果，要求党和政府调整执政理念和工作方式，在"改进社会管理"和"改进社会服务"的同时，更重视"改进社会参与"。"打造共建、共治、共享的社会治理格局"，即是对新时代我国社会矛盾变化的正确回答。

（二）共建共治共享的内涵

打造共建共治共享的社会治理格局是新时代进一步加强和创新社会治理的必然要求。因此，厘清共建共治共享的社会治理格局的内涵和逻辑，应成为解析如何进一步加强和创新社会治理的逻辑起点。共建共治共享的核心要义与内在本质是以人民为中心。以人民为中心蕴含着以人民为主体、人民至上和一切为了人民的深刻内涵，分别对应着共建、共治和共享的社会治理格局。

第一，共建。社会治理格局是共建的，其核心要义是以人民为主体。共建意味着多元治理主体在党的领导下共同协调社会关系、共同参与配置社会公共产品和处理社会公共事务，也就是在遵循党委领导和政府负责原则的基础上，通过政策制度安排或非制度性协调，激发市场主体、社会组织和公民参与协调社会关系、共同参与配置社会公共产品和处理社会公共事务的潜能，发挥社会协同效应，实现市场和社会的事情由市场和社会各自办，市场和社会的事务由市场和社会各自管。

第二，共治。社会治理格局是共治的，其核心要义是人民至上。共治意味着多元治理主体共同参与社会治理，所有社会治理主体对社会公共产品和社会公共事务的具体管理机构、管理人员等均由全体人民通过协商民主方式产生，其一切管理行为应遵循人民的意志，依靠人民共同治理国家和社会，充分体现人民对民主、法治、公平、正义和个人价值实现的意愿。

第三，共享。社会治理格局是共享的，其核心要义是一切为了人民。共享意味着多元治理主体以共赢性有机共同体协商合作的形式参与其中，全体人民共同享有治理发展成果，社会公共产品提供和公共事务运行管理产生的所有利益，均由人民共同享用，增进人民福祉，使人民拥有更多的获得感、幸福感和安全感。

共建、共治、共享三者之间既相互区别又相互联系。在共建共治共享的社会治理格局中，共建是基础，侧重于对社会治理制度和体系的共建，突出其在社会治理格局的基础性和战略性地位，以达到社会治理主体的多元化和多样化；共治是关键，侧重于在公共产品和公共事务治理中将所有社会治理主体的资源整合优势进行有机结合，打造全民参与、体现人民意志的开放式社会治理体系；共享是目标，突出所有主体都要秉持价值层面的公共精神和物质层面的资源分配的公平正义的价值导向，实现全体人民共享社会发展成果的美好愿景。同时，共建共治共享又相互联系，不仅"共治"和"共享"蕴含在"共建"中，"共建"和"共享"也蕴含在"共治"中，而且"共享"是"共建""共治"的逻辑延续和最终目标。

（三）共建共治共享的公共危机治理格局

1.秉承共建共治共享治理理念

共建共治共享是构建社会主义和谐社会的基本原则。《中共中央关于构建社会主义和谐社会若干重大问题的决定》提出："我们要构建的社会主义和谐社会，是在中国特色社会主义道路上，中国共产党领导全体人民共同建设、共同享有的和谐社会。"习近平总书记在党的十九大报告中明确提出，要打造新时代共建共治共享的社会治理格局。共建共治共享理念立足新时代社会治理形势，系统回答了"为谁治""靠谁治"和"怎么治"的问题，指明了社会治理价值、主体和路径，体现了愿望、过程和结果的完美统一，可谓一切治理活动的指导性理念。人的安全是公共危机治理的最终目的。对于公共危机治理而言，确保人人安全、人人享受安全是基本价值导向，这意味着要在共建共治共享理念指引下，把服务和造福人民作为治理的出发点和落脚点，一切理念和思路都是为了人民群众，一切规划和措施都需要居民积极有序参与，一切努力和成果都是为了让人民获得安全感和幸福感。

2.明确公共危机治理思路

新时代公共危机治理应坚持"一二三"思路，即围绕"一个中心"、坚持"两个面向"、抓住"三个关键"。所谓围绕"一个中心"

就是围绕一个中心目标：确保社会和谐稳定，让群众有安全感、幸福感。坚持"两个面向"就是既要面向防水、防火、防电、防盗、防窃、防骗、防震、防雨、防风等常见事故或灾难，也要重视随着城市化和信息化不断加快等所带来的征地拆迁、道德失范、网络舆情等非传统公共安全问题。"三个关键"是：构建清晰型权责关系，使参与治理的多主体各归其位、各担其责而又无缝衔接、良性互动；构建包容型制度规范，打破参与壁垒，促进资源整合；构建创新型技术体系，依托大数据、物联网等技术手段促进治理创新。

3. 切实发挥好党建引领作用

党组织是党在公共危机治理中全部工作的领导核心，也是治理的战斗力源泉。随着城市化进程的加快和改革的不断深入，社会上的新矛盾和新问题不断增多。为此，要结合当前形势变化和治理现实需要，宣传和贯彻好党关于公共危机治理的路线、方针、政策，广泛征求各方意见，凝聚智慧，保证治理决策的科学性，提高公共危机治理体系和能力的现代化水平；明确党委书记"公共危机治理第一责任人"的地位，切实发挥党组织领导核心和党员干部模范带头作用，夯实组织基础，创新工作形式，不断增强党组织在公共危机治理中的影响力、凝聚力、创造力和战斗力；发挥党领导一切的优势，吸收企事业单位、社会组织、社区等积极参与公共危机治理，发挥党组织领导统筹功能和整体优势，合力破解治理难题。

4. 依托各类组织整合公共危机治理资源

基层党委、政府和社区、非政府组织等各类组织是公共危机重要的治理主体和参与平台，拥有大量政治资源、经济资源和社会资源。公共危机治理要重视各类组织的地位和功能，理顺各组织间的关系，明确各自的职责，促进其创新发展和有序参与，发挥各自的优势。具体而言，基层党组织是政治核心主体，具有把握方向、统筹引领和组织协调优势；基层政府是公共治理主体，负责输出基本规范，提供制度化保障；社区属于自治主体，代表居民共同利益，是社区管理服务的关键主体；物业和房产开发商等是专业安全服务产品提供者，发挥资源配置作用，能提供多样化的资源和服务；非政府组织是公益性主体，具有民间性、自治性和非营利性，具有桥梁纽带作用。尤其是诸如社会安全协会之类的非政府组织，更是直接参与公共危机治理的主体。公共危机的治理关键，是既要依托上述组织充分挖掘内部资源，又要借助政府引导、市场调节和社会网络配置手段整合外部资源。

5. 重视提升相关人员安全素质

公共危机治理固然离不开高素质的工作者，更离不开高素质的人民。素质提升需要行之有效的宣传教育和培训演练。为此，既要面向基层公务员、相关工作者、社会组织负责人开展培训演练，增强其危机风险察觉能力、非常规决策能力、组织协调能力及公共安全治理动员能力；也要面向公众实施应急安全和防灾减灾宣传教育和应急演练，依托场馆设施开展虚拟环境下地震、台风等常见自然灾害体验教育，营造氛围，促使公众学会减灾避难，提高应急应对实战能力。成功打造一批应急"第一响应人"，确保其在灾难来临和事故出现时能迅速投入抢险救援中，减少伤亡和损失。

6. 依法实施公共危机治理

依法治理是治理现代化的重要标志。法规制度和规约、公约在界定参与治理主体权力边界和程序等方面具有十分重要的作用。就公共危机治理而言，要把法治思维贯穿于源头管理、风险控制、应急处置等各个环节。要实现生产安全、生命安全、社会保障等领域法律法规全覆盖，以基层安全稳定为重点，发挥公约在公众自我管理、自我教育、自我约束中的作用，而培育公共规范则需要在基层强化意识，维护社会秩序。因此，一方面要围绕公共危机治理完善相关法律法规，督促相关主体依法参与治理活动，特别是发挥预案的作用，为突发事件处置提供依据;另一方面,应急管理要以社会问题和公众需求为导向,以提高公共危机治理效率为目标,突出公共危机治理的内容,加强宣传教育,让公众了解和遵守,充分发挥其调节公众心理、规范公众行为的功能。

第三章
公共危机治理的决策机制

公共危机治理的决策机制主要由危机决策组织系统、危机决策相关制度、危机决策流程等方面组成。危机决策组织系统是包含危机决策中枢系统、危机决策咨询系统、危机决策信息系统和危机决策监督系统在内的有机联系、不可分割的系统。危机决策相关制度，如危机信息报告制度、危机信息公开制度、紧急状态法等制度，以维持危机决策四大系统的正常运行。危机决策运行程序可分为危机识别、启动应急预案或拟定决策行动方案、评估与选择方案、执行与监督方案等过程。有了系统完善的决策机制作为保障,公共危机治理才能有效开展。在公共危机治理中,决策机制处于至关重要的地位,某种程度上可以说是危机治理的核心,治理者的危机决策可能会影响整个危机发展过程,危机决策质量的高低直接决定着危机治理的成败。本章主要说明公共危机决策的含义和显著特性,阐明公共部门危机决策的理论模式和流程,进一步说明危机决策的影响因素、面临的挑战,并基于挑战探讨针对性解决措施,建构危机决策的合理化路径。

一、公共危机决策的概念

由于内外部环境的不确定性,公共危机管理部门要时刻做好应对危机事件的准备。面对各种危机,只有在决策的基础上才能继续开展危机管理的具体工作,危机决策不仅是领导者的基本功,而且还贯穿于公共危机治理的全过程。

(一)公共危机决策的含义

所谓决策,是指管理者为实现一定的目标,对所要采取的行动方向、实现原则及方法进行分析选择的过程,也就是在多个备选方案中选择一个方案的分析判断过程。决策贯穿于公共危机治理的全过程,从决策的内容上看,公共决策可以分为常规决策和非常规决策两种,而公共危机决策便是非常规决策的内容之一。具体而言,公共危机决策就是要求公共危机管理者在时间紧张、资源短缺、信息有限、环境复杂等条件下,仍能监测风险、获取信息、研判危机,并制订应对危机的具体行动方案的过程。从本质上看,公共危机决策考验的是公共部门管理者在特殊情景下分析问题、解决问题的能力。

在常规决策下,决策者可以通过对比择优选择最优方案,是一种理性决策,而公共危机决策是一种有限理性决策,决策者很难在有限的时间和条件下对各种方案进行对比择优,解决危机的紧急性使得理性决策很难实施。表3.1展示了常规决策与公共危机决策的差异。

表3.1 常规决策与公共危机决策的差异

	常规决策	公共危机决策
决策程序	程序化的、反复性决策,结构良好,可以制订一套例行程序来处理,有历史的习惯和经验供决策者借鉴	非程序化的、偶然性决策,结构不良,解决突发的公共问题,不能按照例行的程序与对策来处理,决策者依靠个人的直觉、洞察力作出判断

(续表)

	常规决策	公共危机决策
决策时间要求	没有时间限制，面临一般性难题，对重复出现的、日常管理问题所做的决策	有时间限制，面临严重困难，需要当机立断，对突发性、偶然性问题所做的决策
决策目标	决策的首要目标是解决遇到的常规性问题	决策的首要目标是控制危机事态的蔓延，将损失降低至最小
决策民主性	要求广泛、充分地发扬民主	危机管理权力集中于决策者手中，难以在有限的时间和条件下发扬民主
决策情境	情境可以控制	环境复杂，情境难以控制，危机事态存在升级演变的可能

（二）公共危机决策的显著特性[①]

从决策的角度分析，危机的构成一般需要具备三个因素：问题的发生与演进具有突然性、急剧性，决策者需要当机立断，不错失时机做出决定；决策者可以利用的时间、信息、技术、人力等资源是十分有限的；危机事态的发展与决策单位、决策者的根本利益有关，决策后果难以预料。与之相联系，公共危机决策的特性可以归纳为以下几个方面。

1. 危机决策可利用资源的短缺性

一项好的决策必须有充足的资源作为保障，决策方案才具有可行性，决策结果才具有预见性，但危机决策可以利用的时间、信息、技术、人力等资源都具有短缺性。具体表现为[②]：

一是危机决策的时间紧迫性。公共危机管理者对于危机的处理，只有有限的反应时间，由于事件爆发突然，管理者必须在最短时间内制订出行动方案，将损失降低到最小。

二是危机决策的信息有限性。公共危机的突发使得管理者获得的

[①] 张小明. 公共部门危机管理 [M]. 北京：中国人民大学出版社，2017.
[②] 张成福，唐钧，谢一帆. 公共危机管理：理论与实务 [M]. 北京：中国人民大学出版社，2009.；唐钧. 公共危机管理 [M]. 北京：中国人民大学出版社，2019.

相关信息是模糊的，表现为：第一，信息的不及时。危机事件发展变化迅速，难以预测，与之相关的信息从事发现场传递到危机决策者，中间需要经过一系列的流程和环节，最终的决策者获得的信息不可避免地存在滞后性。第二，信息的不全面。在危机情境下，事件本身具有随机性和不确定性，而且随着时间的推移，危机事态也会随时发生变化，在有限的时间内，决策者可能不会掌握与之相关的所有信息。第三，信息的不准确。危机决策是一个过程，包含发现问题、确定目标、拟订方案、分析备选方案、方案实施、评估反馈等一系列环节，整体上看是信息的输入与输出过程，由于信息在传递的过程中易受到主客观因素的影响，导致信息失真的现象出现，损害信息的准确性与有效性。

　　三是危机决策支持技术的稀缺性。决策者为控制危机事态的蔓延，必须有技术作为保障，比如通信设备、互联网辅助系统等，充分利用这些智能设备可以将损失降低到最小。然而在危机情境下这些技术资源有时会处于失灵状态，甚至有些决策者缺乏关键的专业技术支持，这都会对危机决策产生阻碍。

　　四是危机决策的人力资源紧缺性。在危机决策中，人力资源紧缺的第一个表现是优秀决策者缺乏。危机状态下，决策者必须具备超高的素质和能力，由于时间紧迫，可供决策者选择的备选方案有限，决策方案的实施直接关系到人民的生命财产安全，因此需要承受较大的决策压力。在很大程度上，决策者依靠自己的直觉和已有经验作出判断，这就要求决策者立足整体，从公众利益出发，同时又要具备良好的心理素质。人力资源紧缺的第二个表现是专业技术人才缺乏。公共危机具有不同的类型，应对不同类型的危机涉及不同的专业技术，但决策者并不都是相关领域的专家，可能对其了解不足，这时的危机决策必须参考各领域的专家学者及专业技术人员的意见，充分发挥"智囊团"的作用。然而在具体决策中，这些"智囊团"易处于缺位状态或是决策者不考虑他们的意见,这就导致做出的决策由于缺乏专业意见而缺少可行性。

2. 危机决策环境的不确定性和复杂性

危机决策的环境可以分为外部环境与内部环境。外部环境是指存在于组织外部并对组织产生影响的各种因素的总和,这些因素包括政治、经济、生态、技术等。不仅构成外部环境的各种因素处于不断地变化调整过程中,而且由于危机事件的发生、发展及产生的后果都具有不确定性,因此面临的外部环境具有复杂性。内部环境是指存在于组织内部并对组织产生影响的各种因素总和,包括人力、组织文化、人际关系等因素,危机的发生具有突发性与不确定性的显著特性,内部各要素的变化也使得内部环境发生改变,在此基础上做出的决策也要随着内外部环境的变化而调整。

3. 危机决策目标的动态权变性

在实际的决策过程中,没有绝对有效的决策程序、方法与技术,更没有绝对有效的决策机制,任何决策的做出都必须与实际的事件、情境相匹配。危机事件的发生具有高度不确定性,危机状态下决策的首要目标是将产生的损失降到最小,最大程度地保障人民的生命财产安全。随着时间的推移,危机状态会不断地发生变化,具体的决策目标也要因时因地做出调整,与危机事件的发展演变相适应,只有保证决策目标的动态权变性,决策方案才能具有实际可行性,危机问题才能在有效的时间内得到解决。

4. 危机决策结果的难以预料性

危机的发生会超出人们的预期判断,而且由于内外部环境的不确定性和复杂性导致危机事态随时处于动态变化中,危机情境控制不好会殃及更多的领域,造成巨大的生命财产损失。危机发生后,决策者会在最短时间内采取应对措施,这些对策多数情况下是凭借决策者的直觉判断做出的,并不都是解决危机的最优对策,随着危机事态的蔓延，已采取的应对措施也需要做出调整，同时由于决策涉及一系列的环节，其中的一个环节出现差错便会对整个决策过程产生影响，在此基础上做出的决策结果便难以预料。

（三）公共危机决策的要求

面对公共危机，决策者要沉着冷静、临危不乱，在最短时间内作出有效判断，从大局出发，秉持"损失最小化"原则，果断采取措施应对危机。公共危机决策者要提高决策水平，应注意以下几方面的事项：第一，认真分析危机情境。决策者有效决策的前提是要对危机发生的环境与背景给予高度的关注，认真分析导致危机发生的各种条件，整理相关线索，做好危机决策方案的信息收集工作。第二，充分利用各种资源。虽然可利用资源短缺是危机决策的特征之一，但这并不意味着在决策方案实施过程中没有资源可以利用，在这种情况下决策者们更应该整合现有的可供利用的资源，保障危机应对方案的有效运用。第三，具备良好的素质和高水准的能力。合格的危机决策者既能根据直觉判断果断采取措施，又善于总结经验，一般来说，危机决策者需要具备的素质包括：系统的知识储备，敢于担当责任，良好的判断能力，与时俱进、善于尝试不同的方法，了解自己的能力与局限等。同时，决策者还必须注重对自身能力的培养，如洞察力、决断力、灵活应变力、创新力等。第四，妥善化解压力。危机的发生使得决策者不仅有心理上的压力，更有政治上的压力，面对压力时，决策者要沉着冷静，有压力是常态，关键是要知道如何不被压力困扰并化解压力，迎难而上。第五，积极听取他人和专家学者的建议。公共危机涉及各领域，决策者决不能刚愎自用，要注重发扬民主，集思广益，将各方的有益想法融入备选方案中，在最短期限内化解危机。危机决策者除了要注意以上几方面的事项，还必须关注以下几个重点问题，以使决策过程合理有效。

第一，合理划分权责。权责划分问题是决策过程中必须首先考虑的核心问题，一般情况下，公共部门的最高领导掌握核心权力并做出决策，但危机事件的发生具有不可预测性与突然性，有时逐级上报会延误时机，上级领导掌握了与危机事件有关的信息时，可能已经到了危机蔓延的状态，为了避免此类现象出现造成更大损失，公共部门的领导者必须适度授予下级一定的决策权，使其在危机发生后的第一时间能够果断采取应对措施，下级决策者依据上级赋予的权力承担相应的责任。这既能减轻上级领导的负担，又能增强下级的责任感，而且下级决策者具有离事件发生地近、获取信息及时等优点，可以尽快采取应对措施，减少危机带来的损失。

第二，避免"群体盲思"。面对突如其来的危机，可以在时间、条件允许的情况下进行群体决策，充分发挥集体的智慧，克服个人偏好与习惯在决策中的弊端，这对于解决复杂性的问题更有帮助，通过不同教育程度、经验和背景的群体参与与讨论，可以形成更加完美的方案。但是，在群体决策中，必须注意避免"群体盲思"现象的出现。

"群体盲思"这一概念，是由美国心理学家詹尼斯提出的，用来形容团体不合理决定的决策过程。具体是指，群体内具有高度的凝聚力，成员为了进一步维护群体内的和谐与凝聚力，盲目追求与他人一致的意见，缺乏思考或隐藏自己真实想法，从而置事实于不顾，使得最终做出的决策偏离实际，难以获得有价值的效果，这是群体高凝聚力的一种消极表现，在此基础上做出的决策不仅是不合理的，甚至有时会危害整体，延误危机的解决。导致"群体盲思"出现的因素可以归纳为：群体成员的从众心理与自我满足感、达成一致的压力、强势领导、缺乏创新意识、没有坚定立场等。在公共危机发生后，决策者必须在最短时间内做出决策，群体内的成员获取的信息有限，难以在有限的时间内进行"头脑风暴"，因此"群体盲思"这一现象便十分容易发生。

为了避免"群体盲思"带来的消极影响，在决策过程中要让成员参与到问题的讨论中，允许他们发表不同看法，特别是允许他们提出疑问和反对意见；鼓励创新思维，打破已有惯例，寻找与时俱进的解决对策；群体成员要养成善于学习的习惯，及时更新自己的知识库，培养良好的专业素养；形成学习小组，组内成员针对已有问题表述自己的看法，通过小组成员思想的碰撞总结出解决问题的合理方案。在危机状态下，决策者更应该鼓励群体成员各抒己见，"仁者见仁，智者见智"，通过听取不同的声音，做出的决策才更具有创造力。

第三，完善信息系统。科学有效决策的前提是保证相关信息的充分输入，对于公共危机决策来说，信息来源主要包括内部和外部两个方面。内部信息包括与公共危机管理部门的内部环境相关的信息、通过内部人员和专业手段获取的信息，外部信息包括与公共危机管理部门的外部环境相关的信息、通过外部人员和社会途径获取的信息[1]。无论是内部信息还是外部信息，决策者都必须通过各种渠道保证这些信息输入的准确性、及时性。通过对危机决策信息系统进行管理，才能有效收集与危机有关的各方面信息，从而根据这些信息及时动用各种相关资源，为危机决策方案的制订提供保障。

在危机决策信息输入过程中，必须保证信息的"及时、准确、全面"。具体而言，"及时"就是要求危机决策的信息收集必须在最短时间内完成，随着危机事态的发展，与之相关的信息也要实时收集，传送至决策者手中，以保证信息的时效性。"准确"就是要求危机决策的信息要精准有效，能真实展现危机现状，符合实际情况，避免"信息噪声"对决策产生的不良影响。"全面"就是要求全方位收集整理与危机相关的信息，避免以个人偏好和主观性随意筛选信息，才能从

---

[1] 唐钧. 公共危机管理 [M]. 北京：中国人民大学出版社，2019.

信息中了解危机事态的发生、发展状况。

第四，做好风险控制。风险控制不仅贯穿公共危机决策的全过程，而且作为一种纠偏纠错机制也是危机决策的重点内容，实质是捍卫风险准则，防止危机决策出现失误导致危机事态继续蔓延，减少危机带来的损失与负面影响。在风险控制的具体实施过程中，可以根据阶段、环境、条件的不同，采用不同的风险控制策略，如风险规避、风险消除、风险干预等，针对危机的具体发展情况和风险特质也可以综合运用以上几种风险控制策略，最大限度地控制风险，减少负面影响。

二、公共危机决策的理论模式与流程

（一）公共危机决策的理论模式

公共危机决策的理论与常规决策的理论在本质上具有同一性，主要包括古典决策理论、行为决策理论、回溯决策理论等，这些理论模式指导着公共危机决策的制定，了解各理论的核心内容才能找到最利于制定危机决策的有效方式。

1. 古典决策理论

该理论主要盛行于 20 世纪 50 年代以前，主要代表有杰里米·边沁、泰罗等人，是在"经济人"假设基础上形成的，该理论认为，作为决策者的管理者是完全理性的，决策环境条件的稳定与否是可以被改变的，在决策者充分了解有关信息情报的情况下，是完全可以做出组织目标的最佳决策的。决策者在决策时遵循的是最大化原则，即谋求最大利益，从经济角度来看待决策问题的话，决策的目的在于为组织获取最大的经济利益，在抉择方案时能从全部备选方案中选择最优方案。古典决策理论把决策过程分成发现问题、提出目标、设计方案、预测后果、分析比较和选择最优方案六个步骤，在每一个步骤中决策者都是理性的，因此整个决策过程是理性化的。这就要求决策者要全面掌握有关决策环境的信息，同时还要充分了解有关备选方案的情况，将方案与实际情况相比较。另外，决策者还应建立一个合理的自上而下的执行命令的组织体系，确保决策方案的每一个步骤都能得到执行。

由于决策面临的都是现实的问题，整个决策过程不只是受经济因素的影响，还受许多非经济因素和现实情况的制约，因此在实际的决策活动中，很难严格按照该理论来执行。尤其是在危机情境下，决策者并不能在有限的时间内穷尽所有的备选方案，也没有充足的时间和条件对各项备选方案进行对比择优，而且决策者不仅受到时间、人力等资源的限制，各方案还可能存在着价值冲突，这些苛刻的现实条件更使得该理论不适用于危机情境。

2. 行为决策理论

在危机状态下，获得全面而又准确的信息是非常困难的，且没有充分的时间比较多种备选方案，相比古典决策理论，行为决策理论更适用于危机决策。行为决策理论主要包括西蒙的有限理性决策模式和林德布洛姆的渐进决策模式。西蒙认为由于主客观因素的影响，决策过程中不存在最优决策，只有满意决策。具体而言，有限理性决策模式的主要内容包括：①人的理性介于完全理性和非理性之间，即人是有限理性的。②决策者在识别和发现问题中容易受知觉上的偏差的影响，而在对未来状况作出判断时，直觉上的运用往往多于逻辑方法上的运用。③受决策时间和可利用资源的限制，不可能做到对备选方案的全部了解，决策者选择的理性是相对的。④决策者在决策中往往只求满意的结果，而不愿意费力寻求最佳方案。另外，西蒙将具体的决策过程分为四个阶段，即明确制定决策的理由；设计可能的决策方案；在诸多备选方案中进行抉择；评价已经抉择的方案。在方案设计阶段，决策者并不需要找到所有可能的方案，只寻找能够解决问题的方案即可。

林德布洛姆的渐进决策理论模式认为，决策过程是一个渐进过程，大起大落会危及组织内部的稳定性，给组织带来结构、心理倾向、习惯等的震荡和资金困难等。在该理论模式下，政策制定主要依靠决策者过去的经验而对现行方案进行修改，带有一定的保守主义色彩。

3. 回溯决策理论

回溯决策理论由皮尔·索尔伯格于1967年提出，又称为"隐含最爱理论"，该理论把思考的重点放在决策制定之后，解释决策者如何努力使自己的决策合理化。回溯决策理论说明，决策事实上只是为已经做出的直觉决策证明其合理性的一个过程，突出了直觉在决策中的重要作用。通过这种方式，个人相信他或她是在理性地行动，为某个重要问题制定逻辑的、理性的决策。该理论的核心观点可以概括为：决策贯穿于整个管理过程中，决策程序就是整个管理过程。

（二）公共危机决策的流程

我们将公共危机决策归类于非常规决策，通常认为这类决策没有规律和章程可以遵循，更多的是公共危机管理者在不确定的环境条件、高度紧张的情境下依靠自己的直觉和经验在有限的时间和条件下做出的决策。但实际上，公共危机治理就是解决问题的过程，并不是完全没有规律可依，解决公共危机问题也要遵循一定的流程，通过流程分析来优化公共危机决策过程是决策者做出合理决策的必然选择。

1. 发现问题

决策的目的是解决已经发生的问题，使之向着管理者理想的方向发展，公共危机决策亦是如此。问题是理想与现实之间的差距，公共危机决策问题是指管理者在公共危机管理实践中遇到的各种矛盾。决策问题的发现是公共危机决策的起点，要发现决策问题，就要求公共危机管理者及时识别危机情境，深入进行调查研究，收集和处理全面可靠的信息，只有对危机可能发生的情境及时作出判断，才能将预测到的状况控制在可以接受的范围内。发现问题之后危机决策者必须对决策问题进行深入分析，准确把握危机决策问题的原因、性质、程度与可能的影响，这是准确做出合理决策的前提。我们可以采用"5W1H"模式对决策问题进行深入分析，所谓"5W1H"指：What——发生了什么，When——发生的时间，Where——发生的地点，Who——发生的对象，Why——发生的原因，How——情况怎么样。弄清楚以上六方面的内容，才能对危机决策问题有深入的了解，当然问题的发现必须建立在可靠的信息收集和处理的基础之上，这就要求公共部门的危机决策系统必须有健全可靠的信息系统作为支持和保障。

2. 确立目标

准确把握了危机决策问题的原因、性质、程度和可能的影响之后，接下来的任务就是确定危机决策的目标。总体来说，危机决策的核心目标是保障人民群众的生命安全不受威胁，使财产损失降至最小，当然在危机发展的各个阶段还有相对应的具体目标，决策者要根据已有的经验和远见卓识一一将这些目标列举出来。在确定危机决策目标的过程中，决策者要遵循一定的价值准则，如人民至上、整体利益大于个人利益等，这是决策者科学决策的价值前提，也是整个决策过程必须始终坚持的基本准则。需要指出的是，由于公共部门负责决策的系统并不是只有一人构成，而不同的决策者会有不同的价值观、教育背景与专业素养，因此他们在确定每一阶段的具体目标时会存在分歧，无论是哪种类型的目标，最终都要以大局为重，妥善处理决策者之间的目标分歧。

3. 制订、评估与选择方案

危机决策目标确定之后，就要制订危机决策方案，这是实现决策目标的重要手段。危机决策方案的制订必须认真分析危机情境下有哪些可以利用的资源，在有限的时间内能解决问题的方案有哪些，虽然危机情境下有许多的约束条件，但要本着将已有条件和资源的效用发挥到最大化的原则制订可行方案。这一阶段的主要任务就是确定方案实施的详细细节，包括执行此方案的具体步骤、时间安排、可利用手段、成本与效益等。

危机决策方案的评估就是全面分析已制订的方案是否有可以实施的条件、实施后的结果如何，即方案的可行性分析，具体包括条件分析、时间限度分析、技术分析、影响结果预测、成本效益分析。当然在重大危机面前，在人民群众的生命财产安全面临严重威胁时，公共危机管理者会不惜一切代价挽回损失，切实贯彻人民至上原则。除此之外，评估已制订方案时要将涉及被此类危机事件影响的所有人员考虑在内，分析执行此项方案对这些人员产生的影响是否是公平公正的，他们的回应度如何。对危机决策方案进行分析评估是有目的性选择决策方案的前提。

危机决策方案的选择就是在对已制订的各种方案评估后，选择能够实现决策目标的最佳方案，这是由公共危机决策部门的领导者完成的。一般情况下，决策部门的领导者选择最终的方案时遵循的是公共利益最大化原则，但由于公共危机发生的情况复杂，需要动员各种力量在有限的时间内完成应对方案，因此领导者从多种可能的方案中选择最终要执行的方案时，必须综合考虑各种可能的因素选择最能降低危机影响、化解危机的方案。在选择决策方案的过程中，危机管理部门的领导者不能固执己见，要及时询问专家的意见，听取他人合理建议，保证所选择的方案既具有专业性又具有前瞻性。

4. 执行与完善决策方案

危机决策方案选择结束之后就进入方案的执行阶段，这一阶段就是对决策方案中的具体细节一一落实的过程。方案的执行必须依靠大量的人力、物力及财力资源，而危机情境下的这些资源条件都是有限的甚至有时是缺乏的，因此除了要充分利用相关资源并将其效益发挥到最大，还需要广泛动员各种可能的力量，汲取社会各界的支持，多管齐下应对危机，全面执行危机决策方案。解决危机具有紧迫性，必须在最短、最有效的时间内消除危机产生的影响，为了能尽快落实决策方案就要强化责任机制，每一个环节的执行都有具体负责的部门与人员，将相关执行的结果作为绩效考核的衡量指标，以此确保决策方案能在有效时间内完成。

毋庸置疑，危机的巨大破坏性和不确定性会使得方案中的某些环节在执行过程中遇到不可预测的困难或是难以执行的情况，不可避免地产生二次危机。为了使已有的决策方案更加完善，执行者要将执行过程中的相关信息及时反馈给决策制定中心，使其能根据反馈的信息和现实情况修正、调整危机决策方案，在此意义上，方案完善也是信息反馈、修正决策、调整决策的过程。

5. 总结与反馈

公共危机决策的最后一个流程是进行决策方案的总结与反馈，深刻总结本次决策方案的优缺点、得到的教训，以便下次遇到类似危机可以运用其中的经验，如有哪些环节的实施不仅没有产生效果反而带来了不良影响，应在最终形成总结报告。不仅要调查社会公众对于此次危机决策结果的满意度，还要将方案执行的结果反馈给相关部门和社会公众。

需要指出的是，由于危机发生的不确定性，公共危机决策的流程并不是一成不变的，要根据实际情况做出相应调整，以此提高决策制定的效率和执行的效果。

三、公共危机决策的影响因素

公共部门危机决策体现的是公共部门领导者在危机情境下的应急管理能力，是领导者能力的一部分。危机状态下，影响公共部门危机决策的因素主要有以下几个方面。

（一）决策者的素质和能力

危机决策不仅考验决策者的素质高低，也锻炼决策者面对危机时的各种能力，公共部门决策者的素质和能力直接反映着危机决策的水平。一般来说，公共危机会涉及多个领域，决策者必须具有系统的知识储备，当危机发生时能准确分辨出属于哪一领域的危机、可能会涉及哪些方面，决策者还需了解相关领域的知识并具备一定的专业素养，即使在没有专家学者的前提下也能合理做出决策。无论是哪种类型的决策，决策者都必须具有高度的责任感，在任何条件下都要为自己做出的决策负责，只有对最终的决策结果负责，决策者才能认真考虑危机应对方案，这是一名合格决策者必备的素养。除此之外，决策者的素质还包括创新性、了解自己的能力与局限等方面。

就危机决策者的能力来说，他们需具备：洞察力，即能够及时捕捉到危机的发生迹象的能力；灵活应变力，即随着内外部环境与条件的变化能及时调整危机应对方案的能力；创新力，即打破固有的思维模式、采用先进技术与方法应对危机的能力；推断及预测能力，即通过对危机相关信息的了解能推断出危机的演变与发展过程，并能合理推测危机结果的能力。

公共危机决策者的素质和能力共同决定着危机决策方案的制订以及方案实施后的结果，在实际的危机管理过程中，有些决策者可能是第一次参与到行动中，缺乏相关经验或心理素质，有些决策者本身具备的知识储备不足，在危机发生后的第一时间难以对其划分归类，对危机决策者来说，无论他们缺少哪一种素质或能力，都不能很好地做出决策。

（二）危机信息是否全面而准确

在决策过程中，信息是一种极其重要的资源，充分而又准确的信息是科学决策的前提，决策中的每一个环节，如备选方案的制订与择优、方案的执行、方案的评估与反馈，都必须以信息为保障才能做出，这是信息输入输出的过程。在危急状态下，更应及时、准确、全面地收集信息，才能了解危机发生的原因，把握危机发展态势，以此做出科学合理决策。然而与正常情况相比，危机状态下获取的信息极度匮乏，主要原因有以下几点。

一是与危机事件有关的信息源模糊，信息源是指与危机事件发生的原因、特征、发展趋势等方面有关的信息，信息源模糊主要分为客观模糊和主观模糊两大类[①]。导致信息源客观模糊的原因是公共危机事件所涉及的要素复杂，会对当地造成很大程度的破坏与损失，更有可能超出危机管理者的预期，措施采取不及时会引发二次危机，波及的影响范围更广，管理者难以在第一时间掌握全面的信息，而且有些危机事件很少发生或是第一次发生，现场管理者相关经验不足，对该类事件缺乏客观了解。导致信息源主观模糊的原因是管理者自身能力有限，不能对危机作出准确判断，加上受个人主观偏好、利益价值等方面的影响，可能会瞒报有关信息，在这种前提下收集到的信息不可避免地缺乏全面性和准确性。

二是信息渠道不畅，与危机有关的信息从事发现场传递到公共部门的决策中枢系统需要靠强有力的传递工具、便捷的传递通道、专业化的信息管理人员三项因素的保障。危机事件发生后存在着传递信

---

① 钟开斌. 信息与应急决策：一个解释框架 [J]. 中国行政管理，2013（8）：106-111.

息的工具会遭到不同程度的摧毁、信息通道会因复杂的现场条件而阻塞、信息管理人员在重大危机面前获取信息受阻的可能性，这些情况的存在都会导致信息渠道不畅。

公共危机的影响力很大，其中一项信息收集处理不当就会使得整个决策偏离正常方向，产生很大的影响，然而信息源的模糊和信息渠道不畅给全面而准确地获取危机决策相关信息造成很严重的阻碍。

（三）决策者面临巨大心理压力

危机的突发性意味着危机事件的爆发没有明显的征兆，决策者更不会有充足的准备，条件的有限性使得决策者很难对危机发展过程和最终结果做出准确预测，决策者要面临巨大的决策压力，难以在危机发生后的第一时间做出准确的应对方案。

面对突发性的公共危机，相关部门的管理者必须快速有效地作出反应，才能遏制住危机的蔓延，由于危机情境下的环境条件复杂、信息资源匮乏、发展态势不确定，这些因素都加大了决策的风险，其中的一个环节出错就有可能产生意想不到的后果，决策者要对整个决策过程和最终的决策结果负责，在此基础上，决策者要面临很大的心理压力，难以做出合理的决策。这会导致两种情况，第一种是草率决策，有些危机事件以往很少发生或是根本没有发生过，决策者相关经验不足，加上心理素质较差，为了能尽快解决危机，在对危机发生原因、发展过程、状态强度等方面不了解的前提下草率做出决策，在这种状态下产生的结果导致决策的应用性差。第二种是推迟决策，在突发情况下决策者不知道如何应对，担心处理不当会导致危机蔓延，产生更严重的影响，更要对此承担责任，因此不敢在短时间内下决定，这种状态下产生的结果是导致危机蔓延。

(四)决策者内部意见分歧

公共部门的管理者有着不同的专业素养、教育经历、价值观念、工作经验,即使面对同一类危机问题也会有不同的立场与观点,他们对决策的价值判断也不尽相同。危机情境下的约束条件有很多、阻力各种各样,会远远超出决策者的预期和判断,在多元化的情境之下管理者处于非理性的状态之中,会有不同的处理问题的方式,这使得整个决策过程和应对危机的方案难以达成一致。公共部门内部的每一个成员都是一个单独的利益个体,有着不同的利益取向,在各种利益关系面前,决策者的行为会倾向于利益最大化的选择,受利益的驱使,各决策者的意见肯定会有不同,意见分歧的结果便是推迟决策,延误危机的最佳解决时机。所以在危机状态下要时刻保持清醒的认识,妥善处理各种意见分歧,在多种决策意见中寻找统一的价值点。

(五)决策过程是否完善

公共危机决策过程是一个系统的过程,包括前期决策问题的发现、决策目标的确立,中期决策方案的制订、评估、选择与执行、完善,后期决策方案的总结与反馈。在危机发生后的第一时间,管理者要奔赴现场获取第一手资料,及时了解事件发生的原因、过程、趋势,对危机的影响作出正确估计和判断,发现决策问题,这是决策过程的第一个阶段。掌握危机事件的基本情况即获取与危机有关的信息是整个决策过程的基础。在决策问题确定之后就要针对危机现状确定决策目标,结合目标确定具体的解决方案以期在最短时间内完成,方案执行后及时总结并向有关部门反馈,调查上级和社会公众对此次危机解决方案结果的态度,以便总结经验与教训。

完整的决策过程中必将涉及资源配置、人力动员、责权划分、善后处理等方面的具体事项,其中的细节问题要咨询专家学者的意见,弥补决策者在某些方面的不足。方案选择之后也要有备用方案，方案实际执行过程中遇到阻碍或是突发性状况要结合实际情况随时修改方案或重新决策，尽量缩短危机解决的时间。

四、公共危机决策的主要挑战

公共危机决策是防范化解重大风险、提升危机治理效率的关键一环，及时有效的公共危机决策可以减少危机造成的损失。但也不可否认，公共危机管理者在决策过程中仍然面临着一系列挑战，制约着危机决策质量和危机问题的解决效率。

（一）危机决策意识不强导致识别能力弱

公共部门的管理者时刻保持充足的忧患意识是能及时应对危机的前提，美国危机管理专家罗伯特·希斯指出，危机决策包括事前决策和事后决策两种模式，这就要求决策者不仅要重视危机事件发生以后的决策，也要重视各部门运行过程中的常规决策，公共部门时刻都要防患于未然，尽可能地将危机扼杀在摇篮之中，避免危机的发生，也就不会带来生命、财产的损失，这是进行危机管理的最初目标。然而从公共危机决策的现实情况来看，决策者没有充足的忧患意识，决策观念淡薄，不能及时识别危机发生的征兆，更不能在第一时间做出决策。事实上，虽然危机的爆发具有突发性，但并不是所有的危机爆发都没有预兆，危机发生前总会出现部分的蛛丝马迹，关键在于管理者能不能及时捕捉到这些信号，从这些信号中预测出危机。

除此之外，更有些决策者存在这样的想法：危机的发生是公共部门管理不当的问题，向社会公布危机发展的具体状况会损坏公共部门声誉。殊不知解决好危机事件可以充分展现部门内部的综合能力。类似于这样的想法也会导致决策者即使知道危机的发生也没有及时地制定应对策略，迟迟不敢进行决策，从而致使危机的蔓延并产生更加严重的后果。

（二）危机决策者综合素质与现实需求存在差距

危机决策不同于常规决策，对决策者的各方面要求更高，决策成功与否的关键在于决策者是否具备较高的素质和出众的能力。从实际情况上看，决策者的综合素质与现实需求之间存在一定的差距，主要表现在以下几个方面。

1.责任感不强

每个管理者都必须具备基本的责任感，尤其是对于公共危机管理者来说。良好的责任感不仅能促使他们加强调查研究，及时捕捉到危机发生的征兆，在危机爆发前扼杀危机，也能在危机发展过程中积极采取行动方案、合理安排责任分工，更能在危机结束之后做好各方面的善后工作，尽快从此次危机事件中恢复过来。然而部分危机管理者仅仅将自己的工作局限在狭窄的圈子中，不重视调查研究，识别不了危机问题，即使在危机发生后也不能与自己的职责联系起来，回避问题，不能做出合理决策。

2.心理素质有待提高

在危机状态下，决策者面临限制性条件，需要在有限的时间内解决危机，不仅要考虑资源的有限性、时间的紧迫性，更要考虑后果的不可预测性，需要背负巨大的心理压力。往往有些决策者心理素质差，面对巨大的危机迟迟不敢做出正确决策，唯恐因自己决策失误而产生更大的影响，殃及更多的人民群众和地区，产生决策"鸵鸟效应"，回避问题[1]。正是因为有些决策不是在正常的心理状态下做出的，因此有些决策敷衍了事，有些决策草率冲动，这都不利于化解危机。

---

[1] 马龙.我国公共危机管理中政府决策问题初探[D].南京：南京航空航天大学，2015.

3. 与危机有关的知识和技能掌握不足

公共危机涉及的领域多种多样,包括政治、经济、文化等方面,一场危机的发生不会仅仅涉及单个领域,这就要求决策者要掌握多方面的知识和技能。公共部门内部的危机管理者有时仅凭经验做出决策,但有些危机是第一次发生,没有以往相同的经验可以凭借,需要以他们掌握的专业知识和技能为基础,但现实是公共部门内部强调传统的行政理念,忽视对危机管理领域内的知识和技能的学习,相关人员知识面窄,技能掌握不足,导致危机发生后措手不及。

4. 不能及时从危机中总结经验与教训

有些危机并不是以后再也不会发生,可以为同样或类似的危机事件总结经验与教训,而现状是公共部门管理者只是以应对处理眼前的危机为主,危机结束后没有及时从此次危机事件中总结成功的经验与失败的教训,缺乏危机的总结与反馈这一环节,这不算完整的危机决策过程。这种情况产生的结果是下次应对类似危机时仍然感觉是在处理新的危机事件,以往决策的失败之处可能会同样出现在下次危机的解决方案中,这会拖延危机的解决进程。

(三)缺乏健全的决策机构

健全的危机决策机构的特征是专业化、规范化、高效化,从现状上看,目前成立的决策机构并不完全具备这些特征,有些机构还出现了部门化倾向,将决策看成谋取本部门利益、维护本部门权力的象征,偏离了危机决策的本质,更影响了决策功能的发挥。在上下级之间,有些机构为了免于责任,出现了"报喜不报忧""瞒报谎报""浮夸上报"等现象,下级歪曲事实就导致上级不了解真实的危机问题,做出的决策更加缺乏实际可行性。决策机构是包括中枢系统、信息系统、咨询系统、监督系统在内的完整机构,缺乏其中任何一个机构都可能会导致决策环节出错,决策机构的不健全不利于危机决策方案的出台，更不利于在有效时间内尽快解决危机问题。

（四）决策工具与方法缺乏创新

当今时代是日新月异的时代，社会的发展、科技的进步使得决策工具和方法朝着现代化、科学化、规范化的方向发展，与过去相比，现代危机决策运用的工具和方法取得了相应进步，但在创新性上依然存在着不足，主要表现在以下几个方面：一是决策者在实际危机管理过程中不能灵活、合理地运用先进的决策技术和方法，比如信息技术、人工智能技术、德尔菲法、数学分析方法等，实际决策中的技术和方法单一，不能发挥各种技术的独特优势，决策的效率低。二是危机决策者忽视"智囊团"的作用，做决策时经常带有个人主观色彩，排斥"智囊团"的参与，更不善于咨询他们的专业意见，决策过程中的民主性差。危机决策者受个人价值观念、环境条件等因素的影响，仅凭自己想法做出的决策难免会存在不足。三是公共危机管理机构往往运用单一化的方式处理复杂的危机问题，依靠行政命令、行政指导、行政干预等手段来实现，缺少法律性规范。

（五）与危机决策有关的法制环境不完善

公共危机不仅会对社会各领域产生巨大的危害，还会对社会系统的基本价值和行为准则产生冲击。危机带来的一系列影响要控制在一定的范围内，就必须有法律制度的约束，遵从法律规定处理危机，严格按照制度规范约束危机管理者的行为。现代社会是法治社会，要实现更好的法治就必须先有完善的法制保障，对于公共危机治理而言，一套系统完善的危机管理法律体系至少要包括：宪法中的紧急状态制度条款、突发事件与紧急状态基本法、一般危机法律法规、国际条约中的突发事件与紧急状态条款等。

近年来，与公共危机有关的法律法规不断出台，但从整体上看，与要求的完备的法律制度仍然存在差距。有些法律只是对应对危机的大致程序做出了规定，但缺乏具体的实施程序和步骤，实际运用时可操作性差；危机管理的相关法律之间存在衔接不当的问题，同一类型的法律规范在同一问题的管理上会出现矛盾，如责任主体划分不清、实施手段前后差异大；某些法律只是针对单一领域内的危机管理做出了规定，但现实社会的不确定因素日益增多，公共危机的类型由单一型向复合型转变，仅仅依赖以往个别领域内的法律难以解决复杂的危机问题；在执行过程中，危机管理主体的随意性较强，"有法不依、执法不严"的现象经常出现，这也导致化解危机的时间延长，产生更严重的后果。

五、优化公共危机决策的建构路径

公共危机决策是一种非常态决策，涉及更复杂的因素，从我国危机决策面临的挑战出发，提出针对性解决办法，可以有效提升公共部门的危机处理能力，这是促使危机决策系统良好运行的迫切任务。

（一）培养危机决策意识以提升危机识别能力

良好的危机决策意识和较高的危机识别能力可以促使决策者及时发现危机征兆，避免重大危机发生。首先，公共部门的危机决策者要转变传统的决策观念，认识到危机事件发生的复杂性、影响的严重性，摒弃以往观念，相信在严重的危机面前人不是无能为力的，人的主观能动性的发挥是能解决危机问题的。总体来说，危机决策者需要树立的决策观念包括：人民安全优先、效率至上、及时决策、善于咨询、技术创新等，这些观念在危机决策中对决策者的价值观发挥着至关重要的作用。其次，要加强调查研究，提高对危机情境的敏感性，从日常工作中及时发现不良预兆，果断采取措施杜绝危机的发生，或是在危机不可避免地发生后的第一时间了解危机现状，多渠道加深对危机的总体认识，对危机的起因、性质、可能发展的趋势、带来的影响等方面都一一进行了解，避免由于对危机事件详细情况了解不清而带来的延迟决策或错误决策。最后，能准确地识别危机是一项具有挑战性的工作，当社会矛盾积累到一定程度时便会爆发危机，而在危机潜伏期找到矛盾的焦点、收集和分析相关的信息是有效识别危机的关键。要做好此项工作，决策者不仅要将相关信息汇集到自己手中，更要加强信息处理队伍建设，提高他们的技术水平，另外还要重视外部机构对收集到的信息进行全面的处理分析，从中发现问题、解决问题，为危机的识别提供有效帮助。

（二）提高危机决策者的素质

危机决策者的素质高低直接决定着决策质量，基于目前决策者的素质与现实需求之间存在一定差距，可以从以下几方面入手，着力提高危机决策者的素质。一是要通过教育增强决策者的责任感。让他们认识到发现危机问题并能及时做出决策是管理人员职责的一部分，遇事要想办法解决而不是选择回避，这既是对工作负责，也是对人民负责。作为下级工作人员，时刻都要秉持实事求是的观念，无论是哪种类型、何种程度的危机都要将实际情况汇报给上级管理者，保证他们能根据真实信息做出决策。二是要通过模拟训练等方式锻炼决策者的心理素质。公共危机是在各种不确定因素的基础上发生的，对决策者来说是巨大的考验，在应对危机的实践以及模拟训练中，危机决策者要养成优秀的心理素质，在任何情况下都能顶住压力和心理负担，积极采取应对办法。三是要加强对有关危机知识的学习，提高危机决策的技能水平。定期组织公共危机管理部门内部人员学习各种有关危机的知识，并将学习的结果作为平时考核的一部分，激发他们学习的动力。也可以采取小组学习的方式，在部门内部形成一种善于学习、乐于学习的气氛，允许不同的意见相互碰撞，在交流中学习他人的想法，学习更多的危机知识。四是要善于总结反思，积累经验和教训。每一次危机发生的背后都会有必然原因，要学会挖掘这些信息，而且并不是所有的决策方案都是完美无瑕的，在执行过程中可能会出现意想不到的问题，这就要及时总结不足之处，以便下次决策时避免同样的问题发生。当遇到同样或是类似危机问题时，可以借鉴以往决策的成功之处，这可以提高决策效率，也能减少决策失误。

（三）优化决策组织机构

系统完整的组织机构是进行危机决策的平台，要提高整体的危机决策能力，必须优化组织机构。

第一，要建立危机决策核心指挥机构，完善决策中枢系统，保证危机决策制定、协调的统一性。危机决策比常规决策的难度要大得多，为了能有效应对各类公共危机，必须建立统一的公共危机核心指挥机构，该机构负责突发事件的预防和处理的方针、政策等总体协调和指挥工作，拥有决策权，以提高综合协调能力，但也要结合实际情况适度分权，保障下级地方机构在危机发生后的第一时间能够果断采取应对措施，提高决策效率。

第二，要建立现代化的信息机构，完善决策信息系统，保证危机信息传输的及时性和准确性。信息是决策的基础，尤其是对于危机决策来说，及时、全面、准确的信息是危机决策者正确做出决策方案的前提，因此要提高危机决策的质量、增强决策的可靠性就必须建立现代化的信息机构。危机信息从输入到输出需要借助现代化的信息工具、便捷化的信息通道以及专业化的信息人员，决策信息系统的建设也要围绕这三个方面展开，确保危机决策者在有效时间内获取全面、真实的危机信息。

第三，要强化"智囊机构"建设，完善决策咨询系统，保证危机决策意见的专业性、全面性。"智囊机构"由各类专家、有经验的专职人员组成，掌握科学的知识和技术，其专业性和积累的经验对决策核心方案的制订所产生的作用不言而喻。发挥"智囊机构"的作用是决策民主化、科学化的重要体现，一般而言，"智囊机构"的作用主要有①：①收集信息，进行科学预测，充当政府危机决策的"望远镜"；②拟订方案，进行综合分析和评价，充当政府危机决策的"外脑"；③跟踪检查，提高反馈信息，充当政府危机决策的"耳目"；④独立调查，公开甄别事件诱因，充当政府危机决策的"监督员"；⑤培训、储备和交流人才，充当政府危机决策人才的储存机构。

第四，要充分发挥监控机构的作用，完善决策监控系统，保证危机决策执行的效率性。对决策各环节尤其是执行过程进行监控是保证危机决策方案得以顺利实施的有效手段，有利于防止决策偏离规范化和合法化取向，更有助于决策目标的实现。因此，要借助先进的技术和手段对危机决策进行适度的监控，保证危机管理人员切实采取既合法又保障人民群众利益的方法处理危机问题，整个决策过程始终沿着合理、合法轨道运行。公共危机决策监控系统的主要功能是：确保危机决策主体是有经验、有能力的合法决策人员；确保危机决策的目标和内容符合整体利益和广大人民群众的核心利益；确保危机决策过程始终在"阳光下"运行；确保危机决策的结果是积极的，是有利于危机问题、能在有效时间内解决的。

（四）创新危机决策工具和决策方法

随着经济的发展和社会的进步，传统的决策工具和决策方法已不能适应现代决策的需要，而且危机决策不同于常规决策，对决策方法和工具有更高的要求。危机决策者要充分重视现代技术对决策的重

---

① 杜克，杜光旭.我国公共危机的决策困境和对策分析[J].时代经贸，2008（5）：27-28.

要性,将电子信息技术、人工智能技术、数理统计技术、运筹学等现代技术灵活应用到决策中,提高决策效率;另外在危机决策中也能运用适合的常规决策分析方法,比如头脑风暴法、德尔菲法、决策树法等,这些也能提高危机决策的科学性,避免仅凭个人经验和直觉决策的"弱科学性"。同时可以关注国内外先进理论和方法研究,学习最新成果,比如大数据研究、电子政务研究等,这些都能引入危机决策中,使决策更加贴合实际,让科学决策代替低端决策。

(五)改进危机决策系统的运行机制

良好的运行机制不仅是提高决策效率的保障,也是决策科学化、民主化的平台,公共危机管理部门内部可以构建起一个常规决策和危机决策相辅相成的决策运行机制。首先要合理划分中央与地方、上级与下级的决策权限,不同级别、不同类型的危机可以由不同级别的部门来处理,中央与上级部门拥有重大危机的决策权,但也要明确它们在危机管理过程中的权力、责任、时间、具体内容等,因时因地赋予地方和下级部门适度的决策权,发挥它们的地缘优势,使危机决策从领导主导模式向制度主导模式转变[①]。其次要充分发扬民主,不搞"一言堂",不搞"专政",避免官僚主义作风,做到勤调查、辨真伪、善咨询,听取"智囊团"意见,最终使决策切实符合一切从群众利益出发、一切为了群众的原则,保障人民群众的利益。最后可以有针对性地建立危机预警和风险控制机制,针对危机发生的特点,构建公共部门内部危机决策的流程,使其能在危机发生前紧急预警,识别危机征兆,并在危机发生后控制风险、减少损失。这一系列的危机决策流程可以以制度规范的方式保存下来,作为公共部门内部决策系统的一部分,以使危机决策更好地整合社会资源,在有限时间内控制住危机的

---

① 徐程,林耀谦.危机决策对我国政府决策系统的挑战及对策[J].行政与法,2005(4):19-21.

蔓延。

（六）促进公共危机决策法制化

公共危机决策法制化是指以法律的方式对危机决策程序做出规定，使决策主体合法化、决策程序合法化、决策内容合法化。在危机状态下，法律规定可以明确决策者的职责权限，更能使整个决策过程始终沿着法制化轨道运行，不会损害群众权益。当前，要促进公共危机决策的法制化可以从以下几个方面入手。

第一，进一步完善相关法律，形成系统的危机决策法律体系。相关法律法规可以为危机决策提供制度性规范，如今世界各国越来越意识到危机法律法规的重要性。目前我国的公共危机法制体系的组成包括：战争与政治突发事件法律规范、恐怖性突发事件法律规范、骚乱社会突发群体事件危机法律规范、灾害性突发事件法律规范、各种安全事故引发的危机法律规范、其他有关危机管理的法律规范，这六大类法律规范共同为危机管理提供了法律指导。未来要进一步健全有关危机决策的法律法规，规范危机决策的相关配套制度，加强各法律之间的衔接性，以便在更加复杂的危机面前也能有法可依。

第二，强化执法力度，提高危机管理的效能。一方面要建设一支高水平的危机管理执法队伍，通过专业化培训提高执法队伍的专业素质与技能水平，根据实际需求合理设置队伍规模，同时要牢固树立"执法必严、违法必究"的法律观念，使其在执行危机决策方案的过程中严格按照法律规定约束自身行为，保证决策目标在有限时间内完成。另一方面要加强对危机执法队伍的监督，保证决策可以得到有效执行。

第三，完善危机决策问责制度，形成权责统一的制度保障。为防止在危机决策过程中出现瞒报、虚报、迟报等不良现象或其他渎职行为的发生，必须强化问责制度，明确问责范围，对有相关行为的人员追究责任，对导致严重后果的实行处罚，将责任落实到每一个人身上，形成与其权力相统一的责任追究模式；为了提高危机管理部门内部的积极性，将责任落实情况作为日常绩效考核的一部分，实现奖惩统一、赏罚分明。

第四章
公共危机治理的沟通机制

在公共危机治理中，危机影响者、管理者和参与者之间的沟通效果直接影响着治理效果。社会公众作为危机的直接影响者，最希望在第一时间了解危机详情；政府作为危机的主要管理者，需要根据公众的反馈了解危机的具体影响；媒体等其他的参与者也需要根据完善的信息向社会作出宣传报道，这些都需要依靠畅通的沟通渠道和完善的信息管理机制。在危机状态下，危机管理者保障危机信息传递的及时性、准确性，使各种社会力量协调配合，全面投入危机救治中，是公共危机治理开展的基础。从一定意义上可以说,在公共危机治理中合理有效的沟通机制有其存在的必要性,有助于让有关危机的信息和政府的危机管理政策在社会范围内得到传播,从而获得公众的支持与配合,整合社会资源,形成应急联动,对及时化解危机有着重要的作用。本章主要从危机沟通、信息发布、谣言控制、媒体监督、舆情引导五个方面对公共危机治理沟通机制中涉及的关键环节做出概述。

一、公共危机治理中的危机沟通

（一）危机沟通的概念

在管理学中，沟通是指具有不同背景、地位、思想、感情、观念的人们之间通过信息传递与交流而形成的互动过程和对信息意义的理解。完整的沟通过程包括以下几个环节或要素：信息源，信息，编码，通道，解码，接收者，反馈。在沟通的过程中，没有信息的传递与交流就不可能达到对信息意义的理解，它们共同构成了完整的沟通过程。然而在实际生活中，由于沟通各方在认知水平、思想观念、社会地位等方面的差异以及所运用的沟通技术上的不同，仅有信息的传递与交流并不能保证实现良好的沟通，在此意义上，良好的沟通预示着信息发出者和信息接收者对信息具体内涵一致的理解。

所谓危机沟通，就是指公共危机管理的不同部门、不同人员之间，管理者与社会公众之间，通过信息的传递与交流、互动与反馈建立良好关系的过程。这里的社会公众可以分为：危机的直接受害者、一般的社会公众、新闻媒体三大类[1]。有效的危机沟通可以帮助危机管理者了解危机发展的相关状况，根据危机现实情况制定有效的应对措施，防止危机的进一步蔓延，这能增强公共危机管理者的公信力，为其塑造良好的社会形象。一般情况下，危机沟通既包括风险沟通，也包括应急沟通。具体的风险沟通是指个人、团体、机构之间交换信息和意见的互动过程，这些信息不只与风险有关，而且还包括风险性质的多重信息和其他信息[2]，风险沟通通常以风险为中心，用于危机发生之前的阶段，目的是防范风险。应急沟通也有个人、团体、机构之间交换信息和意见的互动过程，与风险沟通的具体内涵有相似之处，但

---

[1] 王宏伟.公共危机管理（修订版）[M].北京：中国人民大学出版社，2019.
[2] 吴转转.应急管理中的风险沟通研究[D].广州：暨南大学，2012.

应急沟通通常以危机为中心，用于危机爆发阶段，目的是有效处理危机，降低危机造成的损害。总体来说，很难将风险沟通与应急沟通截然分开，因为公共危机的治理是一个系统的过程，既要求危机管理者及时捕捉到危机发生的征兆，预测可能出现的风险，又要在危机来临时果断作出决定，及时应对危机，在处理危机的过程中，也要时刻关注危机的演化过程，防范可能出现的其他风险。在此意义上说，风险沟通和应急沟通共同构成了危机沟通，两者关系密切且贯穿于公共危机治理的全过程。

（二）危机沟通的功能

危机沟通是公共危机治理的重要工具，当危机发生时，与公众有关的沟通尤为重要。危机管理者要就发生的危机与公众进行有效的沟通，告诉社会公众为应对危机采取了哪些措施、对待危机的态度如何，这无疑会增强危机治理的透明度，为危机管理部门树立良好的声誉。具体来说，有效的沟通对公共危机治理的作用表现在以下几个方面。

第一，良好的危机沟通有利于危机管理者制定正确的应急战略，更好地实施危机管理。危机的解决离不开信息的传递与反馈，危机沟通就是危机管理者与社会公众传递与反馈信息的过程。通过这个过程，管理者可以及时掌握危机发展形势以及此次危机造成的影响，并进一步了解社会公众的需求，基于此，危机管理者才能做出正确的应急对策，优化危机治理流程。与危机有关的信息是制定有效战略的前提，缺乏沟通这一环节便无法获得与之相关的信息，危机治理更无从谈起。

第二，通过沟通，危机管理者可以了解社会公众对于危机的认识，这有利于制定危机决策时充分发扬民主。社会公众是公共危机直接面向的群体，他们对于危机的了解以及对于解决危机需要采取的应对办法具有针对性。一般情况下，危机的受害者最能在第一时间了解危机造成了哪些损失以及损失程度大，通过危机沟通，危机管理者获取这些人员提供的信息，在制定决策时更能满足危机受害者的切实需求。另外，在应对危机的过程中，社会公众的经验与智慧也是危机管理者的有效依赖，通过沟通积极听取他们的想法，避免只凭借危机管理者主观臆断做决策的现象，提高决策质量。

第三，危机沟通可以保障公众的知情权，增强危机治理的透明度。如果危机管理者重视沟通，向社会公众发布及时、准确的信息，就能使社会公众对危机有大致的了解，减少公众在危机面前的恐慌。通过有效的沟通保障公众的知情权，这会促使公众根据已有的信息对风险和危机形势作出准确判断，调动他们在危机管理者的领导下全力应对危机的积极性，增强危机管理者与社会公众的凝聚力。网络化、信息化的社会要求政府的权力必须在"阳光下"运行，对于公共危机治理这一涉及更大范围的作为来说更要增强治理的透明度。危机沟通无疑会将危机治理的全方位内容告知社会公众，将其置于社会公众的监督之下，同时也展现了管理者的危机应对能力。

第四，有效的危机沟通可以增强危机管理者的公信力，更有利于危机治理部门树立良好的声誉。沟通是危机治理的基础性工作，及时而有效的沟通可以促使危机管理者及时发现外界潜在的风险和危机，当危机来临时使信息的传递与交流迅速而有效。当危机发生后，危机管理者应坦诚地面对社会公众，告知危机已经或可能产生的影响，以及为应对危机所采取的必要措施，这不仅会增加社会公众对危机的了解，也会使其全力支持危机管理部门应对危机，增强对危机管理者的信心。

（三）危机沟通的原则

沟通是公共危机治理的必备环节，良好而有效的沟通必须遵循一定的原则，在原则的指引下可以大幅提升危机沟通的效率，确保危机沟通可以获得实效。危机沟通应遵循以下原则。

第一，未雨绸缪。危机发生的环境复杂多样，一种危机的发生可能还会引发次生危机，不可避免地具有不确定性和难以预测性。这就要求危机管理者要时刻具备风险防范意识和危机识别意识，在日常危机管理工作中提前制订好危机沟通计划，培训沟通人员，使其掌握多样性的沟通技能，在应对各类危机时能克服相关障碍，提高沟通水平。这些沟通计划要具有有效性和针对性，以便发生危机后能迅速启动危机沟通计划，交流与反馈相关信息，提高危机治理的时效性。

第二，准确及时。公共危机具有突发性、紧迫性的典型特征，要求危机管理者在危机发生后的第一时间内向社会公众公布与之相关的信息，这些信息必须要准确、及时地让社会各界了解，以避免因危机情况不明而造成的社会恐慌。危机管理者不能为了沟通而沟通，危机沟通的目的是在危机管理者与社会公众之间建立起友好互助的桥梁，因此要为了提高危机治理的水平而进行沟通。在沟通过程中，如果遇到情况了解不明、信息掌握不清的状况，切忌将不确定的信息告知社会公众，要做到有理有据，待调查研究后公布详细的信息。

第三，客观真实。危机沟通的全过程都必须以事实为依据，危机管理者要实事求是地将与危机有关的详细情况传递给社会公众。良好而有效的危机沟通的目的在于引导社会各界理性对待危机，合理引导危机状态下人们的行为，从而减少危机所带来的恐慌，因此危机管理者必须尊重客观事实，不能人为地夸大危机中的不确定性因素，更不能为了逃避责任而故意淡化危机影响，这些行为都会在危机治理过程中产生消极影响，前者会加大社会公众对危机的恐惧心理，后者会轻视危机产生的影响，最终导致社会秩序的混乱。

第四，以人为本。危机事件关乎社会公众的切身利益和福祉，在危机沟通的过程中危机管理者要始终将人民群众的切身利益放在首位，保护好人民群众的生命财产安全，及时解决危及群众的隐患，从而减少危机造成的损失。要更好地贯彻以人为本的原则。危机管理者还应时刻关注社会公众对于危机的反应，通过沟通了解他们的实际需求。由于社会公众的地位、教育背景、理解能力等方面存在差异，因此在沟通过程中，负责沟通的专业人员要采用最易理解、最能令人接受的方式和语言与社会公众进行沟通，考虑他们接收信息能力的差异，确保他们不会因这些因素产生沟通障碍。

第五，高效统一。危机沟通是危机治理的必要环节，但解决危机必须在有限的时间内完成，否则会产生更严重的危害，因此危机沟通必须追求效率和效果，在有效的时间内完成这一环节的工作任务。为了保证沟通的效率和效果，在沟通时危机管理者必须把握重点，首先围绕着关键信息进行沟通。同时，危机治理需要依靠各部门、各单位人员协调统一配合才能促使危机尽快解决。由于危机的突发性以及应对危机时资源的匮乏性，危机管理者需要动员各方力量，这就要明确各方主体在危机沟通中的权力与责任，有统一沟通的目标，以最大可能地减少危机事件造成的损失。

（四）危机沟通的障碍

危机沟通的质量影响着公共危机治理的水平，从现实情况来看，在危机沟通的过程中存在着些许问题，阻碍了沟通进程，降低了沟通质量。

第一，危机信息公开表面化、发布滞后。政府作为公共危机治理的主导力量，有责任和义务在危机发生后的第一时间将与危机有关的各方面准确信息及时公开，使得社会公众对危机的本质、演化过程、影响等方面有详细的了解，但从实际情况来看，并不是各地政府都能尽善尽美地将危机信息全面公之于众。危机信息公开表面化是指危机治理的有关部门公布的危机相关信息仅仅是危机事件的表层信息，而对于更深层次以及公众希望获取的危机其他方面的信息没有及时公布甚至没有公布，导致社会公众不能清楚了解危机发展的详细状况。政府信息公开不仅是政治民主化的基本要求，而且是危机事件发生后政府与公众有效沟通的关键环节，及时向社会公众发布危机信息是政府与公众之间良好沟通的前提，这能减少处理危机的难度，然而在我国的危机管理中，仍然存在着危机信息发布滞后的问题。现代社会是网络化、信息化的社会，在危机发生后社会公众可以在网络平台上看到与之相关的信息，而政府发布的信息可能会滞后于新媒体网络平台，危机事件的发生在一定程度上会造成公众的心理恐慌，政府有关部门迟迟不发布这些危机信息无疑会加重社会公众的恐慌情绪，影响社会安定，从而导致政府公信力的下降，延缓危机解决的进程。

第二，多元主体沟通网络不完善。公共危机治理需要多元主体的参与，政府、公民、媒体等多主体通力配合才能促使危机在有效的时间内解决。从公共危机治理的现状来看，多元主体的沟通网络不够完善，阻碍着危机沟通的进程[1]。一是危机沟通的社会动员不足。在处理公共危机的过程中，政府往往凭借行政权力介入危机管理，社会动员不足，仅仅依靠行政资源而忽视社会资源会加大危机治理的难度，另外仅注重政府内部各层级的动员而忽视社会化动员容易形成单一化的应对公共危机的机制，必然导致出现沟通失调的现象。二是政府与媒体之间没有形成良性互动。就政府层面而言，有些政府部门的危机管理者缺乏与媒体沟通互动的意识，不善于运用主流媒体的宣传效应进行社会动员，甚至对媒体采取回避式态度，认为媒体是批判政府行为的平台，对与媒体之间的互动缺乏正确认识。就媒体层面而言，有些媒体为吸引社会公众的注意，违反法律规定，擅自发布不准确信息，对报道的危机情况注入过多的主观判断，故意夸大或隐藏部分信息，

---

[1] 曹刘庆. 我国公共危机管理中的沟通机制研究 [D]. 杭州：浙江大学，2020.

忽视危机实情。另外，部分媒体担心受到政府部门的处罚，在危机发生后该报道的也不敢报道。

第三，公众存在信息理解障碍。社会公众对于政府传递与反馈的信息的理解直接影响着危机沟通的效果。受公共危机影响的公众差异很大，他们在价值观、教育背景、个人能力等方面存在很大不同，不同的人对政府传递与反馈的信息有不同的理解，如果不能采用针对性强的方式和手段与不同背景下的公众进行交流就会加大沟通的难度。从自身利益出发，社会公众对于同样的信息会有不同的价值判断，在沟通的过程中，他们会根据自己的需要、动机及其他个人特点有选择地接收和反馈危机管理者提供的各种信息，社会公众"选择性知觉"的存在，使得危机管理者不能获得客观的反馈信息，进而不能了解他们真正的需求。沟通技能上的缺陷也会影响沟通效果，由于部分危机管理者专业训练不足可能会缺乏必要的沟通技能，比如在沟通的时机、方式和媒介选择上缺乏可行性，再加上社会公众的教育水平不一，因此在沟通时会出现理解性偏差或对传递的信息存在误解。

第四，纵向为主的危机沟通机制缺乏灵活性。健全的危机沟通机制可以分为内部沟通机制和外部沟通机制两部分，内部沟通包括中央政府和地方各级政府之间的纵向沟通以及政府内部各部门之间的横向沟通，外部沟通是在整个公共危机治理过程中政府各级部门与社会公众之间的信息互动与反馈过程。在危机治理的实际过程中，危机沟通机制主要是依靠政府的纵向垂直沟通，这种自上而下的命令指导式沟通方式使得信息的传递具有单一性，在沟通过程中会出现信息过滤的现象，有些负责沟通的政府有关部门自律性较差，为了本部门的利益可能会有意操纵信息，导致沟通障碍。而且，层层上报的制度规定，使得沟通机制缺乏应有的灵活性，在紧急性的危机面前会延误解决危机的最佳时机。层级数目过多还会导致信息失真的现象发生，受主客观因素的影响，负责危机管理的最高层最终获得的信息可能不会真实地反映危机的客观实际。

二、公共危机治理中的信息发布

政府信息发布的及时性、准确性和全面性是促进政府危机管理民主化的重要标志，信息发布是危机沟通的重要环节。危机的信息发布是指以政府为代表的行政机关与法律法规授权和委托的其他组织部门在行使危机治理职能的过程中，依照法定程序将获得和掌握的危机信息，通过社会公众知晓的方式主动或按照申请向个人或组织公开的活动。危机信息发布的主体是行政机关或由法律法规合法授权的其他组织部门；信息发布客体是社会公众，他们的接受程度直接影响着信息发布是否成功；信息发布的内容是与危机起因、发展演变、影响有关的信息，具体涉及机密和隐私的信息可以选择不公开，但要向社会公众说明原因；信息发布的方式包括新闻发布会、官方网站、政府公报、主流媒体宣传等社会公众方便了解的方式。

（一）危机信息发布的意义

信息化社会使得各种信息的传播速度明显加快，尤其是对于公共危机来说，其影响范围广、波及程度深，与之相关的信息一经传播会引起更加广泛的关注，政府及时发布危机信息的重要意义不容小觑。

1. 有利于防止谣言的传播进而营造良好的治理环境

危机的突发性以及不确定性打破了人们正常的心理状态和生活方式，危机情境更使得社会公众缺乏对各种信息的理性判断，不能正确分辨所接收到的危机信息的准确性，这就为虚假信息和谣言的滋生提供了土壤，这些谣言得不到控制，层层传递，会加重社会公众的恐慌心理，影响社会稳定。

政府作为危机管理的主体，其发布的危机信息具有权威性，准确及时地发布信息可以遏制住虚假消息的传播，各种谣言也能得到有效控制，从而起到稳定社会公众情绪的作用，消除了社会公众的恐慌心理后，危机管理主体更容易动员社会力量应对公共危机，营造良好的危机治理环境。现代社会是信息化、网络化的社会，任何消息一经网络便会得到快速传播，远远打破了信息传播的时间和空间限制，如果在危机发生后政府没有及时公开信息，社会公众因不了解危机实情而议论纷纷，这无疑会影响统一规范的社会秩序，从而加大危机治理的难度。因此在危机发生后，政府要及时、准确、全面地公开危机信息，保障危机管理的透明度，这是控制谣言扩散的有效措施，可以为危机治理营造良好的外部环境。

2. 有利于保障公民的知情权以获得公众的支持和配合

公共危机的爆发会涉及公众的切身利益，尤其是危机的直接受害群众更希望及时了解与危机有关的详细信息，更会时刻关注危机管理部门为应对危机采取的措施。政府公开信息既是政府的责任和义务，也是保障公民知情权的必然选择，危机爆发条件的复杂性使得政府和社会公众难以在第一时间制定应对策略，政府有必要将危机相关的信息及时公开，增强全体社会成员的防范意识，减少危机带来的危害。

通过政府发布的信息，社会公众会密切关注危机的最新进展，了解危机管理者在危机发生后是如何积极应对的，在了解到有关情况之后，社会公众在危机面前的消极情绪会大大减轻，他们不会再对危机采取逃避态度，而是在危机管理者的带领之下发挥力所能及的作用，积极投入危机应对中。政府在危机治理中能否动员社会公众，在危机治理格局中形成多元主体共同参与的局面，是提高危机治理效率的关键，在危机治理过程中政府通过发布危机信息以及采取的应对方式和恢复措施等，能让社会公众了解到危机事件的真实情况，从而赢得公众的支持和配合。

3. 有利于控制危机的蔓延从而提高危机管理效率

政府凭借其掌握的公共权力在危机信息的收集与传输过程中具有显著优势，作为危机管理的主要主体，政府掌握着权威且全面的信息，能及时捕捉到危机发生的信号，并在危机的防范、预警以及控制中负有重要责任。危机信息的发布是在危机管理中促进政府与公众交流沟通的关键手段，这对于公众了解危机实情，加强政府对危机的控制能力具有重要意义。

危机爆发后，政府及时发布有关信息可以增强社会公众的防范意识，动员更多的社会力量参与到危机治理中，形成齐心协力共同应对危机的格局，在群防群控解决危机的过程中，便于捕捉到危机发展的最新信号，这既可以控制危机的进一步蔓延，又能提高危机治理的效率。政府为减少公共危机带来的影响和损失，会采取针对性的措施，如搬迁、封闭式管理或其他限制性措施，这会在一定程度上影响到公众的正常生活，这些措施能否实行需要靠社会公众的积极配合，如果政府不及时发布有关信息，告知公众实情和原因，就不会得到公众的理解，公众更不会配合政府行动，会加大危机治理的难度。所以，政府有必要公开危机信息，获取公众的理解和配合，使危机在有效时间内得到解决。

（二）危机信息发布的原则

《中华人民共和国政府信息公开条例》第六条规定：行政机关应当及时、准确地公开政府信息。行政机关发现影响或者可能影响社会稳定、扰乱社会和经济管理秩序的虚假或者不完整信息的，应当发布准确的政府信息予以澄清。在危机信息发布过程中，我们必须遵循的基本原则主要包括以下几个方面。

1. 及时性原则

信息具有时效性，越新、越及时的信息，其价值性越高，为了保证信息在有限时间内的应有价值，应尽量缩短信息的收集与处理、传输与使用环节的时间，提高信息的使用效率。一般情况下，信息的价值会随着时间的推移而降低，因此危机的信息发布必须及时、高效，否则就会失去时效，延缓危机的最佳解决时机。社会公众是危机的直接受害者，危机发生后他们迫切想了解相关情况，如果行政机关或其他授权的组织不及时发布有关信息，会使社会公众产生猜忌心理，给谣言以可乘之机，最终因缺乏对危机事实情况的真实说明而导致社会秩序的混乱。相关管理者通过调查研究或其他法定途径获取危机信息后必须及时告知社会公众，保障公民的知情权，以确保危机沟通效率的提高。

2. 统一性原则

信息发布的方式多种多样，如官方网站、政府公报、媒体宣传等，无论选择何种发布方式都必须确保信息的统一性，包括内容、数据等各个方面的统一，否则社会公众会因接收到的信息不一致而产生怀疑，不利于政府公信力的提高。另外，危机管理是涉及各方面的系统工程，负责危机管理具体事务的部门不会只有一个，危机信息发布需要靠通力合作的团队，因此要加强部门之间的协调、人员之间的联系，要求整个信息系统工作的统一化、制度化，即使选择不同的方式，也要确保危机信息的一致性，以便于开展后续的危机管理工作。

3. 准确性原则

准确真实的信息是社会公众了解危机实况的前提，危机发生后，政府应将有关危机的起因、性质、演化趋势、结果影响以及为了应对危机政府采取的应对措施等准确地告知社会公众，消除他们的担忧与恐慌情绪。负责危机信息发布的管理者，必须时刻保持客观态度，克服主观情绪和利益价值产生的影响，保持良好的心理状态，无论危机的性质如何、影响程度有多大，都要秉持客观冷静的态度向社会发布相关信息。需要注意的是，在信息的收集、加工、传输的过程中，由于主客观条件限制，信息难免有偏差，当发现已经发布的信息出现错误后要及时对此作出说明解释，确保危机信息的准确性。另外，危机管理是一个连续的过程，受内外部因素的影响，危机形势会随时发生变化，危机管理者也要公布与之相关的进展情况，确保信息的全面性。

（三）危机信息发布的策略

公共危机的突发性使得政府和社会公众短时间内无所适从，为了提高政府公共危机治理的效率，缓解社会公众在危机面前的恐慌情绪，需要提高信息发布的技巧并遵从一定的策略。

1. 做好充分的事前准备

政府及其他部门在日常工作中要时刻具备防范意识，为应对突发危机做好充分的准备。一般情况下，信息发布包括的重要环节有：准确、全面地收集、整理、分析、核查与危机有关的信息；明确信息发布的目的、重点内容、时机、对象；确定信息发布采取的方式，在恰当的时间将信息公之于众；根据危机的发展演变，及时更新最新的信息内容，做好后续的信息发布工作。对不同情境下的危机，政府应有针对性的计划和应对方案，注意对各类危机信息的收集与处理，制定详细的信息发布机制。为了保证信息发布环节的一一落实，在日常工作中就应做好充分的准备，如组建专业化的信息管理队伍并定期进行培训，合理设置领导指挥机构等，以便在危机爆发后能迅速有效地组织信息发布工作。

2. 积极主动公开信息

政府及时发布与危机事件有关的信息是促进政府与社会公众交流沟通的前提，危机发生后，政府应在恰当的时间内公布危机信息，保障公众的知情权，被动地延迟信息发布会形成较大的舆论压力，错失危机治理的最佳时机。作为危机管理主要部门的政府，为了提高政务舆情回应的有效性，必须要把握好信息发布的最佳时间，对于重大且紧急的危机事件最好能在危机发生后的24小时内向社会公布。

3. 确保发布的信息内容权威真实

权威真实的信息内容是社会公众了解危机实情的保障，危机事件发生后由于信息闭塞，社会公众难免会产生猜疑和恐慌心理，给"小道消息"以可乘之机，个别媒体和网络平台没有经过证实而大力宣传各种信息，会进一步促进虚假信息的传播，作为危机管理权威主体的政府应将危机信息真实全面地发布出来，缓解社会公众的恐慌情绪，以此来稳定社会秩序。

4. 充分监督和利用各类信息发布的媒介平台和渠道

在选择信息发布的方式时，政府除了通过新闻发布会、官方网站等传统渠道发布信息，也要创新信息发布的方式，形成多元化的信息发布渠道，以便各种与危机有关的信息快速便捷地让社会公众知晓。现代公众几乎都是借助于移动网络平台了解信息，政府应顺应时代发展特点，选择适用性强、便于公众熟悉的方式发布信息。在政府与媒体的关系上，一要加强两者的互动，运用主流媒体的宣传力和号召力促进信息的传播；二要对各大媒体加强监督，网络不是法外之地，杜绝有的媒体为了自身利益而报道虚假信息的现象。

5. 建立政府和社会公众双向互动交流反馈的信息发布机制

政府与社会公众之间的双向互动是促进两者交流沟通的关键，政府发布危机信息是为了保障公众的知情权，而通过公众对接收到的信息的反馈，政府也可以了解到他们的实际需求，以便在交流沟通中进一步发布满足社会公众需求的信息，这使得公众掌握危机发展的具体实情，不至于因信息闭塞而产生恐慌情绪。

6. 落实信息发布主管部门责任并完善激励考核机制

权责统一是在任何管理工作中都必须坚持的重要原则，危机管理工作更不例外，危机信息发布结束之后要及时考察相关负责人的工作，依照统一的标准衡量信息发布工作是否到位，对存在工作失误的行为视轻重追究相关负责人的责任。为了激发信息发布主管部门内部工作人员的积极性，还应对出色完成信息发布工作的人员给予充分的肯定，采取精神和物质奖励相结合的办法给予奖励。

7. 分级分类发布不同性质的信息

公共危机波及的范围广，一个危机事件的爆发可能会对社会多方面产生影响，由此产生的危机信息性质不一，因此要对各种性质的信息进行甄别，对不同的危机事件启动不同的信息发布机制，以此增强危机信息的针对性，分类处理各种不同的危机情境，采用多样化的发布方式公开危机信息，同时还必须做好信息的反馈工作。

三、公共危机治理中的谣言控制

（一）谣言的概念

在《辞海》中，谣言被解释为：没有事实根据的传闻或捏造的消息。美国学者彼得逊和盖斯特在《谣言与舆论》一文中，将谣言定义为：在人们之间私下流传的，对人们感兴趣的事物、事件或问题的未经证实的阐述或诠释。我国学者胡钰认为，谣言是一种以公开或非公开渠道传播的对社会公众感兴趣的事物、事件或问题的未经证实的阐述或诠释。赵丽岩将谣言定义为：利用各种渠道传播的对公众感兴趣的事物、事件或问题的未经证实的阐述或诠释。尽管国内外学者对谣言的概念界定有着不同的表述，但从以上表述中我们可以发现共性之处。第一，谣言是一种未经证实的或没有事实依据的消息、信息；第二，谣言的主要内容是社会公众感兴趣或关注的事物、事件或问题；第三，谣言一般以公开或非公开、非官方、私下传播的渠道传播。

谣言的特征主要包括：①事实的虚拟性，即谣言的中心事件是没有事实根据的传闻或捏造的消息；②传播的广泛性，即在网络化背景下谣言一旦出现便会广泛传播，超出各种时间和空间限制；③诉求的主观性，即出于好奇心理或对消息的渴望，社会公众在谣言面前会失去对事实本身判断的客观性；④影响的深远性，即谣言本身就是没有依据的消息，若不加以控制，极易使社会公众听信不实言论、歪曲事实，从而引发担忧或恐慌情绪，影响社会秩序的稳定。随着社会进步以及网络技术的发展，谣言也呈现出新的特点，如：谣言背后的利益驱动不断凸显、谣言的"科学"外衣日益华丽、谣言的网络化生存已成主导、谣言的无意识传播大行其道。①

（二）危机情境下谣言的产生与传播

美国学者奥尔波特和波斯特曼等通过关注个体接受和传播谣言的动机和方式，给出了关于谣言产生的公式：$R=i \times a$，其中，R 代表"谣言"，即 rumor；i 代表"重要性"，即 important；a 代表"模糊度"，即 ambiguity。该公式说明了谣言的产生与传播需要满足两个条件：第一是社会公众对谣言中传播的信息十分关注，此信息对于谣言的传播者以及接收者来说具有某种重要性；第二是信息缺乏，谣言中所传递的信息被虚假消息所掩盖。这表明谣言的产生和传播与谣言内容的重要性和模糊度成正比，即谣言内容的重要性程度越高、信息的模糊程度越大，谣言在社会中的传播速度就会越快。

1.危机情境下谣言产生的原因

公共危机的突发性、环境的复杂性以及影响的难以确定性使得谣言更容易产生，具体原因可以分为以下几个方面。

第一，个体在危机面前存在惶恐心理，对信息的识别能力弱。危机的爆发会涉及社会公众的切身利益，引发公众的紧张状态从而产

---

① 赵丽岩，丁社教.公共危机中的谣言控制[J].社会治理，2014（2）：42-44.

生惶恐心理，这是谣言产生并得以传播的催化剂。危机的波及范围广、影响的群体多、产生的损失难以估量，稍不控制就会产生更大的社会危害，在危机面前公众会不自觉地考虑到自己的利益是否会受到损害，迫切想知晓更多的与危机有关的信息，当与之有关的信息在社会上传播时受危机影响的社会公众会失去对信息真假性的判断，一味地相信接收到的信息就是真实信息，殊不知这些信息经过众多传播主体的传播早已被别有用心之人加以利用，扭曲了信息的本来面貌。有些信息开始会带有"可能""或许"等模糊性字眼，经过传播后这些模糊性字眼会慢慢地消失，从而演化成肯定性信息，对社会公众产生误导，使其无意中相信夸大或模糊的危机信息，结果便是继续加重社会公众的恐慌心理，使公众不能了解危机的真实状态。另外，危机事件发生后，还总会出现类似于"这可能意味着""事件的背后隐藏着"等揣测性的言论，通过社交平台广泛传播用以吸引大众的阅读兴趣，增添阅读量，大众如果对这些言论不加以识别便继续转发无疑会导致谣言的继续蔓延。

第二，危机信息传播渠道受阻，缺乏权威、可信的信息作为支撑。公共危机事件中导致谣言产生的一个重要原因就是信息传播渠道受阻，危机的突然爆发会让政府措手不及，需要相关负责人实地考察获取第一手信息。由于危机的巨大破坏性，危机事件中心的信息可能不能及时传递到信息收集者手中，更无法对信息进行详细的加工处理让社会公众知晓。信息传播渠道的通畅程度直接决定着信息传递的速度，从危机管理部门发出的信息经由官方途径传送至公众手中才能保障危机信息的正确性，而现实中难免会存在非正常途径传递信息的现象，极易导致信息失真，给公众带来片面或歪曲的信息，这就给谣言以可乘之机。政府作为公共危机管理的主要主体，其发布的信息具有权威性和可靠性，受危机的影响，政府面临的各种不确定性因素增加，甚至有可能出于本部门利益或其他因素的考虑而出现信息发布滞后、已发布信息不充分的现象，这会导致公众不能通过已有的信息了解危机现状。信息传播渠道不畅，又没有权威、可靠的信息作为保障，社会公众难免会胡乱猜疑，轻信网络上流传的各种各样的信息，"小道消息"传播的速度愈发加快。

第三，政府对媒体没有进行有效引导，致使错误的舆论信息广泛传播。在处理危机事件的过程中媒体凭借其信息传播的即时性、受众的广泛性、影响的深远性成为政府的主要互动者，尤其是主流媒体对危机事件进行的报道、解读或评论更能引起社会的广泛关注，成为大众了解和分析危机事件的重要依据。然而市场化媒体在市场的竞争中追求的是利益的最大化，因此有些媒体有可能不顾危机事件的真相随意报道，以此来吸引公众的阅读兴趣，增加阅读量和转载量。媒体会引导社会的舆论导向，危机事件一经媒体宣传便会产生很大的影响力，社会公众在危机面前存在的惶恐感更不会迫使自己去质疑媒体宣传的信息的真假性，各种不确切的消息和谣言便会大肆流传，如果放任媒体随意报道危机事件而不加以管理就会使社会责任感不强的媒体成为传播谣言的平台，对社会公众产生极大的误导。

2. 危机情境下谣言传播的过程

公共危机从产生到结束一般需要经历潜伏期、爆发期、延续期和解决期四个阶段，与此相似，危机事件中谣言一般也要经历一个完整的周期，主要分为：滋生期、蔓延期和衰减期。

谣言的滋生期。危机的潜伏期是谣言滋生的主要阶段，一般而言，在这一阶段各种谣言会最早产生。由于危机处于潜伏期，出现了危机的征兆但是并不明显，相关的信息也处于模糊状态，危机管理部门捕捉到危机信号但还没有向社会公布时，社会上可能就已经流传出各种猜测。由于公众在这一阶段对于信息的需求难以满足，又不能凭借自身的能力对这些猜测加以分辨，所以他们会产生"宁可信其有，不可信其无"的心理，给谣言的滋生提供了有利环境。在网络化时代，谣言一旦产生便会通过各种社交平台快速传播，引起大众的广泛关注，这些掩盖事实真相的信息的流传便会给初期的危机治理工作带来阻碍。

谣言的蔓延期。危机的爆发期和延续期是谣言得以蔓延的主要阶段，在这一阶段，伴随着危机的爆发与发展，谣言大肆流传，达到一个高潮。危机爆发后，往往首先公布危机事件的是微博、非官方网站、论坛等一些网络性平台，一般这些平台不会经实地调查取证后而发布危机事件的信息，发布者的主观性较强，而政府往往是对危机事件全面把握后才发布权威性信息，导致政府的信息发布经常会滞后于非官方的网络平台，二者之间的时间间隔便成为谣言蔓延的主要时期。与此同时，危机从爆发到延续会是社会公众最担忧、最惶恐的阶段，出于对生命、健康和财产的考虑，社会公众也容易轻信谣言。

谣言的衰减期。危机的解决期是谣言衰减的主要阶段，在这一阶段，伴随着危机权威信息的全面发布，谣言失去了存在的有利环境，走向衰减。危机发生后，政府会动员全社会力量解决危机，经过调查取证、交流沟通等环节逐步完善危机治理策略，并通过各种正式渠道公开与危机有关的信息。为减少社会公众的恐慌以及营造良好的社会秩序，政府会通过法定方式对谣言进行控制，促使全社会在政府的引导与管理下共同营造良好的危机治理环境。社会公众的知情权获得了保证，又有权威信息辟谣，伴随着危机的解决，谣言也会逐渐消失。

（三）危机情境下谣言的控制策略

在公共危机事态下谣言的存在与发展更会对社会产生严重的影响。首先，谣言的存在掩盖了事实真相，不利于社会公众了解具体的危机情势，会造成更大规模的社会恐慌，这对于营造良好的危机治理秩序来说是一项巨大的挑战。其次，谣言借助于网络平台传播会超出时间和空间限制，成为错误的舆论导向，使社会公众对错误的舆论分辨不清并将其与官方正规渠道发布的信息混淆。最后,谣言的存在会加大危机治理的难度,还有可能引发次生危机。因此,如何终止谣言让危机治理的过程更顺畅便成为要考虑的重点问题。

第一,透析社会心理因素,查明谣言产生的原因。在一些传播学和心理学的学者们看来,心理机制是谣言产生与传播的重要因素之一,这是谣言得以产生的内因,主要包括信息控制和宁信心理、归因心理和次级控制[1],因此通过分析社会心理因素找出谣言产生的重要原因是对谣言加以控制的重要措施。谣言能产生并能广泛传播是因为它满足了人们的某种心理需要,这种心理需要更多是因为在危机状态下人们出于对自身安全的考虑而产生的,当生命以及财产面临威胁时,人们会产生恐惧心理,而这种恐惧便是谣言蔓延的有利条件。因此,有必要洞悉谣言背后的社会心理因素,通过社会心理调查、实地调研等方式找出社会公众在危机事件中的关注点和兴趣点以及对于危机的认知、看法、期待等方面的态度,了解他们真正的心理需求。可以说谣言是在紧急的、特殊的社会条件下社会公众认知或情绪倾向的反映,政府等危机管理主体必须增强分析判断能力,从这些现象中找出公众比较关注的社会问题,建立一套完整的危机信息发布机制,通过及时有效的信息满足公众在危机状态中的心理安全感和需求感,消除谣言产生的心理环境。

第二,加强对社会公众的教育,提升其信息辨别能力。我们正处于网络化社会中,网络的高度发达不仅为公众之间提供了更多的话语空间,也使信息的传播速度日益加快,然而社会公众的受教育程度存在很大的差异,对信息的接受和解读也因个人文化背景、价值观等因素的不同而存在差异。对于在网络中传播的与危机事件有关的信息很多人一看到就会深信不疑,连一些稍加分析就能证明是谣言的信息也

---

[1] 赵丽岩,丁社教. 公共危机中的谣言控制 [J]. 社会治理,2014(2):42-44.

分辨不出，这就给谣言的传播提供了很大的空间。因此，有必要对社会公众加强教育，提升他们对于谣言的识别和辨别能力，这是公众必须具备的基本能力。"谣言止于智者"，公众能够自觉分析谣言内容，辨别各种信息的真假，才能达到不信谣、不传谣的理想社会状态。社会公众不仅是危机事件的受害者，也是应对危机的参与者，通过教育还能增强他们在危机面前的心理承受能力，使公众在危机面前沉着冷静，积极乐观地应对危机，这也有利于减少危机治理的难度，使谣言伴随着危机治理进程逐步消失。

第三，政府及时辟谣并公布事实真相。谣言出现之后控制谣言最有力的方式就是政府以权威信息作为证据，用事实说话，直接证明谣言的荒谬之处，官方及时辟谣是防止谣言进一步扩散的有效方式。从过程上看，辟谣是谣言产生后的一种补救性措施，也是防止谣言进一步广泛传播的必备措施，目的就是让真实信息占据舆论主要阵地，让谣言失去存在的环境。由于社会公众在接受和解读信息时会受到个人情感和能力的影响，在辟谣过程中可能会出现相反的效果，这就提醒政府工作人员要在辟谣时保证辟谣的效果。首先，辟谣的信息要有权威性和公信力。信息源的可信度越高，就越具有说服力，在查明危机详情后要及时通过官方正规渠道公开这些信息，整个危机治理过程要保证透明性，如果遇到信息滞后、信息公布不及时等情况要向社会公众说明原因，能够得到他们的理解。其次，辟谣要选择合适的时机。正常情况下，谣言刚开始形成还没有通过网络大肆流传时是辟谣的最好时机，谣言形成初期还没有产生很大的社会影响，社会公众坚信谣言的心理也还没有形成，因此选择此时辟谣可以有效控制谣言的蔓延。最后，辟谣的信息必须真实。真实可靠的辟谣信息是获取社会公众信任的前提，虚假性、未经证实的信息不仅不能达到辟谣的预期效果，还有可能引发公众的反感，影响政府的公信力。

第四，加强规范网络信息传播，营造良好的信息环境。公共危机事件爆发后，与之有关的信息首先会在网络上传播，谣言也正是通过网络平台这个媒介才得以快速蔓延。虽然社会公众可以在网络上畅所欲言，但它不是法外之地，必须遵从相关的制度约束，为健康的信息传播营造一个良好的网络环境。首先，要完善相关的法律法规，依法对网络信息进行管理，相关管理部门更要加大对谣言传播的打击力度，使谣言操控者不能传、不敢传。其次，通过宣传教育的方式提升网民的自律意识，让网民在网络平台中约束自身行为，将不信谣、不传谣当作自己的责任，做好信息的"把关人"角色。最后，政府可以建立官方网络平台，全方位对社会公众开放，以危机信息为基准与公众互动，时刻关注他们的需求和社会舆论动态并作出积极回应，通过"政府上网"的方式搭建好政府与公众交流的平台，建立和谐的网络交流环境。

第五，提高媒体社会责任，引导正确舆论导向。在危机管理中媒体扮演着重要角色，其报道的信息能以更敏捷的速度在社会上传播，某些热点话题会引起社会公众更多的关注，在社会中掀起巨大的讨论热潮。如果媒体未经证实便报道了与危机有关的虚假信息，为各种谣言的传播提供了有利环境，则会使公众放大或缩小危机的危害，影响正常的社会秩序。媒体应发挥好自身独特的宣传、引导作用，做到未经证实不报道、重要内容未经官方允许不报道，确保经媒体平台发布的信息都是真实可靠的，更不能为了获得更多的社会关注度和自身利益允诺谣言的传播而置公众的生命财产安全于不顾，时刻保持社会责任感是媒体赢得良好声誉的关键。为了控制谣言的传播，媒体还应与政府、公众建立起良好互动的交流沟通网络，一方面在政府的引导下及时报道与危机有关的权威信息，阻挡谣言蔓延的后路；另一方面时刻关注公众对危机事件的态度和信息需求，做好反馈。

四、公共危机治理中的媒体监督

媒体是政府与公众交流沟通的重要纽带，随着公共危机的频繁发生，媒体在危机治理中发挥着独特作用，成为不可或缺的角色。为在有效时间内解决危机，政府需要加强与媒体的互动，让媒体成为自己的帮手，提高危机相关信息向社会公众传播的效率；又要加强对媒体的监督，制定科学性媒体监督策略，发挥媒体工作者在危机治理中的社会责任感。

（一）媒体在公共危机治理中的角色定位和功能

现代信息技术的发展带动了媒体的发展，新兴媒体的出现不仅增加了信息传播的渠道，使纷繁复杂的信息能够让更多的人了解，而且也逐渐改变着人们的生活方式和行为习惯，在社会生活中发挥着至关重要的作用。同样，媒体也是公共危机治理中不可或缺的一部分，政府需要借助媒体报道宣传危机相关信息，利用媒体的舆论引导作用控制好社会的舆论风气，维护良好的社会秩序。

1. 媒体在公共危机治理中的角色定位

在危机状态下，为给政府控制危机的蔓延赢得有利的时机，媒体更应扮演好自己的角色，发挥应有的作用，可以从以下几方面定义媒体的角色定位。

（1）信息传播者

传播信息是媒体的基本功能，在危机治理中媒体更应发挥信息传播优势，将与危机事件有关的信息通过新闻报道、舆论引导的形式及时传达给社会公众。在危机治理中，政府应重视与媒体的作用，危机发生后政府会立刻启动危机应对方案，首先要做的事情就是通过专业途径收集与危机有关的各种信息，凭借政府部门单独的能力无法将这些信息快速地传达给社会公众，这时就要发挥各大媒体的作用，将信息以更快的速度向社会传递。在传播信息时，媒体坚持的是真实有效原则，包括内容的真实性和跟踪报道的真实性，有关危机治理进程中的各种变化的信息也要及时恰当地向社会报道。

（2）社会的舆论监督者

在当今社会中，舆论被看作是与行政、立法、司法相并立的"第四种权力"，没有对权力的监督便会导致腐败，而绝对权力则导致绝对腐败，舆论监督有助于管理者约束自身行为，在危机管理中合法的舆论监督更是有助于危机管理主体将自身责任放在首位，明确权力边界并有效作为。舆论监督不仅仅是媒体自身的监督，也是人民群众心声通过媒体的表达，是人民行使自身权利的民主化途径。因此，媒体应扮演好舆论监督者的角色，揭露社会中的不良行为，引导正确的社会风气。

（3）社会利益维护者

现代社会中利益价值日趋多元化，有些媒体为了追求本部门的利益，赢得更多的市场份额，忽视了社会效益，导致媒体的公信力下降，这是制约媒体发展的重要原因。作为社会机构的一部分，媒体应坚持社会效益优先原则，从事的各种新闻报道、宣传工作等都要围绕着为获取最终的社会效益而展开，从社会整体出发，经济效益服从社会效益，为更多的社会公众服务是媒体的基本职责。从公共视角来看，媒体在公共危机治理中承担的责任也具有一定的公益性[1]，不仅是政府言论的代表，也是舆论宣传的载体，是政府与公众交流沟通的桥梁，从这个角度来说，媒体承担着更多的社会责任，要力求新闻信息的真实性、有效性，通过强有力的宣传报道维护好社会效益。

---

[1] 尹会超. 试论媒体在公共危机管理中的角色及功能[J]. 新闻传播，2017（6）：86-88.

2. 媒体在公共危机治理中的功能

危机的突发使得社会公众惶恐不安，经济发展缓慢，整个社会系统陷入无序之中，政府要广泛动员社会中的各种力量解决危机。媒体作为一种社会力量，在公共危机治理中扮演着独特的角色，具有其他参与主体所没有的优势，是公共危机治理中不可或缺的关键性因素，发挥着不可替代的作用。

第一，捕捉危机信号和警示性信息，发挥预警作用。媒体拥有四通八达的信息网络，媒体工作者会走访各地，调查探索各地实际情况，为新闻材料的撰写、舆论的宣传报道提供依据，因此能及时捕捉到各种危机信号。在危机潜伏期，如果发现危机征兆，媒体可向相关管理部门传递信息，引起有关部门的重视，通过及时性的对策避免危机的爆发。危机发生之前总会呈现出一定的表现征兆，媒体的报道是预防危机的重要信息来源，危机管理主体根据媒体对此事件的相关报道开展进一步的调查取证，采取必要的措施控制住危机的发生。对于社会公众来说，新闻报道是一种很好的了解社会发展情况的形式，通过媒体的宣传，公众会形成危机防范意识和应对危机的心理准备，即使危机真正发生也已做好了相应的准备，能通过实际行动减轻危机带来的消极影响，形成合力应对危机。

第二，帮助政府传递信息，为政府树立良好的社会形象。危机事件发生后，迫切想要了解危机真相和相关信息的是社会公众，他们是危机直接或间接影响群体，更想要知道危机事件会带来什么影响，政府为应对危机采取了哪些措施，是否符合公众的整体利益。此时媒体的作用至关重要，媒体通过有效的方式把信息传递给社会公众，满足公众的信息需求。通过媒体的宣传报道，公众的知情权不仅获得了保障，公众从中也能及时了解到面对危机政府是积极作为的，是将人民群众放在首位的，从而有利于提高政府的公信力，在全社会范围内树立良好的形象。有了公众的支持和认可，政府能更好地整合社会资源，动员社会力量，在巨大的凝聚力下尽快解决危机。而且借助媒体的力量，政府将与之有关的信息传递给社会公众，减少不必要的信息传递环节，凭借媒体信息传播迅速的优势提高信息的接收效率，在一定程度上能避免不实消息的传播，营造良好的舆论环境。

第三，稳定社会公众情绪，有效消除负面影响。公共危机发生后社会公众会因其影响的难以确定性产生不安情绪，心理状态处于恐慌之中，在这种状况之下极易相信谣言和其他不实信息，甚至导致一些违法和不理性行为的产生，影响稳定的社会秩序。此时媒体的作用就是对政府的危机应对措施和政策进行积极解读并将相关内容告知社会公众，在社会上形成正确导向的舆论风气，缓解公众的不安情绪。通过媒体的报道，公众能时刻了解到危机的最新进展，知晓危机已产生了哪些影响，从而约束自身行为朝着有利于控制危机的方向上来，避免因自己行为不当而给危机治理造成阻碍。

第四，引导社会舆论，营造稳定、和谐的社会环境。危机事件发生后，社会公众主要通过各大媒体的宣传报道来了解危机的真实情况。新闻媒体通过采访考察，深入实际，及时将收集整理的危机信息发布给公众，使危机信息和危机管理主体的行为透明化，避免网络上的不实信息误导公众。危机状态下，社会公众会产生盲目行为，没有官方许可而一味地效仿别人的做法不利于化解危机，这时媒体的作用就是批判错误的行为，通过公布官方信息引导公众的行为朝着正确的方向发展。现代社会中一些新兴媒体逐渐普及，以这些媒体为平台发布的信息的影响力也越来越大，众多的社会公众在危机面前对媒体很信任，尤其是会对主流媒体的报道格外关注。媒体对危机事件的正面报道以及公布的各种官方信息会控制住谣言的传播，形成正确的社会舆论，从而缓解社会公众的不安，营造稳定、和谐的社会环境。

我们应充分肯定媒体在公共危机治理中的积极作用，但不可否认媒体也可能存在虚假报道、放大危机事件影响、屏蔽关键性信息、逐利等问题，这些问题会加大公共危机治理的难度，因此媒体既要加强行业自律，树立社会责任意识，又要在政府的引导和管理下主动作为，充分发挥在危机治理中的优势。

（二）政府、媒体、公众之间的互动

政府、媒体与公众之间保持良好的互动关系是公共危机治理的必然要求，作为危机管理主体的政府必须经常与媒体打交道，以便于发挥媒体的独特优势，提高危机治理的效率。有关危机事件的具体信息，一方面政府通过官方渠道向社会公布，另一方面则凭借媒体的宣传报道向社会传播，媒体是危机治理中的关键力量，是政府发布信息的重要平台。公众是公共危机事件的主要影响者，也是媒体信息的直接作用对象，与公众保持积极的互动才能掌握公众的真实需求，提高新闻报道的针对性。基于此，政府、媒体与公众之间的互动关系表现在以下三个方面[①]。

第一，在政府与媒体的关系上，媒体既受政府的影响，又在一定程度上影响政府。新闻媒体的报道并不是无限制的自由，也要遵从法律法规和行业道德，为自己的报道负相应的责任，媒体可以宣传报道经政府调查的权威信息。同时媒体能为政府危机决策提供一定的智力支持，影响政府的决策行为。危机事件发生后媒体不仅对相关事件进行报道，而且还会实地采访直接受影响的公众的看法并邀请专家和学者就危机的产生原因、发展演变、已采取措施的成功和失败之处以及下一阶段应该如何应对等问题提出专业意见，对于政府来说这是提高危机决策科学性的有效途径。同时，政府和媒体保持良好互动有利于形成共赢的状态。政府的权威信息是媒体新闻报道素材的主要来源，

---

① 王宏伟. 公共危机管理（修订版）[M]. 北京：中国人民大学出版社，2019.

也是引起社会公众兴趣的主要关注点,为了将危机事件的有关信息尽快传递给社会公众,政府会借助媒体平台进行发布,当然在这个过程中媒体会自觉选择合适的议题,并将权威信息传达给社会公众。

第二,在媒体与公众的关系上,媒体既要满足公众的信息需求,又要引导公众。公众是危机事件的受影响者,在危机状态下他们要考虑自身的生命财产安全是否受到严重威胁,在紧张惶恐状况下他们迫切想要了解危机真相。一方面,媒体应采取公众易于接受的方式报道与危机有关的详细信息,满足公众的需求,缓解他们的紧张情绪。由于公众的信息接收能力和理解能力存在差异,而且不同的受危机影响的公众也会有不同的信息需要,媒体在宣传报道时采用新闻纪实、官方微博等多样化的形式来满足不同群体的需要,这能有效提高公众的信息接收效率。另一方面,媒体又要引导公众,避免公众产生不理性行为。危机形势下公众极易相信各种言论,产生"宁可信其有,不可信其无"的心理,还有可能出现损害公共利益的不当行为,媒体应担负起社会责任,借助官方信息引导正确的舆论方向。同时动员公众参与到危机治理中,督促公众通过自己的积极行为配合好政府的危机管理工作,在全社会的共同努力下控制危机的蔓延,提升危机治理的效率。

第三,在政府与公众的关系上,一方面,政府既要把人民利益放在首位、保障公众的知情权,又要将危机对公众的影响降至最小。人民群众是政府危机管理工作的直接服务对象,政府危机管理的目标是在有限时间内解决危机,切实保障受危机影响公众的生命财产安全。危机发生后,政府要深入实际密切关注公众在危机状态下的行为动态,为他们提供充足的物资,满足其最基本的生活需要,并及时与群众交流沟通安抚群众的情绪,做好公众最坚实的后盾。另一方面,公众对政府的危机治理工作也会产生一定的影响。受危机事件影响的群体掌握着有关资源和信息,通过与其交流反馈,政府可以获得这部分信息，有利于为危机治理工作提供支持。另外，公众具有很大的凝聚力，他们更希望政府可以尽快控制住危机，回归正常的生活状态，在政府的引导下公众可以发挥力量以减轻政府治理危机的难度。

（三）公共危机状态下的媒体互动策略

良好的媒体互动策略是取得危机治理绩效的重要保障。与公共危机发展的趋势相一致，不同时期的媒体互动策略有不同的着眼点，每个时期对媒体实施不同侧重点的互动才能充分发挥媒体的最大价值。从主要发展过程来看，可以分为危机潜伏期、危机爆发期、危机延续期和危机解决期四个阶段的媒体互动策略。

1. 危机潜伏期

在危机事件爆发前总会出现一些征兆，这时影响社会安定、引发公众恐慌的因素已经形成，而且还会伴有一定的外部特征。这就需要危机管理者增强预警意识，在调查和监测的基础上收集有关的信息，全面、多角度地作出分析判断并采取必要的预防措施，防止危机的全面爆发。一般来说，与其在危机事件发生后动用各方面的资源应对危机，不如在危机事件发生前预防，通过危机征兆识别危机，这样才能避免危机的全面爆发，减少危机带来的损失。在危机潜伏期，媒体的关注重点以及反映和报道是公众重要的信息来源渠道，媒体通过对社会环境的监控发现危机预兆并及时反馈，这种预警功能能为政府的危机管理工作提供很大的帮助。

除了发现危机信号，媒体在危机潜伏期还有对公众进行危机教育和引导的社会责任。公众是危机的直接受害者，他们的心理和危机应对能力有不足之处，如有恐慌心理、易紧张不安、危机防范意识差等，政府可以利用媒体的宣传引导功能对社会公众普及危机应对知识，增强公众的防范意识。通过媒体在日常生活中对公众危机意识的宣传和教育，全社会能形成较为一致的舆论导向和危机共识，这有利于提高社会的凝聚力，促进危机的有效解决。

2. 危机爆发期

危机的全面爆发会造成巨大的损失，危及正常的社会秩序，社会现有的发展目标和政策方案也会受到一定的影响，危机的发展变化情况会成为社会关注的焦点，更是媒体报道的关键点。在这一阶段政府要与媒体保持沟通，发挥媒体的舆论引导功能，最大限度地稳定社会秩序，不仅要确保政府的官方信息能及时传达给公众，也要保证公众的需求和意见能反馈给政府，媒体要做好政府与公众之间信息传输的纽带，科学合理报道危机事件发展实情，防止因不恰当的报道激发危机事态产生更严重的负面影响。总之，危机爆发期政府要主动寻求与媒体的良好互动，利用媒体这一载体向社会公众传输有关信息，阐明政府危机管理行为的必要性和具体应对政策，获得公众的支持和协助。

根据有关学者的研究和危机管理者的具体实践经验，危机爆发期的媒体报道应遵循以下几项原则：时间第一，争取舆论主动权，争取发布最快、最新信息；言行一致，确立信息的可信度和权威性；明确危机事务发言人及规则的信息发表渠道；危机发言人必须与最高决策层有直接沟通，本人有权参与决策；恰当处理和"敌对"媒体的关系[①]。

3. 危机延续期

政府引导媒体继续扮演舆论引导者和监督者的角色。首先，政府应持续通过媒体发布危机进展情况和应对措施，确保公众了解危机处理的最新动态，强调信息的准确性和完整性，避免虚假信息的传播。其次，政府鼓励媒体对危机应对过程进行舆论监督，确保各项措施得

---

① 薛澜，张强，钟开斌.危机管理：转型期中国面临的挑战[M].北京：清华大学出版社，2003.

到有效执行，对媒体反映的问题和意见，政府应及时回应并采取措施进行改进。最后，政府应通过媒体发布志愿者招募信息，鼓励公众参与危机应对和救援工作，通过媒体宣传危机应对知识。

4. 危机解决期

危机的破坏性会对社会造成严重影响，是对危机管理主体能力的巨大考验，随着各项应对措施的实施，社会秩序恢复正常状态，民心逐渐稳定，此时政府要利用媒体的优势对危机的来龙去脉有更加清晰的认识，多层次多角度对危机进行分析，从中总结危机管理工作的经验和不足之处，根据事态发展情况对已经采取的措施做出评估和调整，寻求今后避免遇到此类危机事件的办法。同时依靠媒体做好危机后的舆论监督和引导工作，重建完善的生活秩序，通过媒体向社会公众报道政府在危机管理工作中的流程和计划以及取得的成功之处也有助于赢得公众的信任，提高政府的公信力。

五、公共危机治理中的舆情引导

随着现代信息技术的发展，网络已成为公众了解社会问题和交流沟通的平台，大众传媒的普及更使得各种信息以难以预料的速度在社会中传播，尤其是公共危机发生时会引起全社会的普遍关注，与之有关的信息、言论经网络传播后会影响公众对危机的认识以及危机的有效管理。公共危机网络舆情越来越受到有关部门的重视，加强网络管理，正确引导网络舆情具有重要意义。

（一）公共危机舆情的概念

1. 舆情

国内学者对于"舆情"概念的界定存在差异，比较有代表性的是以下三个。王来华等将舆情定义为在一定的社会空间内，围绕中介性社会事项的发生、发展和变化,作为舆情主体的民众对国家管理者产生和持有的社会政治态度[①]。这一理解将舆情的客体局限在了国家管理者,较为狭义。刘毅认为舆情是指由个人以及各种社会群体构成的公众,在一定的社会空间内,对自己关心或与自身利益紧密相关的各种公共事务所持有的多种情绪、态度和意见交错的总和[②]。舆情的客体扩展为与个体相关的各种公共事务,有一定的进步性。根据张元龙的理解,舆情是社会民众在一定的历史阶段和社会空间内,对关乎自己切身利益的公共事务(事项)或自己关心的特定事件所持有的群体性情绪、意愿、态度、意见和要求的总和及其表现[③]。从学者的研究中我们可以发现,对于舆情的主体和客体界定在不断地扩展,这也与我国舆情的发展相适应。根据上述理解,我们可以将舆情定义为:在一定的时期和特定空间内,公众对自身所感兴趣的事务以及对与个人利益相关的事件所表现出的情绪、情感和观念的总和。

2. 网络舆情

根据有关学者的理解,网络舆情是指公众以网络作为媒介所发表的各种观点的集合,是在一定的社会空间内,网民通过网络围绕某一社会现象或事件的发生和发展及变化,对大家关心的若干社会现象所产生和持有的自我意识表示、态度和价值观[④]。随着现代信息技术的发展,网络舆情传播的途径日益多样化,主要有新闻媒体、社交平台、通信工具等,因此网络舆情也呈现出如下特点。

[①] 王来华,林竹,毕宏音.对舆情、民意和舆论三概念异同的初步辨析[J].新视野,2004(5):64-66.
[②] 刘毅.网络舆情研究概论[M].天津:天津人民出版社,2007.
[③] 张元龙.关于"舆情"及相关概念的界定与辨析[J].浙江学刊,2009(3):182-184.
[④] 康民军,郝金龙.概论网络舆情的概念、特点与监管[J].淮北职业技术学院学报,2014(1):54-55.

（1）及时性与迅捷性

社会热点出现后便会引起公众的兴趣，与此有关的网络舆情会凭借新兴传媒信息的传播优势而迅速传播，其迅捷性是传统媒体所不能比拟的。

（2）开放性与自由性

每个人都有言论自由，公众在网络平台上可以发表自己针对某一社会问题的观点和看法，每一种媒体的出现都会使这种自由度扩展，公众可以以媒介为平台共享各种信息。

（3）丰富性与多样性

网络舆情包含的内容涉及方方面面，是公众对自己感兴趣和关注的事件的情绪、观念的总和，而且信息技术的发展也使得舆情传播的方式呈现出多样性的特点，传统媒体和新兴媒体的结合更满足公众不同的需求。

3. 公共危机网络舆情

公共危机网络舆情是网络舆情的一种类型，是公众以网络为平台表达自己对危机事件的看法、态度以及对危机产生的影响所持的情绪。危机事件发生后与之有关的信息会随着大众传媒而迅速传播，由于危机影响范围广且涉及公众的切身利益，这些信息更易诱发公众对危机事件的看法、态度，因此会成为社会公众关注的焦点。

在现实社会中，公共危机网络舆情的影响越来越大，舆情不仅是网民情感的集中反映，也成为监督社会的重要机制。具体来说，其重要影响主要表现在以下几个方面：第一，公共危机网络舆情可以集中反映民意。网络舆情通过多样化的媒体平台传播，在法律许可的范围内公众可以自由地发表言论，阐述自己对危机事件的看法以及对危机管理主体已采取措施的态度，危机管理主体由此可以获得重要的社会信息。第二，公共危机网络舆情可以形成对政府行为的监督，促进政府危机管理程序的透明化，更好地保障社会公众的合法权益。第三，公共危机网络舆情有利于实现决策民主化。通过舆情，决策者可以更全面地掌握公众对危机事件的看法，使决策措施更能反映民意，被公众所接受。

（二）公共危机舆情管理的科学流程

公共危机事件的发生给社会生产、生活带来严重损失，由此产生的舆情是危机管理者对危机进行考量的重要依据，若不对其进行有效管理可能会产生负面影响，给危机管理工作带来严峻挑战。舆情管理是针对公共危机舆情所做的一系列的信息收集与归纳、信息分析与总结、趋势预测与判断、引导与管理等工作，为危机状态下良好社会秩序的建立提供保障。一般来说，有效的舆情管理需要遵循一定的流程，以提高舆情管理过程的科学性。

1.舆情信息收集与归纳

收集与舆情有关的信息是舆情管理的前提，要通过多样化的渠道全面收集反映舆情基本内容、舆情传播状况的各种信息。在公共危机治理中，需要重点收集的信息包括：一是与公众利益有关并有较大影响的新闻报道；二是引起媒体和公众的关注并有可能影响政府公信力的信息；三是非官方渠道传播的与危机真相不符的言论和报道；四是对危机管理部门出台的政策和措施存在错误解读的信息；五是社会大众对危机事件及管理主体决策的态度和看法。在此基础上还要对各种信息进行归纳，筛选出有用和无用的信息，以便后续工作的开展。

2.舆情信息分析与总结

公共危机舆情的分析与总结主要是从舆情主体、舆情传播、舆情受众、舆情影响四个方面展开。一是舆情主体分析。主要涉及公共危机状态下的相关群体和相关事件，包括两方面的内容，一方面是相关群体的利益需求和价值观念，在已有信息的基础上分析和总结出哪些是这部分群体已经实现的诉求，剩余哪些还没有实现；另一方面是对相关危机事件进行定性分析,全面掌握事件的相关情况,分析总结出公众对于此次事件的关注程度。二是舆情传播分析。主要是对舆论制造主体和舆论传播状况进行分析,一方面要对舆论制造主体在不同媒体平台发布、报道、转发、评论的各种信息的真实性和客观性进行分析,总结这些信息是否符合社会主流价值观;另一方面舆情一经网络传播便会超出时间和空间限制,产生难以估计的影响,要对舆情发展的前后状况进行分析,包括关联程度、传播规律等。三是舆情受众分析。主要是对其情绪看法、态度倾向、行为导向等进行分析,具体包括公共危机网络舆情的总倾向和网民对公共危机事件所持的看法;在舆情引导下公众的行为趋势;网民和媒体对舆论事件和舆论当事人的态度。四是舆情影响分析。主要是对此次舆论的影响程度进行总结分析,包括积极影响和消极影响两个方面。

3. 舆情趋势预测与判断

在对公共危机网络舆情全面总结分析后,下一阶段的任务就是对舆情的发展趋势作出科学合理的预测和判断。根据已有的舆情发展情况归纳出舆情演变规律,要对舆情的走向和发展趋势进行科学分析,一般从舆情事件的源头、扩散趋势、传播路径、舆情环境、各阶段变化情况等方面入手,对此作出科学合理的预测,为后续的舆情管理工作提供基础。同时不良的舆论会对社会产生消极影响,为了防止其进一步蔓延还必须对舆情产生的风险进行预测。网民对社会问题的热议和讨论会随着事态的发展而不断变化,可能会产生某些不满的态度和行为,在舆论压力下,这会对舆情管理工作带来新的挑战。

4. 舆情引导与管理

舆情会对社会产生深远影响,对于那些与实际情况不符、违背主流价值观、涉及个人隐私与国家机密的舆情,要采取必要的措施加以控制,以免对社会产生更加严重的危害。政府要对舆情发展状况进行引导和管理,出台必要的舆情管理法律法规,对危害社会秩序的舆论依法采取惩罚措施，提高网民的自我约束力。同时还要充分发挥主流媒体的导向作用，向社会传递主流价值观，使网络舆情发挥正向导向功能，使广大网民不仅可以及时了解到危机事件的相关信息，而且能通过言论的倾诉、态度的表达等方式向危机管理主体进行反馈，以便危机管理者了解相关群体的切实诉求，并将其作为决策的依据。

（三）公共危机治理中舆情引导的原则与策略

1. 公共危机舆情引导的基本原则

在信息化社会，互联网是舆论发展的主要依托，而公共危机和网络舆情常常相伴而生，如何在危机状态下积极引导舆情发展是必须考虑的重要问题。科学的舆情引导，有利于防范舆情的负面风险，提高危机管理的有效性，能不能有效引导危机情势下的网络舆情，关乎社会稳定，因此在公共危机治理中要遵循以下几项原则[①]。

（1）信息传播的及时、公开与透明原则

公共危机具有突发性、难以预料性等特征，面对突发性危机，公众一般会存在恐惧心理，这种心理是负面言论传播的关键原因，因此与危机有关的信息发布一定要及时，防止公众因不了解真相而胡乱猜测。只有用真实可靠的信息才能攻破谣言、消除虚假信息带来的负面舆情，重新抢占舆论"制高点"，发挥正面舆情的引导作用，稳定社会秩序。公众也只有通过多样化的渠道掌握与危机有关的权威信息才能自觉抵制负面舆情的影响。

（2）全方位、区别化与人性化管控相结合原则

对于公共危机相关信息的公开要做到全方位管理，包括公开范围要全面、公开方式要全面、公开时机要恰当。由于公共危机的影响涉及多方面，重大突发性危机的发生还有可能引发次生危机，影响之大

---

① 赵林云. 重大突发事件中网络舆情引导的基本原则 [J]. 舆情分析，2020（9）：116-117.

难以预料，殃及的群体数不胜数，因此必须确保危机信息在全社会范围内公开。考虑到危机影响下公众的不同需求和对信息的接受能力，应在不同时机和不同阶段采取多样化的方式将相关信息公之于众。受个人利益和兴趣的影响，危机事件发生后会引起社会热议，由此产生不同的舆情类型，这就要采取不同的、有针对性的策略和方式进行引导即区别化管理，对不符合事实真相、影响社会稳定的舆情要坚决反对，依法采取措施加以抵制，净化舆论风气。当然，对于负面舆情也要采取人性化的管理方式，这是因为舆情会反映出公众的诉求，即使是负面舆情也蕴含着合理化成分，这是危机管理者改进管理方式的重要依据，因此要深入挖掘舆情内含的信息，把握好对负面舆情的控制力度，分阶段缓解公众的情绪，防止强制性手段带来的极端影响。

（3）主流媒体引导与自媒体传播相结合原则

主流媒体在舆论宣传中有强大的影响力，其传播的信息有一定的公信力，在公共危机发生时主流媒体必须承担起应有的社会责任，通过对官方政策和措施的解读、信息的公布推动舆情向着减轻危机治理难度、有利于维护社会大局稳定的方向发展。由于公共危机具有突发性特征，后果难以预料，主流媒体的信息发布如果不及时、不准确就会产生负面舆情，因此，作为舆情引导的重要主体，主流媒体在危机情势下不能产生失语现象，要在第一时间公布实情，以先声夺人的优势赢得舆论主动权。我们正处于自媒体时代，自媒体是普通大众通过网络等途径向外发布他们自身的经历、看法的方法之一，受其影响，舆情的传播渠道、传播方式、传播内容极其多样化，大众对各种媒体宣传的信息的辨别能力不一；同时，自媒体平台、自媒体人也要自觉抵制负面舆论，成为主流媒体的补充者，与社会大众一起共同营造积极向上的舆论氛围。

（4）正确导向与正面宣传相结合原则

公共危机舆情引导必须坚持正确导向，以党和政府的政策为指引，坚持社会主义核心价值观，绝对不能偏离基本的政治方向，这就要求不仅各种类型的新闻报道要坚持正确导向，而且各大报刊、电视台等媒体平台也要坚持正确导向。另外，舆情引导要始终坚持正面宣传，提高社会吸引力和凝聚力，这要以事实为依据，准确报道各大事件，既能从宏观上展现事件全貌，又能对舆情中体现出的社会丑恶现象作出客观评判，直面舆情中的各种问题。

2.公共危机舆情引导的科学策略

公共危机状态下公众的行为和言论存在非理性的地方，各大媒体在报道时存在利益追逐现象，这就使得舆情发展有不可控性，政府作为公共危机的主要管理者，若不合理引导舆情发展会产生各种社会矛盾，不利于危机的有效解决。因此要通过多种渠道引导舆情发展，减轻负面舆情产生的负面影响。

（1）理解民意并将情感效应作为舆情引导的重要突破点

网络舆情可以反映出公众在危机状态下的诉求，他们情绪的宣泄、言论的表达都蕴含着重要的民意信息，这是危机管理者要关注的重点内容，也是改进下一阶段工作任务、优化工作目标的依据。情感可以拉近管理者和公众之间的距离，使治理方式更加符合公众的需要，治理效果更加有效。在公共危机舆论引导中要想发挥情感效应的作用，就应始终保持诚恳的态度，做到不说假话、姿态谦虚、言语真诚。如果政府在公共危机发生时存在失语现象，不能及时公布真实客观的信息，不仅会导致谣言的蔓延，还会让公众以为政府是在以"假话"的形式逃避责任，这会置政府的公信力和声誉于社会考验之中，不能达到预期的治理效果。在公共危机发生时引入情感效应、采取情感治理是治理方式的创新，能够弥补技术治理和风险管理的不足，通过考察民意、满足群众需要来缓解社会矛盾，达到维护社会稳定的效果。在网络化社会中，公众的态度和行为往往趋于感性，如果众多的民意、民情没有有效汇集和得到回应，便会出现网络谣言、群体极端化等负面危害,因此必须重视情感维度在网络引导中的重要作用[①]。

(2) 加快建立网络综合治理体系以提升网络管理水平

要提升网络管理水平,规范媒体和网民的行为需依靠健全的网络治理体系,第一,要加快建立健全的公共危机网络舆情法律制度建设,真正有法可依,使网络舆情的治理规范化、合法化。我国已出台《中华人民共和国网络安全法》《互联网信息服务管理办法》等作为网络管理的基础性法规,在已有的基础上还应制定更加细化的网络管理法规,促进网络空间的法制化建设,实现法治治网。第二,实现对网络舆情的全监管,实行互联网实名注册登记制度。通过实名登记提高网民对自身言论的责任感,防止自身素养不高的网民在不了解实情的情况下随意发表个人主张,扰乱稳定的网络环境。

(3) 健全网络舆情的应对引导机制以规范网络生态环境

完善的体制机制是规范网络生态环境的保障,要有效引导公共危机舆情发展就必须建立符合社会发展的体制机制。

首先,要建立网络舆情人才保障机制。应对突发性公共危机,引导网络舆情发展需要依靠专业化的人才,这就要组建专门的人才队伍,提升他们自身的素养和处理突发性问题的水平。专业人才凭借自身的技能在公共危机治理的各阶段具有一定的说服力,当他们对公众指出网络媒体中哪些信息是正确的、哪些是缺乏实际依据的会得到公众的认可,从而引导公众相信科学、真实的信息,自觉屏蔽虚假信号,抵制不良信息的传播。

其次,要建立网络舆情信息工作保障机制。信息工作保障机制是在健全的信息收集机制、信息研判机制、信息反馈机制的基础上,为了保障信息工作的贯通流畅,形成统一的工作流程,以加强组织领导、制定相关制度规范等环节为主的工作方式。这就要求形成统一高

[①] 孙菲. 公共危机治理中的网络舆情引导困境与解决理路 [J]. 福建论坛(人文社会科学版),2020 (12): 184-192.

效的领导体制，权责分明，确定统一的舆情管理目标，确保下级可以严格按照上级指令办事，将舆情引导的各项工作落实到位；形成积极能动的分析调查机制，通过建立严谨的机构、配置专业人员对网络舆情深入调查分析，找到最初根源和隐藏的其他信息，为后续工作的开展提供依据。

最后，要建立政府与网民之间的民主协商合作机制。网民会针对某一问题发表个人看法、转发有关帖子，是因为对此问题感兴趣或是涉及个人利益，他们通过此种方式表达内心的情绪和态度。要想通过网民的言论和行为了解他们的需要，就必须尊重网民的利益表达和言论自由权，让他们的情绪得到合理表达。要使政府和网民之间达成有效的合作，就要畅通民意表达渠道，构建两者交流沟通的平台。政府可以开设专门的网站或论坛定时发布相关信息，使网民能及时了解危机的真相和最新进展。为了使网民的诉求得到有效表达，政府能够听取民意，还应设立专门的平台供网民反馈意见、发表看法，政府也要时刻关注相关的舆论动向并作出回应，以了解公众的真实想法，避免双方因掌握的信息不对称而导致沟通不畅。

（4）发挥意见领袖作用以引导舆情理性发展

意见领袖是在信息传递和沟通的过程中具有影响力并能够左右多数人态度倾向的少数人，他们虽然不一定是正式的领袖，但往往在某些方面拥有出色才干，消息灵通、通晓时事，在网络舆论空间中扮演着重要角色。在危机治理中，意见领袖的重要作用在于：他们对于危机的产生原因、发展过程以及影响等有独特的见解和分析，会影响公众对危机的认识和判断；他们对危机管理主体采取的措施的评价影响着公众对管理主体的态度。在网络平台中，大多数公众面对各种事件时由于缺乏专业知识和必备的素养，发表的言论可能缺乏客观性，甚至有时选择保持沉默，任由网络舆论的发展，这时就要发挥意见领袖的作用，凭借已有的信息资源设置议题或引导话题，推动舆论向着理性、客观的方向发展。因此，在公共危机舆情引导中必须注重培养能够左右舆论发展的意见领袖，加强他们与公众的交流和沟通，通过积极有效的引导发挥他们在网络空间中的特殊作用。

（5）加强网民伦理道德建设以增强网民自律意识

受价值观念的影响，网民的道德意识和道德行为存在差异，需要加强网络道德规范和道德行为建设，增强网民的自律意识，提升网民的自我约束能力。首先，要培养网民对各种信息的辨别能力，使网民对虚假信息能及时识别，从自身做到不信谣、不传谣，对各类信息在全面鉴别后再通过媒介平台向他人传播，发挥网民自身对负面信息的监督作用，自觉抵制虚假信息的传播。其次，要建立网络道德准则，明确广大网民在网络中的道德义务，营造与社会主流价值观相符的网络道德环境，使网民发表看法、评析言论时能自觉遵循已有的网络道德价值观，提升网络文明水平，形成健康向上的网络舆论氛围。最后，要尊重网民应有的权利和自由，允许他们在法律许可的范围内发表对社会热点问题的看法，要发挥网络的优势，调动网民参与公共事务讨论的积极性，提升他们对某一问题的理性意识，有序参与到危机治理中，从而实现网络舆论的健康发展。

第五章
公共危机治理的学习机制

正视公共危机以及危机治理过程中暴露出来的各种问题，客观公正地调查危机产生的根本原因及影响、评价危机治理成效，科学严谨地进行相关责任认定及责任追究，及时反思并汲取经验和教训，举一反三、查漏补缺，避免类似的危机事件再次发生。祸兮福所倚，福兮祸所伏。"危机"既包含了危险，也包含了机会，但是机会并不是从天而降，需要通过对经验教训的学习，并对危机所暴露的问题进行调整和解决，不断改进完善才能实现，所以公共危机治理的学习机制是危机治理过程中从危险中把握住机遇的重要前提，也是提高公共危机治理能力的重要支撑。公共危机治理的学习机制主要包括了调查、追责与评价三个环节。

危机的发生暴露出人类社会发展过程中的许多弊端，系统细致地对危机事件开展调查，建立科学的追责机制，客观公正地对危机管理进行评价，对防范危机发生、完善危机治理具有重要意义。

一、公共危机治理的调查机制

公共危机调查是探寻公共危机事件发生的原因，追求真理，运用理性思维深入了解事实。为了全面了解公共危机治理中的调查机制，我们必须清晰地界定公共危机调查的内涵，并了解与之相关的概念，同时公共危机调查的对象、调查的相关内容、开展调查的方法等也是危机调查机制中重要的基础内容，能够为危机的治理提供真实可靠的信息以及正确的治理方向，也能提高决策的准确性以及危机治理的有效性。

（一）公共危机调查的概念

1. 公共危机调查的含义

所谓"调查"是指对特定的社会现象进行实地考察，运用科学的方法广泛搜集与现象相关的数据资料，分类整理并分析现象产生的原因，为更好地解决问题提出相应策略。调查主要包括：明确调查使命与方向、确定调查对象、采用科学的调查方法、得出客观公正的调查结果。调查按范围划分主要分为宏观调查和微观调查。如：国家关于人口的大普查属于宏观调查，特点是涉及范围广、调查对象多、持续时间长；小而少的群体进行的调查则属于微观调查，其特点与宏观调查相悖。按调查的内容可分为学术性调查和实践性调查。学术性调查是为研究理论性或政策性顶层设计问题，完善政策理论而展开的调查；实践性调查是为解决实际工作中实践性问题寻找创新路径而进行的调查。

公共危机调查是指以公共部门为主体的相关部门，对公共危机事件的起因、经过以及造成的重大影响进行了解考察，从而获取信息数据的过程。公共危机的发生具有突发性、紧急性、危害性、高度不确定性、信息有限性、双重效果性、全球性的特征。因此，公共危机的调查要求真实和专业，注重时效，要求相关证据、数字、记录准确无误，且需要保持完整的危机调查资料。公共危机调查机制是指在相关法律制度的框架下，对公共危机的调查形成的动态机制，在公共危机治理中加入调查机制，是将危险转变为机遇的有效途径。

古人讲："经一蹶者长一智，今日之失，未必不为后日之得。"[①] 通过研究危机进而警惕危机的发生，公共危机调查的根本意义在于在调查学习中寻找治理策略，提高公共危机治理工作的效能。首先，调查危机事件的起因，可以提醒人们在日常工作中及时、定期排查风险源，预防危机的发生，减少未来危机的发生率，实施科学的应对措施，避免危机事件造成大范围的灾害；其次，危机的调查能促进人们反思，总结经验教训，进而改进组织运行程序、管理制度等；最后，调查可以使人们正确看待危机带来的重大影响，减少危机带来的负面情绪。从公共危机治理的整体来看，调查机制的意义主要有：第一，揭示危机的客观规律，为公共危机的治理提供依据。第二，总结经验教训，完善公共危机治理体系建设。

2. 公共危机调查的内容

公共危机调查主要包括危机的经过、危害、原因等三个方面的调查内容，应在调查中找出危机发生的原因、了解危机所造成的损失程度等。无论是应急调查还是常规调查，都必不可少这三方面的内容，这能够全面了解公共危机的情况，为公共危机做出正确的决策提供准确的信息。

（1）危机经过调查

危机经过调查的实质是了解过程全况，调查人员深入现场进行勘察并鉴别搜集的资料，掌握危机发生的时间、地点、周围环境、利益

[①] 钟开斌. 应急管理十二讲 [M]. 北京：人民出版社，2020.

相关者的真实反应等信息，调查中要查实清楚、确保准确无误。公共危机的经过调查主要分为速度型和质量型两大类别①，在调查中速度与质量往往存在矛盾。速度型是指在短时间内对危机爆发的原因、产生的影响、造成的损失尽快查明，向社会做一个公示。质量型是指对危机的原因、损失、影响等做客观科学的调查，尽可能还原危机爆发的真相，提出科学的改正策略。往往在危机爆发后人们迫不及待地想知道调查的结果，殊不知调查过程和结果一样重要。在现实中，当处于回应社会关切的需要时，速度型调查往往取代质量型调查，呈现"短、平、快"的特点②，对于现场勘察的证据搜寻不足、对人员的处理相对笼统、最终向社会人员公布的调查结果比较空洞。在这样的调查过程中不能精确地找到危机事件的起因，调查结果就无法为完善公共危机治理提供准确依据。

调查要形成一套科学机制，最重要的是应该有客观、公正、科学的调查程序。首先，应该制订科学的调查方案，运用现场勘查、检测鉴定、实验分析等科学手段尽可能多地寻找相关证据以全面还原事情的真相。其次，为保证质量应该以召开社会听证会、讨论会等方式向社会公众收集相关信息，并将证据公布于众，从而发现事件背后存在的问题。最后，以召开新闻发布会的方式向社会公开调查结果，事件相关者参与应对民众的疑问，调查结论接受社会公众的监督。

（2）危机危害调查

危机的危害调查主要是了解危机造成的直接和间接损失以及损失程度。直接损失是人们视觉上看得见的损失状况，查实财产损失时更显而易见，因此易受到调查者的重视，使人们更愿花费大量的资金来

---

① 钟开斌.中国突发事件调查制度的问题与对策：基于"战略-结构-运作"分析框架的研究[J].中国软科学，2015（7）：59-67.
② 钟开斌.应急管理十二讲[M].北京：人民出版社，2020.

弥补受到的损失。间接损失多为在公共危机中受到的隐性损害，进而影响未来可获益的资源或能力，通常包括社会影响、心理影响等。危机的直接损失更加显而易见，在调查过程中更容易受到重视。间接损失的调查复杂，具有挑战性和短时间内尚未发掘的潜移默化的影响，如危机造成婚姻和家庭的不幸、造成人们的心理问题、影响孩童的身心健康成长等是危机调查的难点。因此难以精确估量危机产生的间接损失，易造成危机损失处理不到位等情况。

（3）危机原因调查

查找危机发生的真正原因，制订行之有效的危机预防方案是危机原因调查的重要内容。查清危机事件真正原因，危机当事人各自所应承担的责任也就清楚了。公共危机爆发的原因主要分为两类：自然原因和社会原因。

自然原因包含两种。一是大自然产生的，如地震、洪水、滑坡、泥石流等自然现象所引发的灾害。二是由人类的生产生活活动对资源和环境的破坏而引发的，如水污染、大气污染等。

产生危机的社会原因往往具有多元性，从某种意义上讲，危机爆发的社会因素是一定时期内潜在的社会顶层设计问题的外在化表现，需要从政治制度、经济生产、社会文化等多方面、多层次地公开甄别危机发生的社会因素。首先，从政治制度角度观察，政治体制涉及社会结构与制度的全面整合，现代社会人们的民主政治意识逐渐增强，积极参与政治体制建设，因而旧的政治体制不适应现代经济的发展。焦点问题往往会导致政治性公共危机的产生，如政治贪腐问题、社会保障问题、法治建设问题、社会安全问题等，为避免恶性行为转化成政治性公共危机，公共部门应采取相应预防措施。其次，从经济生产角度观察，经济基础决定上层建筑，经济危机与政治危机相互联系，经济危机的出现将会带来政治危机，市场经济发展中收入分配不公平会导致贫富悬殊、区域发展的不平衡、群体的分化等，都将成为导火索引发公共性经济危机①。最后，从社会文化角度来看，如果社会的文化抑制性很强，将会冲击社会的心理基础，传统的价值观念会沦丧，当文化失去了稳定社会的功能作用，不能成为稳定社会生活的最后屏障，势必会引发公共危机，产生深远的影响。

（二）公共危机调查的作用

任何危机事件的调查都是为了发现问题、分析问题、解决问题，在解决问题的基础上不断改进治理体系，提高治理能力，防止危机事件再次发生。从危机学习经验方面看，若对公共危机的调查结果不落实、不接受公众的监督，公共危机的调查学习将没有意义。为了更好地治理，达到以查促改、以改促变、以变促进的效果，应重视公开调查结果发挥其真正作用。公共危机调查的作用主要包括以下几点。

1. 有利于保障群众知情权与监督权

公布公共危机调查结论，增强信息的透明度是政府向公众传递公共危机调查情况应尽的义务。一方面，公共危机具有很强的社会性与公共性，受到公众的广泛关注，将公共危机相关信息，尤其是危机调查的相关证据、数据和结论，向公众客观公正地宣布，可以保证公众的知情权，同时有利于提高公共危机调查的准确性。另一方面，通过公共危机相关信息的发布促使公众积极参与公共危机调查，保障公众对公共事务管理的监督权，加强公众与政府之间的沟通，促使公众理解政府治理危机的措施，与政府共担公共危机治理工作。

2. 有利于增强政府部门和公众的危机防范意识

一方面，开展对公共危机事件的调查，以及公布调查结果可以使政府管理部门树立科学的危机治理意识，认识到危机治理不仅体现在危机爆发后的紧急处理及应对方面，还体现在日常管理的危机检测、

---

① 董平，郭瑞鹏，王永军. 公共危机发生理论及诱因分析 [J]. 科技管理研究，2005（12）：290-292，299.

预警与预防方面，将危机的发生扼杀在萌芽之中。另一方面，公布公共危机调查真相让公众知晓，分享从事件中得到的经验教训，使公众提高警惕，重视并积极参与危机预防管理。同时加强公共危机自救知识的宣传普及，组织公共危机教育知识培训，组织危机演习活动。增强群众的危机防范意识，使其掌握危机自救基础知识，进而提升自救能力，将公共危机发生后的灾害损失降到最小。

3. 有利于完善公共危机管理体制机制

危机调查是学习机制的基础环节，开展危机调查并及时总结危机的经验教训，可以促使公共管理部门在组织运作、程序方法、管理制度等方面进行改进与完善。

一方面公共危机的发生往往具有综合性，诱因呈现多元化的特征，通过危机调查可以从政治、经济、社会、文化等多角度找出危机发生的原因，有助于从根源上完善社会治理；另一方面公共危机的发生往往暴露出日常管理中存在的问题与缺陷，科学、客观、全面的危机调查有助于发现这些问题，并针对这些问题进行反思和改进。

（三）公共危机调查的方法

1. 询问法

询问法是用问答的方式直接询问危机的利益相关者从而收集公共危机信息资料的一种方法，危机的利益相关者包括危机肇事者、受害者、旁观者、应急反应者等相关人员。通过询问了解危机发生的过程、损失程度，调查危机发生的原因，并明确利益相关者的意见和态度。询问法的优点是能够及时、直接地获得危机的相关信息，其缺点是耗时较长、信息受主观意愿影响较大、需大量的人力作为支撑。询问法具体包括面谈、电话访谈、问卷调查等。

面谈是用面对面聊天或问答的方式获得与危机有关的信息资料。这种方式使调查者能与被调查者进行较为深入的信息交流，被调查者回答效率高。面谈有利于双向沟通，同时可通过观察分析被调查者的表情、语气等反应，了解更多语言之外的相关信息。但面谈相对更加耗费时间精力和人力物力。

电话访谈是通过电话与被调查者进行交谈来收集危机相关信息。与面谈询问相比，电话访谈具有收集资料快、成本较低的优势；缺点是只能对简单问题进行询问，难以深入调查，且无法通过被调查人的反应判断信息是否真实，易受被调查者主观意愿或偏见影响。

问卷调查是进行社会调查广泛使用的一种方法，更适用于进行大范围的数据收集。问卷调查的信息收集系统性和标准化较高，便于数据整理和分析。尤其互联网的发展为问卷调查的发布和信息收集提供了便利，降低了人力、物力和时间成本。

2. 现场勘查法

通过对危机发生地现场进行勘查，了解危机发生的基本情况，收集危机爆发经过的相关证据。"为了避免危机发生现场被破坏，危机调查人员应以最快的速度赶赴事发现场。"[①] 现场勘察主要分为实地勘察、走访调查、资料整理三个步骤，实地勘查是现场勘查的关键环节，是在公共危机爆发后，对危机事件发生的地点、周围环境中的遗留痕迹、物品等与事件发生有关的信息，通过专业调查人员全面仔细地勘查并提取有效证据，记录勘查现场的过程。实地勘察一般注重先中心后外围的原则，根据公共危机发生的地域范围划定勘查区域、确定勘察顺序、拍摄现场照片、绘制场图。走访调查是类似询问法的一种调查方式，通过走访相关社区街道、口头交谈的方式向被访问者了解危机事件相关信息，做好信息记录。资料整理主要是对现场搜集的文字、数字、图片等资料和物证进行分类整理，便于对公共危机事件进行研究。

---

① 肖鹏军.公共危机管理导论[M].北京：中国人民大学出版社，2006.

3. 文献分析法

文献分析法与上述方法的不同之处在于不需要进入危机事件事发现场，不必与利益相关者进行接触，是一种非介入性的资料收集与调查研究的方法，通过对大量而广泛的二手信息数据的分析，研究公共危机事件发生的背景、深层原因和影响因素，以及各利益相关者的常态化行动与态度等，具体可采用内容分析法、既有统计数据分析法和历史/比较研究法[1]。内容分析法是广泛收集网络、报纸、杂志、信件、政策文件、法律法规等中与危机事件相关的信息。既有统计数据分析法是使用官方或准官方的统计数据对危机事件进行分析。历史/比较研究法是通过与不同时期、不同地区发生的类似公共危机事件进行比较，进而对目前作为调查对象的公共危机事件进行分析，虽然与内容分析和既有统计数据分析有重合部分，但历史/比较研究更加侧重社会、政治、经济、文化等环境因素对于公共危机事件的影响。通常文献分析法主要包括确定选题、收集文献、整理文献、编码分析、撰写报告等五个步骤，也就是确定公共危机调查的方向、广泛搜集相关证据、分类整理相关证据、对相关证据进行分析处理、撰写危机调查报告等公共危机调查的五个步骤。

二、公共危机治理的追责机制

（一）追责机制的含义

公共危机追责机制是在危机事件调查的基础上，依据相关法律法规、规章制度，根据调查的结果追究相关责任主体责任的过程。调查与追责相辅相成，调查是追责的基础，追责是调查的延伸。

公共危机治理中的追责机制是在法律法规制度框架下对相关责

---

[1] 艾尔·巴比. 社会研究方法[M]. 邱泽奇, 译. 北京：清华大学出版社, 2020.

任主体追究责任，将公共危机事件按法律规章程序进行处理，不仅要对公共危机事件做出定性定责的分析，而且应总结危机事件发生的经验教训，提出有针对性的防范及整改措施，促进相关法律法规、规章制度、规范文件的修改和完善，从而防范类似事故再次发生，起到提高未来的危机治理工作效能的作用。因此，在公共危机治理中追责到位方能真正起到震慑作用，同时使公众提高警惕、增强防范意识。

（二）调查追责的基本原则①

公共危机事件发生后，开展调查追责的首要目的是要汲取教训，做到举一反三，避免类似事件再次发生；其次是追究相关主体的责任，给予处罚以示惩戒。为了进一步实现公共危机治理目标，加强调查追责的法治性、规范性，使调查结果具有公正性，因此在事件调查追责过程中应遵循法治、客观、准确、公正、透明的基本原则，使调查追责的结果具有说服力、公信力。

1. *法治原则*

依法治国是治国理政的基本方略，法律反映社会公众的共同意愿，维护人民群众最根本的利益，拥有至高无上的权威，具有评判和规范公众行为的力量。在危机治理过程中应遵循法律至上、严格依法办事的治理原则。调查追责的法治原则主要是指依据法律法规、制度规范、条例标准、政策文件等相关要求，按照法定程序严格开展事故调查、责任认定及惩罚处理。从宏观层面的基本法律，到微观层面的行业标准规范等，目前我国已逐渐形成了完整的公共危机事故调查追责相关的法律法规体系，并在此基础上对危机事故调查法律法规的种类进行细分，可分为煤矿类，非煤矿类，化工类，危险化学品类，机

---

① 唐钧. 公共危机管理 [M]. 北京：中国人民大学出版社，2019.

械类，建筑业类，建材类，冶金有色类，农林牧渔及其服务业类，电力、燃气及水的供应类，交通运输、仓储和邮政业类，卫生和社会工作类，信息运输、软件和信息服务业类，纺织类，轻工类，其他类等。

2. 客观原则

客观是指意识之外的不以个人的意志为转移的与个人感情、偏见无关的事实。为保证公共危机的调查结果真实有效、责任认定公平公正，危机调查追责需遵循客观原则，应与利益相关者切断相关利益联系，可借助第三方专业力量进行危机事件独立调查，以对政府危机管理部门的调查进行补充和辅助。第三方专业力量通常由具有公共危机管理相关专业知识、危机事故相关专业知识和丰富管理或行业经验的非政府人员组成，一般情况下与危机事件有关的政府部门的行政人员不能参与其中。目前，西方发达国家通常建立专门的调查机构，如在美国安全生产类事故调查机构中美国化学安全与危害调查委员会等事故调查组织，是经法律授权、独立于政府部门的事故调查机构[①]。我国独立调查机构的建立相对缓慢，公共危机调查一般由政府公共危机管理部门或事故相关主管部门牵头，协调有关专业人员组建调查小组，开展事故调查。

3. 准确原则

公共危机事件调查结果的准确是责任认定准确的前提和基础，遵循调查追责的准确原则是后续进行公共危机治理学习反思与整改完善的基本保证。确保公共危机调查的准确性需通过全面、深入、科学三方面维度进行考量：一是全面，指要全面调查危机事件发生的原因、过程、性质、影响等，不仅应查明和研究与事件本身具有直接关联的因素，还要查明并研究与事件本身无直接关联的甚至不相关的因素，

---

① 唐钧. 公共危机管理 [M]. 北京：中国人民大学出版社，2019.

但在危机事件中暴露出来的可能存在的隐患问题。二是深入，指在调查危机事件爆发原因的基础上，更加细致深入地研究产生这些原因的影响因素，包括产品制造、维修，组织运行管理、人员招募培训，以及当地行政规章、政府管理等多方面存在的缺陷与问题。三是科学，是指调查应采用具备专业知识的人才、先进的技术与设备、完备的流程等进行调查研究，使结论更加公平公正；提出更为行之有效的建议，从而确保调查追责的准确性。

4. 公正原则

公正意为公平正直，不偏不倚，公共危机调查追责的公正原则是指危机事件调查应实事求是，不偏私，不枉法，不包庇事故责任人，也不能对事故相关责任主体打击报复、冤枉无辜，应以实际情况为依据、以法律法规为准绳，开展危机事件调查和相关责任人的责任追究。为保证公共危机调查追责的公正性，我国建立了许多有关事故调查的法律法规、条例章程，例如《生产安全事故报告和调查处理条例》中规定，"参与事故调查的人员在事故调查中有下列行为之一的，依法给予处分；构成犯罪的，依法追究刑事责任：对事故调查工作不负责任，致使事故调查工作有重大疏漏的；包庇、袒护负有事故责任的人员或者借机打击报复的"[1]。

5. 透明原则

公共危机调查追责的透明原则是指在危机事件调查与责任认定追究中，将调查结果与相关主体的责任及奖惩措施，通过媒体正式向社会公众公布，并提供信息渠道收集公众的反馈与质疑。遵循公共危机调查追责公开透明的原则，一方面保障官方的公信力，争取公众信任；另一方面保障公众的知情权、言论自由权、参政议政权，让公众了解危机事件的真相和政府危机管理的行为，并在一定程度上减轻和

---

[1] 国务院.生产安全事故报告和调查处理条例[EB/OL].（2007-06-01）[2024-03-27] http://www.gov.cn/zhengce/2020-12/27/content_5573638.htm

缓解社会舆论中的负面影响，引导公众进行反思。我国相关法律法规有明确规定，负责事故调查的政府部门或其授权的有关部门，应依法及时将事故调查报告向社会公布（依法应当保密的除外），并接受公众的监督。

（三）调查追责的主要步骤[①]

1. 工作准备

公共危机调查追责的首要步骤是工作准备，做好前期准备工作能使调查工作提高效率，为责任认定和追究工作开展打好基础。准备工作主要包括事故初始审核和立案调查、成立事故调查组等两方面的内容。

（1）事故初始审核和立案调查

危机发生后，负责危机事件处置工作的相关部门应在接到事件爆发通知后立即赶赴危机事故现场，了解事故发生时间、发生过程、发生原因和人员伤亡以及前期抢险救援情况等，并对事故发生状况进行初步的综合分析，初步认定事故发生类别并对其进行立案调查。

（2）成立事故调查组

事故调查组主要是由公共危机相关领域专家、有关政府部门、行业监管部门、非政府组织人员、公众代表等组成，以确保危机事件调查结果的权威性、客观性和公正性。由各个不同部门的工作人员组成调查组，实行组长责任制，调查组统一在组长的负责下明确分工、各司其职。根据调查工作分工在调查组中下设若干工作小组，如技术组、管理组、档案组、证据收集组、应急评估组、责任追究组等。

2. 调查取证

公共危机事件调查追责的调查取证阶段需要完成勘查取证、收集

[①] 唐钧. 公共危机管理[M]. 北京：中国人民大学出版社，2019.

资料、评估损失、应急处置评估、证据审查和补充调查等工作。

（1）勘查取证

事故调查组成员到达事故现场后应立即分工协作，首先对当事人及目击者进行调查，询问事故发生的经过，在对现场进行巡查的基础上确定勘查取证的范围和顺序；然后安排专业勘查人员提取事故现场遗留的痕迹和物证、拍摄事故照片、绘制有关事故图，勘查完毕后应撰写现场勘查报告。

（2）收集资料

广泛收集与事故有关的信息资料，主要包括自然环境和社会环境两个层面。自然环境资料主要指事故发生地的气候、地形、土壤、植被、水源、矿藏等与危机事件发生相关的信息，社会环境资料主要是事故发生单位的状况、利益相关者的证言、物证检测、技术鉴定、专家技术报告等。

（3）评估损失

查明危机事件造成的损失，包括人员伤亡情况和直接经济损失。人员伤亡情况是指因危机事件发生所造成的人员伤残、死亡、下落不明等情况；直接经济损失由人员伤亡需花费的相关费用、善后恢复费用、财产损失价值三部分构成。

（4）应急处置评估

公共危机发生地属地政府和相关部门总结危机应急处置工作，并向调查组提交报告；调查组根据调查需要，可通过汇报会、听证会、现场勘查、专家论证等方式对应急处置工作进行评估并提出评估建议。

（5）证据审查和补充调查

遵循以事实为依据、以法律为准绳的原则，对调查取证阶段得到的证据、资料进行审查，确保其客观性、相关性、准确性及合法性，并根据实际情况的需要对证据进行补充调查。

3. 分析定责

分析定责阶段主要包括危机事件原因分析、事件定性分析、责任分析、追责追究、总结防范和整改意见等工作内容。

（1）危机事件原因分析

对危机事件的原因分析包括直接原因和间接原因两个方面。直接原因是指直接导致危机事件爆发或者与事件发生具有直接因果关系的因素，主要包括事物、环境以及人员因素中的不安全状态和不安全行为等；间接原因是指与危机事件发生没有直接关系，但是导致危机事件直接原因产生或赖以生存的原因，主要包括技术、管理、教育、身体和精神状态等。

（2）危机事件定性分析

在调查危机事件原因与经过的基础上作出综合、科学的分析，分清该危机事件是属于责任事件还是非责任事件。责任事件是指由于人员过失、管理失范等导致危机事件产生，具有预见性、可预防性，有明确的责任主体；非责任事件是指由自然因素或其他不可抗力引起危机事件发生，具有突发性、随机性。

（3）责任分析

根据公共危机事件调查的原因，结合有关部门和相关人员的职责与行为，分析判断在危机事件中的责任，确定危机事件发生的责任者。结合责任者的动机情节（动机情节分为主观故意、轻信或侥幸、可以避免而放任、应当预见而未预见、不可预见、无能力等不同情况）与危机发生的因果关系综合判断分析责任分担。

（4）责任追究

依据相关法律法规，从刑事责任、行政责任、党纪政纪责任及应给予的其他处理等方面，提出追究危机事件责任主体的建议。

（5）总结防范和整改意见

针对危机事件发生的责任单位和人员提出有指向性、可行性的防范措施和整改意见,针对法律法规和标准规范中的漏洞、缺陷和空白,提出补充、完善和修改意见。

4. 追责处理

追责处理阶段主要包括撰写事故调查报告、递交与审批调查报告、公布调查报告结果、完成档案管理和评估核查等工作。

(1) 撰写事故调查报告

事故调查组在查明危机事件原因、明确界定事故责任的基础上,撰写事故调查报告。事故调查报告的主要内容包括：事故发生的基本情况（时间、地点、过程、损失、影响）,事故发生的原因（直接原因与间接原因）,事故应急处理及抢险救援工作,事故责任主体及责任认定,有关责任单位的运营情况和存在的主要问题,违反法律法规、规章条例、标准规范的情况,对有关责任人员和单位的处理意见,事故主要教训,事故防范和整改建议等。

(2) 递交与审批调查报告

由事故调查组审议调查报告,通过审议后以事故调查组的名义（或由牵头组织调查的部门）向派出事故调查组的政府部门递交事故调查报告,并由其完成审批。

(3) 公布调查报告结果

事故调查报告审批无误后,政府部门通过官方信息发布平台、新闻发布会等方式及时向社会公布事故调查报告（依法保密的事故调查报告除外）,将调查结果公布于众,接受公众对事故调查与责任追究结果的监督。此外,公布事故调查报告的同时注意加强对调查报告的正确解读,引导社会舆论,让报告起到危机事故警示教育的作用。

(4) 完成档案管理和评估核查

事故调查工作结束后,要将危机事件现场勘查获得的证据、绘图照片、证言证词、调查报告、事故处理落实材料、执法文书等事故相关的信息资料做详细地归类整理。事故调查报告批复结案后一年开展评估核查工作，主要核查内容包括对事故有关责任主体的处置、公共危机的防范措施、受害者的身心健康、事故对社会造成的潜在影响等。

（四）建立我国科学的公共危机调查追责机制[①]

追究责任主要在于严惩相关责任人和责任部门，使其对今后开展的工作尽职尽责，以严谨的工作态度确保"不出事"或"少出事"。建立科学的调查追责机制主要包括以下几个方面：从严从紧从实的追责机制、标本兼治的追责机制、追责和容错的兼容机制。

1. 从严从紧从实的追责机制

我国公共危机调查追责崇尚从严从紧从实，对事故调查追责坚持"四个需要"原则，即"事故原因需要调查清楚、事故责任者需要进行处理、群众需要受到警示教育、防范措施需要全面落实"。从严从紧从实调查追责机制主要体现在对事故责任主体实施终身追责、实行法律和党纪双重追责、追责与防范负面影响相结合。

（1）对事故责任主体实施终身追责

终身追责机制是由政治概念引入管理领域来的，是指无论事件过去多久，公职人员都必须为自己的过错负责，追责不仅包含行政、刑事责任，而且包括党纪处分、政纪处分。我国相关法律法规中规定，重大公共危机事件的责任主体将面临终身责任追究即终身追责[②]。

（2）实行法律和党纪双重追责

双重追责机制是追究责任者的法律责任、党纪责任，其中既包括刑事责任也包括行政责任等，即"党政同责，一岗双责"。一方面，相关法律法规中对危机事故责任单位和责任人提出了追责要求。例如

[①] 参见唐钧. 公共危机管理 [M]. 北京：中国人民大学出版社，2019.
[②] 周驰，黄凯健，周鹏，等. 建筑工程责任终身追究制度调查研究 [J]. 建设科技，2020，414（17）：105-107.

我国《国家突发公共事件总体应急预案》中规定，对突发公共事件应急处置工作实行责任追究制；对迟报、谎报、瞒报和漏报突发公共事件重要情况或者应急管理工作中有其他失职、渎职行为的，依法对有关责任人给予行政处分；构成犯罪的，依法追究刑事责任。《中华人民共和国突发事件应对法》中对地方各级政府及有关部门、有关单位或者个人涉及突发事件的相关法律责任做出了明确规定。另一方面，在中国共产党的相关条例和章程中对公共危机事件的调查追责也有相关规定，例如《中国共产党问责条例》中规定党组织、党的领导干部"履行管理、监督职责不力，职责范围内发生重特大生产安全事故、群体性事件、公共安全事件，或者发生其他严重事故、事件，造成重大损失或者恶劣影响的"应当予以问责；《中国共产党纪律处分条例》中规定"遇到国家财产和群众生命财产受到严重威胁时，能救而不救，情节较重的，给予警告、严重警告或者撤销党内职务处分；情节严重的，给予留党察看或者开除党籍处分"。

（3）追责与防范负面影响相结合

公共危机事件追责一方面要严厉处置造成负面影响的责任单位和个人，另一方面也要防范追责过程中产生的负面影响。对于在公共危机事件中造成负面影响的责任主体应予以严厉的追责。我国法律法规、党纪党规条例做出详细的规定，给社会造成恶劣影响的事件，相关责任主体依法追究刑事、行政责任，依法从严惩处。例如《国务院关于特大安全事故行政责任追究的规定》中规定"地方人民政府和政府有关部门对特大安全事故的防范、发生直接负责的主管人员和其他直接责任人员，比照本规定给予行政处分；构成玩忽职守罪或者其他罪的，依法追究刑事责任"，"特大安全事故肇事单位和个人的刑事处罚、行政处罚和民事责任，依照有关法律、法规和规章的规定执行"。

同时，对于在调查追责过程中产生的社会负面影响，也需做好相应的防范措施。在调查追责过程中可能产生的社会负面影响包括：一是因有轻微或部分责任导致责任主体整体形象受损，在社会出现负面影响；二是因舆论导致责任主体"蒙冤"，其不负有责任但舆论、造谣、传谣、恶意中伤导致责任主体的"蒙冤"；三是因产生社会责任事故负全部责任，引起社会公众不满，产生社会负面影响；四是因未及时对外公布定责追责信息导致公信受损，产生社会负面影响。对以上情况应做好相应风险防范工作：首先，按照相关法律法规要求及时公开信息，通过各种信息传播渠道及时开展与定责追责相关的新闻发布会，及时让社会公众了解相关信息。其次，政府利用相关媒体做好危机公关。最后，调查追责期间不能忽视舆情评估与舆情管理工作，及时展开正确的舆论引导。

2. 标本兼治的追责机制

标本兼治是指在调查追责过程中既要追究惩处相关责任人和单位的过失，也要通过调查找出问题症结以及解决问题的措施。"治标"指的是追究相关责任主体的责任，"治本"是指需要找出整治问题的策略方法，从而实现对公共危机的"标本兼治"，防范类似危机事件再度发生。

（1）事后追责与事前风控相结合

2016年7月28日，习近平总书记在河北省唐山市考察时强调"坚持以防为主、防抗救相结合，坚持常态减灾和非常态救灾相统一，努力实现从注重灾后救助向注重灾前预防转变，从应对单一灾种向综合减灾转变，从减少灾害损失向减轻灾害风险转变"。"预防为主、预防与应急相结合"是我国应急管理工作的重要原则。基于此，在公共危机管理的事后追责中应加强对事前风险防控责任的调查与追究。《中华人民共和国突发事件应对法》中规定，地方各级人民政府和县级以上各级人民政府有关部门"未按照规定采取预防措施，导致发生突发事件，或者未采取必要的防范措施，导致发生次生、衍生事件的"和"未按照规定及时发布突发事件警报、采取预警期的措施，导致损害发生的",根据情节的严重程度对直接负责的主管人员和其他直接责任人员依法给予处分。

(2) "上中下"游三段式追责

"上中下"游三段式的追责机制体现了对于公共危机事前、事中、事后三个阶段的全过程调查追责:"上游"是指事前规划决策的责任,"中游"是指事中执行监管的责任,"下游"是指事后处置的责任。通过"上中下"游三个阶段系统了解公共危机事件产生、发展的原因与责任。第一,"上游"规划和决策环节的追责以定责为基础,内容主要有规划责任目标、明确岗位及职责、设置责任考核标准、制订"责任清单"、签订责任书等实施方法和配套方案。第二,"中游"执行监管环节的调查追责与监督管理相互补充、相互促进,执行监管体现在内部督导、暗访检查、社会监督(群众、媒体、专家学者)等内外多层次监督环节。第三,"下游"应急处置和救援环节的追责与考核相结合,包含绩效考核、责任倒查、调查追责等实施方案和配套方法。

3.追责和容错的兼容机制

追责是追究有关单位及人员的责任,根据事件严重程度依法追究刑事责任、行政责任等。容错是指有关单位和个人在不违反国家法律法规及政策规定的前提下,在履职过程中未能实现预期目标或出现偏差失误,且过程中尽职尽责、未谋取私利,予以免责或从轻减轻处罚。公共危机追责过程中应将追责与容错兼容并施,使追责更加科学、稳定、规范。

(1) 追责与容错相兼容的意义

追责与容错相兼容的理念,体现了追责机制的科学性和创新性。从我国深化改革和创新发展的长远角度来看,追责和容错相兼容的意义具有以下几点。

第一,容错是打击庸政、懒政、怠政的有效工具。党的二十大报告中再次强调"坚定不移全面从严治党,深入推进新时代党的建设新的伟大工程"。庸政、懒政、怠政的根源在于个别党政干部对全面从严治党的理解出现偏差，将其与政绩相关联，认为做事就有出事的可能性，出事就可能被问责追责，出现了"只要不做事，保证不出事不问责"的工作状态。实际上全面从严治党与干部做事并不矛盾，也不冲突，做事并不必然导致出事，出事并不必然被查处问责。因此，容错纠错的真正价值在于给予认真履行职责又怕被查处问责的官员一定的保障，有效保护尽职尽责工作的干部的积极性。

第二，容错是激励改革、鼓励作为的重要措施。自2015年我国提出全面深化改革到党的二十届三中全会再次强调要求调动各方面全面推动改革，提高参与改革的积极性，激励改革、鼓励作为是容错的重要方面[①]。党的二十大报告中提出"我国改革发展稳定面临不少深层次矛盾躲不开、绕不过，党的建设特别是党风廉政建设和反腐败斗争面临不少顽固性、多发性问题，来自外部的打压遏制随时可能升级"。习近平总书记指出，应当"鼓励广大干部既当改革促进派又当改革实干家"，基于此，需要追责问责机制与容错纠错机制相结合，相互补充与完善，以追责问责促进科学决策，以容错纠错推动积极作为。通过追责与容错相兼容的设计机制，既对政府官员不尽职、不作为、乱作为进行严肃追究问责，也要合理区分工作探索性失误与利己性错误，对敢作为、真作为、拥有实干精神的干部在工作中由于经验不足和不可抗的客观因素导致的错误予以宽容和纠正的机会。追责与容错相兼容的机制给予敢担当、想作为的干部坚实的后盾，能够最大限度激发实干家的改革热情，最大限度调动官员的积极性、主动性、创造性，为全面深化改革和创新发展提供更有力、更持久的动力支撑[②]。

[①] 龚华. 激励广大党员干部改革创新担当作为[J]. 四川党的建设，2018（24）：62.
[②] 刘进军. 既要问责追责又要容错纠错[N]. 光明日报，2016-10-15（09）.

（2）追责与容错相兼容的实践

2016年，习近平总书记在中央党校研讨班上讲到了干部队伍积极性问题。他说，当前一个突出问题是部分干部思想困惑增多、积极性不高，存在一定程度的"为官不为"，为此习近平总书记提出"三个区分"原则："要把干部在推进改革中因缺乏经验、先行先试出现的失误和错误，同明知故犯的违纪违法行为区分开来；把上级尚无明确限制的探索性试验中的失误和错误，同上级明令禁止后依然我行我素的违纪违法行为区分开来；把为推动发展的无意过失，同为谋取私利的违纪违法行为区分开来，保护那些作风正派又敢作敢为、锐意进取的干部，最大限度调动广大干部的积极性、主动性、创造性。"

解决党员干部队伍思想积极性问题，是加快推进我国进入社会主义强国、提高国家治理能力的重要基础，"三个区分"原则既为广大干部干事业撑腰鼓劲，又明确提出干事业的底线原则。全国范围内已有多地开展容错机制设计，形成一系列的政策和实施方法，如2018年中共中央办公厅印发《关于进一步激励广大干部新时代新担当新作为的意见》、2019年中共湖南省委办公厅发布《关于建立容错纠错机制激励干部担当作为的实施办法（试行）》、2020年中共北京市委办公厅发布《关于激励干部担当作为实施容错纠错工作办法（试行）》等。

（3）追责与容错相兼容的原则

第一，坚持实事求是的原则。以事实为依据，辩证看待和处理发生在不同时期、不同环境背景下的事件，综合考虑事件的主观动机、客观条件、性质、影响、后果处置等情况，精准甄别，运用监督做出客观公正的处置，推动实现良好的政治效果、纪法效果和社会效果的统一。

第二，坚持问责底线的原则。底线原则是指在党内容错纠错机制的运行过程中，党组织应当确保党纪红线不被逾越、法律底线不被触碰，不可因容错纠错而放低对干部的要求，避免党内容错纠错机制成为个别干部违法乱纪的"庇护所"①，要强化监督、严肃问责，守住国法底线红线，杜绝保护变庇护、宽容变纵容。

第三，坚持鼓励实干的原则。将人民利益放在首位的干部是容错纠错机制的保护对象，对担当者、负责者、实干者给予保护，让有作为、敢作为的干部挣脱束缚、放开手脚干事业。容错机制运行工作过程中需遵循政治纪律和规矩，避免政治上的"揪辫子""扣帽子""下绊子"等行为。容错纠错机制坚持鼓励实干原则，精准把握政治方向并站稳立场，形成鼓励创新、宽容失误的良好政治环境，实现容纠平衡。

第四，坚持容纠并举的原则。在工作中对倾向性、苗头性问题及时纠正，对由于失误和错误造成的损失和影响及时采取补救措施，防微杜渐、有错必纠，帮助广大干部及时总结经验教训，制定改进措施，防止重复犯错，减少损失影响。

（4）追责与容错兼容机制的实施困境

现阶段我国在坚持习近平总书记"三个区分"原则的基础上，严格区分工作失误和违纪违法行为，重视事前防范与事后心理建设，坚持"两个拳头"同时出拳即容错纠错并重。对干部工作中出现的诬告行为加大查处力度，还干部清白的同时鼓励干部勇于改革工作、干事业，不断改进考核考评办法，激发干部积极性，但实际运行过程中仍然面临诸多的挑战。

第一，激励效果不足，重问责轻容错。《中国共产党问责条例》的制定和完善标志着问责进入制度化、规范化阶段，加强了党内处分和追责问责之间的衔接。但在实际操作中出现了问责对象广泛化、问责范围扩大化的现象，对干部要求过于严厉苛刻，出现有错问责、有错必纠，偏离了容错纠错机制的包容性价值目标。此外，重事后追

---

① 黄琴琴. 健全容错纠错机制营造良好干事环境 [J]. 人民论坛，2019（6）：44-45.

责、轻事前防范也是激励效果不足的重要表现，实践中出现因怕被问责追责而庸政懒政问题，工作效率和工作热情得不到保障。

第二，政策协同机制不健全，存在官僚形式化现象。容错纠错机制由党中央制定，各部门逐步落实，但在实践中出现了政策协同机制不健全的问题。首先，我国国家政府层面制定指导性政策，由省级相关部门完善政策文本，但省级制定的框架比较宽泛，基层操作中缺乏具体操作指南引导，各部门在政策落实中难以形成统一标准，导致实践中呈现主观性、随意性。其次，各地区各部门虽然积极开展对容错纠错机制的研究学习，但只了解政策文本意思，缺乏实际操作，出现容错纠错机制搁置、政策文本形式化问题。因此，广大干部没有享受到容错带来的获得感，难以发挥容错的正向导向作用。

第三，容错纠错标准偏差大，价值功能冲突。容错的核心在于如何分辨错误、如何科学地纠错。但因各地区只有实施意见，尚未有实施细则，所以对于错误行为更多是主观概述，全凭评判人员依靠经验主观判断，缺乏规章细则加以规范。容错的标准不统一，将会出现不平衡、不公平的问题，这将严重挫伤干部的积极性，激励和惩治的价值功能产生了冲突[①]。

（5）实施追责与容错兼容机制的策略

第一，从问责追责思想理念上深化对习近平总书记"三个区分"原则的认识。问责在公共危机事件追责过程中发挥重要作用，但在实际操作过程中人为地加码、泛化、滥用问责的权力，使问责的教育警示作用大打折扣，使干部出现不作为就不被不问责的消极逃避心理。针对上述问题，习近平总书记提出的"三个区分"原则，其实质是指通过规范、精准问责将改革中束缚、捆绑住干部手脚的问题进行有效释放，严格区分干部为公为私、有意无意的界限。在问

---

① 龚会. 新时代党员干部容错纠错机制构建的逻辑、运作困境及其完善[J]. 中共四川省委党校学报，2020（4）：47-52.

责追责过程中不但要考虑主观能动性因素,而且要综合考虑动机态度、客观条件、损失影响等客观因素。着眼于增强针对性和实效性,做到该容错的大胆容错、该纠错的严厉纠错,不拿容错包容和放纵违法乱纪的行为。

第二,精准严谨地运用容错纠错机制中从轻、减轻追责处置措施。根据我国相关法律和党纪规定,及时采取补救措施有效挽回损失或者消除不良影响,积极配合有关调查问责并主动承担责任,可以从轻或减轻问责处罚。所以,要注意区分当事人面对问责追责的态度以及犯错程度,判断其是主动承担错误还是避重就轻、推卸责任;是及时补救失误还是消极应对。对于主动承认错误、积极承担责任、一心为挽回损失、及时采取补救措施的单位或个人,容错纠错机制应当依法按纪从轻或减轻问责处罚。

第三,严格规范容错纠错机制程序。容错纠错机制工作要实施规范问责、精准问责,从问责的准备工作、调查取证、分析定责、追责处理等过程,到启动、调查、报告、审批、实施等环节都需要全面规范,为容错纠错机制的实施提供具体方法路径。此外,要注重受责人员的申请,无论是自己提出申请还是党组织发现提出,都应严格遵循追责机制的工作程序。

三、公共危机治理的评价机制

公共危机治理评价机制是指评价主体在法律法规的框架内,按照一定的程序和标准,对参与某个特定公共危机治理活动的相关部门、治理的过程与具体环节、治理的结果与成效等进行调查与评价,并提交正式报告的过程。根据不同的评价主体,可以分为内部评价和外部评价,内部评价是指由公共危机治理中与事件相关的主体所进行的评价;外部评价是指由公共危机事件及危机治理相关人员之外的主体进行的评价,也叫第三方评价。

公共危机一方面给人类带来磨难,另一方面又促进了人类对危机的认识,进而使人类更进一步掌握自然、社会发展的规律。一个善于从危机中总结和汲取经验教训的民族,必定是日益坚强和不可战胜的。因此在公共危机处置结束后,我们不仅需要全面、深入地分析危机事件本身带来的经验与教训,还需要从纷繁复杂的危机治理实践中认真总结,以此作为改进危机治理的基础。公共危机治理评价是公共危机治理过程中不可或缺的环节,及时地总结公共危机治理中的经验和教训,可以弥补公共危机治理的缺陷和不足,完善公共危机管理的体制、机制、法制,从整体上提高公共危机治理各相关部门的管理水平,使治理管理工作日臻完善。

(一)公共危机治理评价的内容[①]

公共危机治理评价应涉及危机管理的全部内容,需要重新审视危机管理的整个过程,认真分析,进而发现问题、改进工作,主要需要从以下几个方面进行评价和综合考虑。

1. 对危机管理架构的评价

对危机管理架构的评价可以从以下几点展开。①危机管理的架构是否达到了设置的目的?是否能尽早发现危机,尽快作出反应?结构设置所带来的收益和损失减少是否超过结构设置的成本?是否需要调整?如何进行调整?②组织文化是否适应危机管理的需要?应该建立什么样的组织文化?需要进行怎样的改进?③危机管理者得到的资源是否足够?各部门对危机管理者的配合是否到位?是否应该增加危机管理者可控制的资源?是否需要赋予危机管理者更大的权力?④危机管理小组的员工组成是否合理?是否充分发挥了危机管理小组的作

---

① 肖鹏军. 公共危机管理导论[M]. 北京:中国人民大学出版社,2006.

用？如何改进危机管理小组的组建和运作？⑤危机处理知识和技能的培训是否对危机处理有效？需要对培训进行哪些改进？需要增加哪些培训项目？哪些培训项目需要加强？哪些培训项目是不必要的？⑥危机中知识的应用和总结对危机管理的作用如何？如何更好地应用和总结知识？将该危机作为案例加入危机管理培训中去，演习的情景和实际发生的危机情景存在哪些差别？为什么会有这些差别？如何改进今后的演习？演习对实际的危机处理有多大的作用？如何提高演习对危机处理的作用？

2. 对危机管理预案的评价

危机管理预案是相关管理主体为了预防危机的发生或危机发生时尽可能减少损失，而制订的较为全面具体的关于危机事件预防、处理和控制的预先行动方案。危机管理预案大致包括以下内容：第一，对潜在的危机形态进行分类；第二，制定预防危机的方针、政策；第三，为处理每一项潜在的危机，制定具体的战略和战术；第四，确定可能受到危机影响的公众；第五，为最大限度减少危机带来的破坏性影响，建立有效的传播沟通渠道；第六，对方案进行实验性演习。实践证明，实验性演习是十分必要的。演习的过程使人们身临其境，而且能发现很多问题。另外，在制订危机管理预案时最好聘请管理部门外的危机管理专家参与全过程。

危机管理预案可以从这几方面进行评价：①是否为发生的危机制订了危机管理计划？如果没有，是否忽视了这种危机的重要性？为什么会忽视？是否需要对所有危机风险的重要性重新进行评估？②危机管理预案是否为社会危机管理工作提供了有用的指导？如果作用不大，是什么原因？根据危机管理的实际经验和教训，对危机管理预案如何进行调整和改进？③危机管理的目标制订得是否合理？如何更合理地制订危机管理目标？④危机管理的对象是否有遗漏？为什么会遗漏？如何加强对危机的识别？

3.对危机管理沟通的评价

人类行为冲突升级在很多时候都是因为缺乏良好的沟通，引起误解所致。危机发生、发展的过程中，通常存在着削弱沟通、减少联络的行为取向，从而导致更大的误解和误判，因此在危机管理过程中，准确、迅速地传递真实的想法和意图，不断加强沟通促使达成最后共识是必不可少的。对危机管理沟通可以从以下几方面进行评价：①内部沟通是否顺畅？体现了哪些问题？这些问题对危机产生了什么影响？可以采取哪些措施予以纠正？②外部沟通哪些是有效的？哪些是欠缺的？为什么是有效的或是欠缺的？可以采取哪些改进措施？③危机中，信息获取和信息沟通是否全面、有效？还可以如何改进使信息获取和沟通更为有效、顺畅？④沟通中噪声的影响有哪些？强度如何？如何消除或减轻噪声的影响？⑤沟通设备是否足够或运作是否正常？需要再配备或更新哪些设备？需要修理哪些设备？

4.对危机管理中媒体互动的评价

媒体对增强公众的危机意识起着宣传和非正式的教育作用，在全社会确立了一种信仰支持系统，形成一致的社会舆论和大众独有的危机共识，对于危机的避免和尽快解决都有着重要意义。通过强化全社会的危机意识，预防和监测危机的出现和发生，不仅有利于危机发生后形成社会公众的支持倾向，还能强化政府的政策实施效能，改善政府政策反馈方式与措施，进而统一社会价值观念，提高社会抵抗公共危机的水平。对危机管理中的媒体互动可以从以下几方面进行评价：①向媒体传递的信息是否合理？如何有选择地向媒体传递信息？②是否满足了媒体的需要？与媒体是否存在冲突？如何改进与媒体的沟通？③是否有效地发挥了媒体的作用？如何更好地利用媒体？④危机中对新闻记者的监督是否有效？新闻记者是否妨碍了危机处理？如何在危机中做好对新闻记者的监督？⑤媒体是否有效地履行了其传播职能？如何更好地发挥其应有的作用？新闻发言人是否合格？还需要进行哪些培训？是否需要更换新闻发言人？

5. 对危机管理中预警情况的评价

对危机中的预警情况，可以从以下几方面进行评价：①危机是否被快速地识别出来？如何采取措施以加强对危机的识别？②危机预警系统是否发出了及时的警报？如果没有，那是为什么？如何对危机预警系统进行改进？③危机警报是否引起重视？能否做出正确反应？如何提高警惕性？④危机风险预防和控制措施中哪些是不必要的？哪些占用了过多的资源？哪些占用的资源是不够的？如何调整各种措施的资源配置？⑤危机风险预防和控制措施是否得当、有效？是否需要对不同的危机风险采用新的不同的预防和控制措施？如何对无效的措施进行改进？⑥对危机发生可能性的估计是否准确？是否需要重新评估危机风险的大小？

6. 对危机管理措施的评价

对危机的管理措施可以从以下几方面进行评价：①危机为什么会发生？如何避免危机的发生？②危机发生后，反应是否迅速？是否可以更加迅速？如果行动迟缓，又是什么原因造成的？如何对社会危机管理进行改进？③危机中哪些损失是可以避免的？这些损失为什么会产生？如何改进？④危机管理中资源配置是否合理？如何改进危机管理资源的储备和配置？后勤保障是否及时、有效？如何改进后勤保障工作？⑤挽救措施是否合理、有效、到位？如何改进社会危机管理以满足公众的要求？

（二）公共危机治理评价的原则

1. 客观性原则

公共危机治理评价是一项严肃的工作，必须具备客观性，即通过调查获得的数据和通过评价得出的结论必须与事实相符合，从而使危机的起因、性质、影响等因素在评价的过程中得以真实再现，且不能有任何的篡改和歪曲。不符合客观性原则要求的危机治理评价是没有意义的，也不可能有说服力和公信力。为了确保评价的客观性，评价不仅需要内部评价，更需要独立、公正的外部评价。

比如在选择评价主体方面，应选择一些与危机事件无关的专家，如聘请危机管理专家、危机管理咨询机构的人员或有关技术专家。他们作为局外人不会受既定观念的影响，与管理评价没有利益关系，能作出更为准确、客观、中立、真实的评价。在获得准确的信息和数据方面，可以采用"背靠背"的信息收集方式，即信息收集者不知道谁是信息的提供者，信息提供者提供的信息只有他自己知道，其他人不知道他提供了何种信息。"背靠背"信息收集方式的好处是：信息提供者可以提供翔实的个人信息，并且说出内心真实的想法；信息提供者的心理压力很小，不会因为害怕报复或得罪他人而隐瞒真实的信息，或不敢说出自己的真实想法，使调查者容易了解到突发事件管理中存在的问题。

2. 实效性原则

在公共危机的处理过程中，采取了什么样的措施，进行了什么样的分析，做出了什么样的决策，调查到了什么样的第一手材料，都要真实准确地对其加以分析和总结，从中找出切实可行的处理问题的规律。评价危机治理的成功与失败，要以在危机处理过程中损失的最低程度、公众满意的程度和对社会造成的不良影响的最低程度为危机治理实际效果的评价标志。评价的终极目的是提高公共危机管理的效能，而不仅仅是分出优劣。当然，在公共危机治理评价的过程中，责任的调查与追究是一个重要内容，是提高公共危机治理效能的一个手段，而不是最终目的。实施的可行性和实施效果的目的性要最终达到一致。

3. 准确性原则

评价要具有准确性，评价主体的任务只能是准确如实地调查公共危机事件的事实和影响，客观地评价公共危机管理部门工作的绩效，而不能为其他外部因素所扰动。准确性原则是客观性的重要保证。没有准确性，公共危机治理评价就难以实现客观性的要求。为了对危机作出有效的评价，人们经常成立评价小组以保证公共危机治理的准确性。同时评价的程序、指标、标准、内容、结果等应形成相对准确而稳定的模式，不能随意更改，其意义主要在于三个方面：一是可以减少评价的成本；二是可以保证评价的质量，避免出现避重就轻的现象；三是可以增强横向和纵向的可比性，共同的规范可以使不同区域、层级的政府对评价的结果进行比较。

（三）公共危机治理评价的方法

1. 数据分析统计法

数据分析统计是指有关收集、整理、分析和解释统计数据，并对其所反映的问题做出一定结论的方法。统计方法是一种从微观结构上来研究物质的宏观性质及其规律的独特的方法。统计方法是适用于所有学科领域的通用数据分析方法，只要有数据的地方就会用到统计方法。随着人们对定量研究的日益重视，统计方法已被应用到自然科学和社会科学的众多领域，统计学也已发展成为由若干分支学科组成的学科体系。可以说，几乎所有的研究领域都要用到统计方法，比如在政府部门、学术研究领域、日常生活中、公司或企业的生产经营管理中都要用到统计。在公共危机管理过后，对在危机处理过程中所进行的一系列工作情况进行收集、整理，再量化核算，将治理工作和公众的认可及社会利益结合起来，通过统计和换算，寻求在工作实施中的成功经验和失败教训。

2. 公关实效调查法

公关实效调查法通常是指对企业开展公关活动的情况、公共关系状态的调查，来评定公关活动效果的一种评价方法。公关实效调查评价结论一方面可以为工作人员绩效考核提供依据,另一方面可以为后续公共关系策划提供基础。用此方法开展公共危机管理工作实际效果的调查,主要通过走访公共危机事件利益相关者,诸如领导者、受害者、社会公众、相关的专家学者等,从不同角度分析、评价公共危机管理的方法和措施是否适当,以及公共危机管理工作的成败得失,进而从中找出成功的原因和不足之处,探寻规律、总结教训、积累经验,为完善公共危机管理工作提供依据。

四、公共危机学习机制的挑战与应对

长期以来,中国公共危机治理过程中的学习机制没有得到足够的重视,近十年逐渐得到了完善,但依然存在许多的问题,如对学习机制重视程度不够、调查追责与评价的政治问责过度、公共危机管理评价组织结构封闭等。面对公共危机的挑战,未来我国的学习机制需从多个方面着手改善,提高思想认识,健全机制、改革模式,构建独立调查机制,注重调查过程等。

(一)我国公共危机治理学习机制面临的挑战

1. 对学习机制重视不足

公共危机治理的学习机制缺乏前瞻性,且治理者与公众对公共危机治理后调查学习的重视程度不足。重公共危机的事中处置,轻事后学习,在自然灾害、事故灾难、公共卫生事件、社会安全事件四类公共危机事件中,除了事故灾难事件的调查开展较为全面,其他三类都比较滞后,例如,对地震、洪水、滑坡、泥石流等自然灾害的管理较为注重灾害的评价和灾后恢复重建,对"非典"等公共卫生事件的管理较为注重灾情的防控及应对,对社会冲突、示威游行等社会治安问题的管理侧重于处置和惩戒。

2. 调查追责与评价的政治问责过度

公共危机治理调查追责与评价重调查问责，轻查明真相。追求速度型调查，开展调查学习较少，然而过分追求速度，调查易出现蒙混过关、掩盖事实、虚假调查等现象。格普哈特建构了具有政治性色彩的模型，将"问责"和"政治掩盖"引入政治模型中表示政治性因素对公共危机调查学习的积极或消极影响，模型分析得出"问责""政治掩盖"等的出现对调查学习有阻碍作用[①]。我国公共危机事件的调查追责和评价经常出现目标偏离和使命偏差，使得调查追责与评价工作围绕追究责任而展开，成为各部门分摊责任、钩心斗角的政治过程，最终导致调查不能还原事件真相，评价结果不能帮助完善公共危机管理机制。

3. 公共危机管理评价组织结构封闭

公共危机管理评价组织结构对评价效果有重要的影响，评价组织主要以公共管理部门为主体，权力过分集中，结构相对封闭。以公共管理部门为主体的封闭式评价组织导致评价工作多采用自我调查评价或上下级调查评价的同体模式，难以保证评价结果的独立性、客观性和公正性。我国特定问题调查委员会由权力机关的人员组成，针对重大事项做权威的调查处理，具有很强的权威性和说服力，调查结果也更加具有科学性和公信力，但现实情况是我国在重大公共危机事件发生后，对此调查评价方式启用较少。此外，第三方调查评价也可以提高调查评价的客观性、独立性与公正性，但在我国目前的公共危机管理实践中应用较少。

（二）完善我国公共危机治理学习机制的对策

1. 提高全社会的公共危机事后学习意识

---

① 彭明珠. 公共危机中的虚假治理研究 [D]. 长沙：湖南农业大学，2019.

公共危机治理的首要目标是探索公共危机的发生规律、保障公民的健康安全、维护社会的稳定发展，科学严谨的调查追责过程是有效防止公共危机事件发生的最基本的手段，客观公正的评价机制是改善危机治理的前提基础。在公共危机的调查中，学习经验教训，提高全社会对有关事故原因、损失、后果的认识，从信息中提炼、组织和分析事故所带来的教训，在日常生活中能有意识地预防危机的产生，从而减少损失、提高公众生活的安全性；通过公共危机管理评价，考察公共危机管理应对方案、行动执行等的成效，提高危机管理主体及各利益相关者对管理成效的重视程度，有助于完善管理方式与机制。同时，为了更好地规范和指导调查追责与评价工作，需要进一步完善相关法律，从而全面推进公共危机管理的事后学习制度建设。

2. 回归调查追责与评价的初心与本质

探寻危机规律、还原事件真相是公共危机调查机制的初心，在此基础上提出改进措施，从而防止此类事件再次发生；改进管理方式、完善管理机制是公共危机管理评价机制的核心，从而提高公共危机治理的效能。我国公共危机治理的调查追责与评价机制中的政治问责过度，不利于寻找真相、改进管理机制，需要明确回归调查与评价还原事实真相、提高管理效能的价值取向。只有摆正价值取向，找寻事件的真相，工作人员才能秉持专业素养和科学态度从事调查追责与评价工作，减少外界干扰和阻碍，调查真相，得出客观公正的结论。此外，防止政治问责过度并非不追究责任、问责处理，而是要科学适度地处理问责追责与调查评价的关系，确立技术导向的科学调查模式，让行政调查与司法调查各司其职[1]，树立科学的调查问责理念。

3. 构建独立调查评价模式

现阶段，为确保调查评价的独立性和权威性，迫切需要解决当

---

[1] 钟开斌. 中国突发事件调查制度的问题与对策：基于"战略-结构-运作"分析框架的研究[J]. 中国软科学，2015（7）：59-67.

前自我型调查或上级调查下级的调查模式，需学习第三方独立调查模式[①]。改革传统的同体调查模式，借助第三方独立调查，一方面可以切断调查者与被调查者之间的利益关系，切实保障调查权能够依法、独立、客观、公正地行使，能够维持调查评价的独立性和权威性，确保调查评价结果具有说服力；另一方面可以依照我国的有关法律规定，对重大事项调查建立由权力机关带头的特定问题调查委员会进行调查。这样才能摆脱传统模式的政府干预以及对被调查对象的干扰，进行真正意义上的独立调查，调查评价结果才会具有权威性和公信力。

---

① 彭明珠. 公共危机中的虚假治理研究 [D]. 长沙：湖南农业大学，2019.

第六章
公共危机治理的准备机制

英国危机管理专家迈克尔·里杰斯特曾说:"预防是解决危机最好的方法。"美国著名危机管理学者劳伦斯·巴顿在其著作《组织危机管理》一书中也反复强调"组织危机管理预防第一,因为预防可以将危机扼杀在摇篮之中,可以减少已发生危机的损失"。这些论断已经被无数次危机管理的实践所证明。近年来我国公共危机管理的理念也由原来的"重救灾轻减灾"向"以防为主、防抗救相结合"转变。成功且有效的公共危机管理须是先发式的,所以需要在公共危机发生之前做好尽可能完善的准备,以有效预防和减少危机的发生,确保在危机来临时能够迅速、有序地应对,最大限度地保护人民生命财产安全和社会稳定。公共危机治理的准备机制主要包括公共危机的预警、预防和预案三个方面。

一、公共危机治理中的预警机制

（一）公共危机预警的概念

1. 公共危机预警的含义

公共危机预警是指根据有关危机现象的过去和现在的数据、情报和资料，运用逻辑推理和科学预测的方法、技术，对某些危机现象出现的约束性条件、未来发展趋势和演变规律等作出估计与推断，并发出确切的警示信号或信息，使政府和民众提前了解危机发展的状态，以便及时采取应对策略，防止或消除不利后果的一系列活动[1]。从内容上看，公共危机预警包括"预""警"两个部分："预"指的是特定部门以先进的信息技术平台，通过预测和仿真等技术收集、整合、处理相关信息，预测某一类事件的发展动态；"警"指的是根据预测结果，通过公共媒体、政府内部信息渠道等，及时对特定的目标人群发布警示信息，从而把危机可能给特定部门和潜在的受众群体造成的损失降至最小[2]。公共危机治理的预警机制就是在公共危机事件发生前，将对危机发展动态的预测与危机相关的预测结果工作过程中需要遵循的规章制度等向目标人群发出警告的一系列过程。

2. 公共危机预警的类型

公共危机预警从不同角度可以有不同的分类。

（1）以危机预警的手段分类

从手段上看，公共危机预警可以分为电子预警和指标性预警两类[3]。电子预警主要由电子装置进行信息采集、信息分析、决策和发出警报，电子预警的运作过程基本上依赖于电子装置——一种自动的预警系统。

---

[1] 肖鹏军. 公共危机管理导论 [M]. 北京：中国人民大学出版社，2006.
[2] 张成福，唐钧，谢一帆. 公共危机管理：理论与实务 [M]. 北京：中国人民大学出版社，2009.
[3] 朱德武. 危机管理面对突发事件的抉择 [M]. 广州：广东经济出版社，2002.

电子预警根据监测是动态的还是静态的、装置是可以移动的还是固定的可以分为五种类型：动态移动系统、动态固定装置系统、静态移动装置系统、静态固定装置系统、混合型系统。不同类型的电子预警装置有不同的特点和长处。采用何种类型的电子预警装置，需要具体问题具体分析。指标性预警是指对组织中那些不容易根据获得的信息直接判断危机发生与否的危机，将危机转化为一系列较好识别的指标，然后根据指标的异常进行危机预警的系统。通过对原始信息进行加工，使其转化为一系列指标，然后根据综合指标来判断危机的发生。需要注意的是，利用指标来判断危机发生与否需要有一定的知识和经验，还要结合组织的内外环境，才能作出正确的判断。

（2）以危机预警的时间分类

从时间上看，公共危机预警可以分为短期预警和中长期预警两类。短期预警能反映正在发生的风险状况，具有现实性，选取短期内能发生变化且对经济、社会、自然的稳定性影响较大的指标。中长期预警指标反映正在发生的风险趋势，具有前瞻性，选取的指标既包括短期指标，也包括短期内变化很小，但随着风险因素的积累，在中长期内会对经济、社会、自然的稳定性产生影响的指标。比如对于露天矿山边坡和排土场灾害的预警，针对指标的不同特点采用不同的监测频率：如岩性及其组合、边坡坡度等指标在短期内变化趋势不明显，对于这些指标，监测的频率就相对较低；而对于最新日雨量、地下水、表面位移等指标，能很明显地监测出变化，而且这种变化对灾害预警结果影响很大，监测的频率就相对较高。这样区分短期预警与中长期预警既可以掌握矿山现有的灾害风险，又能了解这种风险的发展趋势，对预防灾害的发生具有现实意义。

3. 公共危机预警的功能

公共危机预警的主要功能就是预测可能发生的危机及其危害程度，一旦判定危机可能发生，立即对社会公众发出警示，使其做好危机响应措施来减少危机造成的损失。同时，通过预警响应来对公众起到教化的作用。

总的来说，危机预警主要有四项功能：第一，预测功能。通过对政治、经济、社会、自然等领域中特定指标的研究，发现其中的异常变化，提前对危机发生的可能性、影响范围、危害程度进行预判。第二，警示功能。通过对危机的预测，将相关信息和结果进行汇总，采取合适的方式、在恰当的时间，向特定的受众发出警示，发挥导向作用。第三，消解功能。一是对危机的减缓、延缓，将危机演变为风险，避免一般危机转化为重大风险；二是通过对危机的有效预测来阻止和化解危机，从根本上避免危机的发生，这是危机预警最现实的目标。第四，教育功能。防微杜渐，通过预警可以培养社会公众的忧患意识，增强公众的心理承受能力，教育引导公民，共筑危机价值观。

（二）公共危机预警系统的建立

工欲善其事，必先利其器。对于危机管理而言，预警系统就是需要利的"器"。预警系统能够让管理者时刻保持对社会的关注，力争清楚地显示组织内外部的变化、动向和异常信息，它是危机管理系统中一个重要的组成部分。

1. 建立公共危机预警系统的目标

欲建立公共危机预警系统，首要的是明确建立危机预警系统的目标。简单来说，危机预警系统有六大目标[①]：一是预警系统信息采集要全面，能够采集到预警所需要的信息。二是预警要准确，既不能把不是风险的信号当作风险信号，出现错误预警；也不能忽视任何危险的征兆，延误预警。三是预警发出的信号必须恰当及时，确保所有相关人员能及时收到消息。四是发出的预警信号必须明确，信号能够为接

---

① 肖鹏军. 公共危机管理导论[M]. 北京：中国人民大学出版社，2006.

收者理解。五是要对各种信号进行划分,防止各种预警信号之间的相互干扰,影响接收者判断险情。六是要保证预警系统的建立和使用既经济又合理。

2. 公共危机预警系统建立的原则[①]

(1) 以人为本的原则

各级政府在设计危机预案时,要坚持以人为本的原则,保障公民的基本权利。无论面对何种危机,当采取的措施和行为有可能损害到人民生命安全和财产利益时,一定要将公民的损失降到最少。

(2) 常抓不懈的原则

要建立危机管理的常设机构,担负起危机预警和处置的重任,并把危机预警纳入国家、地区、城市等的日常网络化治理体系中,绝不能使"危机预警"成为"危机应付",保持危机预警的常态化。拒绝临时协调性机构,各级政府要把预警职能作为一项长期职能来看待。

(3) 分级预警的原则

在总结政府预警经验和教训的基础上,广泛借鉴国外的成功经验,依据可能发生的危机事件的影响范围、影响程度的预测结果进行科学分级,分级预警,依法分类并宣布突发事件的级别,从容应对即将到来的危机。

(4) 注重实效的原则

在进行危机预警时,必须考虑政府治理能力、民众心理承受能力和大众传播媒介等诸多因素。面对不同层次的预警对象,政府要在预警方法、方式上有所区分,既要合理履行预警职能,又要将预警职能做好。

(5) 全员参与的原则

从公共管理学的理论来看,政府不是万能的,政府不可能无所不

---

① 肖鹏军. 社会危机管理 [M]. 广州:华南理工大学出版社,2018.

包，无所不能。通过全员参与，可以让大家了解危机的性质、范围及影响，知晓危机预警的方法，增强政府的透明度，发挥网络治理的功能和作用，实现预警工作的有效开展。

3. 公共危机预警系统建立的要求[①]

（1）指标体系的合理性

如果选择恰当的指标来反映事物的全貌，那这些指标可以很好地反映出危机发生与否。

（2）指标的持续性

建立指标所需要的信息必须是可以持续得到的。如果确定指标所需要的信息有时可以获得，有时无法获得，或者是只能部分地获得，那么这项指标就不能持续地建立起来，这样危机预警系统的指标体系就不会完整，存在误报、漏报危机的问题。

（3）指标体系的相对稳定性

危机预警的各种指标不能在不同的环境下出现明显不同的解释。如果指标因环境的不同出现含义的变化，那么危机预警系统就无法根据指标的初始含义对危机进行预警；如果指标替换得过于随意，那么建立在各种指标基础上的危机预警系统就可能丧失权威性与可信性，预警系统就存在崩溃瓦解的可能。

（4）指标体系的同步性

指标数据要根据情况的不同和危机的不同而更新。社会发展日新月异，预警指标体系也应该与时俱进。目前的我们处于一个瞬息万变的环境之中，就需要进行持续的或频繁的危机预警指标的更新，不错过任何一个潜在风险。

4. 公共危机预警系统建立的过程[②]

第一步，确定需要对哪些危机建立预警系统。

---

① 肖鹏军. 公共危机管理导论[M]. 北京：中国人民大学出版社，2006.
② 肖鹏军. 公共危机管理导论[M]. 北京：中国人民大学出版社，2006.

第二步，评估危机风险源、危机征兆、危机征兆与危机发生之间的关系。这时需要危机管理专家和受危机影响地区的危机治理人员一起参与评估，如有必要也可以邀请其他受危机影响者参与评估，使得分析更加全面。

第三步，根据评估结果，确定危机监测的内容和指标，并确定危机预警的临界点。

第四步，确定建立什么样的危机预警系统，采用什么样的技术、设备、程序，需要为危机预警系统配备哪些资源。

第五步，评估危机预警系统的性能，了解系统的特性，如系统的误差、准确性、可信度、稳定性、连续性，系统需要什么样的维护措施及可能受到的干扰等。

第六步，为危机预警系统的使用和维护配备适当的人员，并制定相应的规章制度，确定使用和维护人员的责任、权利和义务。

第七步，向需要接收危机警报的公众说明危机预警系统的原理与使用方法，使他们理解危机警报，并在收到危机警报时能作出正确的反应。如有必要可以进行危机预警演习，使公众掌握如何对危机警报作出正确的反应。

（三）公共危机预警系统的构成[①]

危机预警系统包括信息收集子系统、信息加工子系统、决策子系统、警报子系统和咨询子系统，危机预警系统工作过程是：信息收集；信息分析或转化为指标体系；将加工整理后的信息和指标与危机预警的临界点进行比较，从而对是否发出警报进行决策；发出警报。在整个过程中，可组成智囊团，进行信息沟通，提出意见和建议[②]。

[①] 肖鹏军. 公共危机管理导论 [M]. 北京：中国人民大学出版社，2006.
[②] 朱德武. 危机管理面对突发事件的抉择 [M]. 广州：广东经济出版社，2002.

1. 信息收集子系统

信息收集子系统的任务是对有关危机风险源和危机征兆等信息进行收集。设计信息收集子系统时要保证信息收集的全面性，不要遗漏掉能显示危机发生与否的各种信息。根据全面性的要求，危机预警系统要确定信息收集的范围，信息收集范围又取决于危机风险源存在的范围，因而在组织建立危机预警系统时首先要分析危机风险源的分布状况，否则一开始就无法保证危机预警系统对危机的预警功能。如果危机风险源不仅仅来自组织的内部，还要分析组织外部的哪些领域存在危机风险源，如何从这些领域获得危机发生的信息。比如市场组织要在有效地获取内部信息的同时考虑如何获得外部信息，把内外信息结合起来以建立市场危机预警系统。事实也证明了那些能有效地收集市场信息的企业能够更早地意识到市场危机信号，并采取行动，在市场竞争中处于有利的地位。

信息收集子系统在信息收集时也要注意信息传递的障碍，这些障碍可以分为人为的障碍和非人为的障碍。人为的障碍一般是由于所要传递的信息与信息传递者之间有利益上的相关性，传递者就以有利于自己的方式对信息进行加工处理（如增加、删除、篡改等），使信息在传递过程中出现失真，从而影响了危机预警系统的准确性。解决的办法是，通过规章制度的重新设计减少、消除信息与信息传递者之间的利益相关性。非人为的信息传递障碍一般是由于系统本身存在的缺陷或内外的干扰所导致的，这就要求系统要设计得较为完善，并有很强的抗干扰能力。

2. 信息加工子系统

信息加工子系统的功能包括信息整理和归类、信息识别和信息转化这三大功能。

危机预警系统收集到信息之后一般是无法直接加以利用的，需要对信息进行整理和归类，尤其是在指标性危机预警系统中，信息与危机之间缺乏显而易见的联系，信息的整理和归类就显得更为重要。即使是在电子预警系统中也要对信息进行整理和归类，只是整理和归类工作没有指标性危机预警系统那么复杂。

对信息进行整理和归类之后，所收集到的信息就显得非常清晰和有条理，也就能够从整体上把握所收集到的信息。当然这还不够，系统还需要对信息进行识别，以排除那些干扰信息和虚假信息。一个可靠的危机预警系统应该具有很强的信息识别能力，如果危机预警系统对信息识别的能力很差，那么系统就容易根据那些错误的或误导的信息发出错误的危机警报，人们在经历过几次错误的警报之后就很难再相信系统所发出的警报，系统的价值也就大大降低。信息传递过程中由于人为的因素或沟通过程存在的噪声和沟通障碍，导致信息的部分或全部内容丧失真实性，那些不真实的信息就被称为虚假信息。虚假信息可能是某些人为了某种目的，故意发出的不真实信息；也可能是信息传递过程中产生的。对虚假信息的识别有两种方法：第一，对虚假信息的识别可以通过审视信息的来源、信息传递过程的各个环节以及信息传递者加以判断。通过仔细审视这些因素，就可能发现信息是如何失真的，真正客观的信息是什么，并决定如何改进信息传递过程。第二，虚假信息也可以通过信息之间的比较而被发现。如果信息之间存在很大的矛盾，就要怀疑这些信息的真假。干扰信息是指那些对危机预警看似非常有用，其实是没用或用处不大的信息，但信息本身是真实的。干扰信息能产生干扰作用，可能是由于干扰信息的信息量非常大，使有用信息埋没在其中，系统无法有效地识别和使用有用的信息。因此系统不是采集的信息越多越好，应尽量获取对系统有用的信息，减少干扰信息的信息量。干扰信息的干扰作用也可能是由于系统对干扰信息的识别能力有限，无法识别出哪些是干扰信息。尤其在干扰信息之间相互印证它们的重要性时，系统就更容易被干扰信息所干扰而无法作出正确地识别。因而，组织要丰富自身有关危机的经验和知识，使建立的危机预警系统具有抗干扰能力。

经过对信息的整理和分类，并对信息进行识别后，危机预警系统就拥有了一些较为全面、真实、有用的信息，此时系统就可以将这些信息转化为一些简单、直观的信号或指标，为系统进行决策做好准备。对于电子预警系统，信息主要是转化为电信号、电磁波信号、光信号或震动波信号等。对于指标性危机预警系统，信息主要是转化为各种指标。

3. 决策子系统

决策子系统的功能是根据信息加工子系统的结果（信号和指标）决定是否发出危机警报和危机警报的级别，并向警报子系统发出指令。

无论是电子预警还是指标性危机预警，在制定决策时，要决定危机预警各个级别的临界点，这些临界点的确定需要考虑各种信号或指标达到何种水平。如果信号或指标无法直接显示危机是否发生，而只是表明危机有多大的可能性发生，那么也可以根据危机发生的可能性大小确定不同危机预警级别的临界点。比如，危机发生的可能性很大就发出红色警报，表明要高度警惕危机的发生；危机有可能发生就发出黄色警报，表明要注意危机的发生。可能性大小也可以精确地用概率来表示，例如概率在 80% 以上表示危机发生的可能性大，概率在 60%—80% 之间表示危机有可能发生。在具体的决策中，系统根据信号或指标的水平判断是否达到了危机警报的临界点，达到了哪一个临界点，从而决定是否发出危机警报和危机警报的级别。

决策子系统在做出决策以后就要向警报子系统发出指令，让警报子系统知道是否发出警报、发出何种级别的警报。这就是决策子系统与警报子系统的沟通过程，与其他沟通过程一样，沟通过程要注意使信息能准确、及时地进行交流。值得注意的是，要保证两个系统信息及时准确交流。如果沟通不准确或不及时使警报系统无法发出准确、及时的警报，危机的瀑布式放大机制就会发生作用，那么危机所带来的损害要大得多。

4. 警报子系统

警报子系统的功能是向危机反应者和危机潜在受害者发出明确无误的警报，使他们采取正确的措施，这就要求警报子系统能与危机反应者和潜在受害者进行有效的沟通。

首先，警报子系统要根据危机反应者和潜在受害者的特点选择合适的警报。警报设计的要求是警报能被危机反应者和潜在受害者迅速、清楚地得知。根据这个要求，危机反应者和潜在受害者的分布情况是警报要考虑的第一个因素。如果分布的范围很广，就要采用大功率的或覆盖面广的警报装置发出警报，如防空警报、台风警报等；如果危机反应者和潜在受害者的分布局限在某个部分，可以采取针对局部的危机警报，以避免警报的范围过广而使不是潜在危机的受影响者感到恐慌或作出不必要的反应。危机反应者和潜在受害者都能理解的警报内容是选择合适警报要考虑的第二个因素。根据危机反应者和潜在受害者的文化水平和心理特点决定所要获取的警报，使警报能被他们清楚地理解。警报一般要简单明了，具有很强的感官刺激效应。但大部分情况是多种警报形式的综合使用，以加强警报的效果。

其次，对危机反应者和潜在受害者进行教育或培训使他们理解警报的内容。大多数情况下，危机反应者和潜在受害者尤其是潜在受害者对警报所代表的含义只有大概的了解，这有时会导致他们对危机反应的迟钝。因此需要对危机反应者和潜在受害者进行教育或培训，使他们准确地理解危机警报的含义。对危机反应者和潜在受害者进行教育或培训的方式可以根据实际情况的不同而有所不同，针对不同的受众可以采取不同的方法。

5. 咨询子系统

在各种突发公共事件和潜在危机面前，要充分发挥专家咨询的作用，保证政府决策的科学性。这是由公共危机预警涉及领域的复杂性、广泛性和专业性决定的。正所谓术业有专攻，哪个领域出现问题了，就需要哪个领域的专家发挥作用。加强公共危机的智囊团建设，定期进行信息沟通，提供与危机有关的研究报告，提供科学预案，提出危机处置的意见和建议。

总体来看，公共危机预警系统的工作流程为：信息收集子系统（信息收集）→信息加工子系统（风险识别、预测）→决策子系统（风险评级、发出指令）→警报子系统（危机警戒、报警），咨询子系统根据管理工作需要，在预警系统工作的全过程提供专业和技术支持、提出意见和建议。

（四）公共危机预警系统易出现的问题[①]

1. 危机预警系统设计上的缺陷

危机预警系统设计上的缺陷主要表现在三个方面：一是某些危机信号没有被设计为系统的感应信号，但是这些信号确实是危机发生的强烈信号。一方面可能是因为在建立系统时忽略、忽视、不存在这些信号，没有将这些信号作为感应信号；另一方面是随着环境的变化，部分一般信号转化成重要信号，系统没有进行及时的更新，系统也就不能感应这部分信号。前者可以称为系统设计的静态缺陷，后者可以称为系统设计的动态缺陷。二是系统本身的运行问题，使系统感应到危机信号时无法或者不能及时发出危机警报。三是预警系统本身容易发生故障，使系统出现部分瘫痪或者完全瘫痪。这可能是由于采用价格低廉或者技术水平低的设备或软件造成，也可能是系统受到人为因素的破坏，使预警系统无法发出警报。

---

① 肖鹏军. 公共危机管理导论 [M]. 北京：中国人民大学出版社，2006.

2. 对危机预警的激励不足

危机预警激励不足主要是指对预警系统中的工作人员的激励不足。危机预警系统由工作人员操作保证其运行，激励不足会导致部分工作人员或部门消极怠工，缺乏广泛收集信息的积极性，降低预警系统中相关设备的维护频率，进而影响预警系统的有效运转。

3. 信息传递过程中出现的障碍

信息传递障碍体现在三个方面：在层级制结构中，由于信息经过多环节的传递，很容易造成信息失真和信息延误；由于危机信息沟通渠道的低效率，造成信息传递受阻；由于信息传递系统不稳定或者是资源不足，存在危机信息传递不及时、不准确的问题。

4. 危机评估准确性不高

在危机评估过程中，由于历史数据不完整、不准确，使危机评估的效果大打折扣。由于对收集到的各种信息的整理不到位，使一些虚假信息被当作真实信息作为评估依据，而一些真实的信息却被当作虚假信息惨遭筛除，严重影响了评估的准确性。在采用专家意见法的过程中，由于对专家资格的审查不严格，致使专家队伍良莠不齐，影响专家小组的整体水平；同时，各位专家判断的客观性也有待商榷，可能会影响评估结果。

5. 危机预报不及时

在许多情况下，危机预报的不及时源于危机评估的低效率。系统面对众多的信息，无法确认哪些是真实信息，哪些是虚假信息，哪些是关键信息，哪些是一般信息，因此，在对潜在的危机作出判断的时候，往往表现得犹豫不决、瞻前顾后，要等到危机诱因非常明显的时候，才对潜在危机予以确认，发出危机预报。而此时，往往已经到了燃眉之急的时候，不利于危机预控工作的开展。

6. 对危机信息不予重视，对危机预报反应迟钝

对于从基层传递来的各种危机信息，可能会出现领导层和危机管

理小组不予重视或缺乏必要的敏感性的情况，他们认为危机无关紧要而置之不理，等到危机爆发，才悔之晚矣。

（五）保证公共危机预警系统有效运行的注意事项[①]

公共危机预警是个牵一发而动全身的重要问题，预警工作做得好，可以将公共危机可能带来的损失降到最小；预警工作做得不好，或者说预警失当，则很可能造成更大的损失，因此，必须高度重视预警工作，高度重视预警工作的每一个环节。影响预警效果的因素有很多，如预警系统的可靠性、信息的清晰度、信息的连贯性、信息的频率、信息源的权威性、过去预警的权威性、危机或者灾难发生的频率等。要提高突发事件预警的效率，必须注意以下几点。

1. 要经常对公共危机预警系统的可靠性进行评估

要根据公共危机发生的实际情况，随时纠正预警系统设计中存在的问题，避免因设计不完善而引发反应迟缓或反应过激。要加强对系统的维护，避免出现系统故障。为此，要建立对系统的定期检查制度，并为系统的维护做好必要的物资储备。

2. 要避免发出错误的警报

如果经常发出错误的警报，就会大大降低警报的可信度，人们甚至会对发出的正确警报产生怀疑，出现麻木现象。这就像我们常说的"狼来了"的故事一样，常常说狼来了，结果狼真的来了，人们反而没有防备了。因此，防止发出错误的警报，对于保证预警的功效至关重要。导致发出错误信号的原因有很多，有可能是由于公共危机预警系统本身，也可能是由于系统没有根据环境的变化及时更新，也可能是由于人为忽略所致等。在出现错误预警时，要及时对预警系统、整个预警机制加以检查，以发现问题、及时加以纠正。

---

① 肖鹏军. 公共危机管理导论[M]. 北京：中国人民大学出版社，2006.

3. 预警信号必须简单明确

模糊的信号往往容易引发混乱，或出现对模糊的信号麻木，或者是反应过激，因此，发出的预警信息必须言简意赅、直截了当、十分确凿。精确的行话和专业的术语要变成简单、朴实、明确的大众语言。预警要传达以下内容：消息的来源、日期和时间，紧急区域所在地，威胁的性质，威胁可能造成的危害，威胁可能持续的时间，威胁冲击的程度，在可能的危情区中需要采取的基本措施。这些内容要不断重复，要让每一个公民都能注意到每个细节，了解其确切的含义。

4. 要提高个人的预警信号的接收能力

由于公共危机的发生带有偶然性，而人们大部分时间生活在正常状态下，在预警警报发出后，常常要问危机真的来临了吗？怀疑警报的可信度，并等待更多的信号以证实危机，从而贻误了预防危机的最佳时机。因此，在平时必须加强人们对突发事件的防范意识。传统文化常常教育人们要稳重、谦虚，遇到事情就迅速作出反应常被看作是不沉稳的表现，随着时代的发展，人们的观念也应相应地转变。因此，提高个人的预警信号接收能力，还要克服个别传统文化思维，在追求沉稳的同时，鼓励人们果断做出决策。提高个人预警能力还有一个最重要的内容，就是要让每一位公民都确切地懂得警报的含义。如果不懂得确切含义，警报的发出也就毫无意义。比如，在1988年英国的克拉彭铁路事件中，伦敦紧急服务中心曾发出大量的"黄色警报"。当时的圣乔治医院的接线员也收到了"黄色警报"，但是，由于她并不了解"黄色警报"的含义，因此该医院并没有做好相应的救护准备，导致大量伤员不能得到及时的救治。又如，在美国安道尔发生的一次龙卷风袭击中，由于人们对龙卷风警报一无所知，因而失去了最佳的避免灾害的时机，导致严重的生命和财产的损失。这样的例子还有很多，只有让每一个人、每一个组织真正知道每一种警报的确切含义，预警警报才能发挥最大的功效。

二、公共危机治理中的预防机制

公共危机预防就是要帮助人们正确地阻止或者是避免危机的发生，对于无法阻止或者是避免的危机，"为了降低危机爆发的概率或者减少危机可能造成的伤害，所有的组织都需要为可能发生的危机提前做好准备"[1]，包括思想准备、组织准备、制度准备、物资准备和技术准备，来防止（未来可能发生的）危机扩大或升级，最大限度地减少危机造成的损失。戴维·奥斯本和特德·盖布勒指出，危机管理的目的是"使用少量钱预防，而不是花大量钱治疗"[2]。公共危机预防的重要作用在于避免发生或者减少危机造成的损失，随着公共危机发生得越来越频繁，公共危机展现出常态化的特征，在客观上对公共危机预防也提出了新要求。在公共危机治理过程中，应该重视危机监测、危机预警和危机预防等工作机制的建设与完善，以适应当下危机常态化的特征，并且把它们作为公共危机治理的重点内容。

（一）公共危机预防的类型 [3]

1. 事先预防

事先预防的工作内容主要是通过分析监控地点的相关信息，看以前发生同类危机的条件是否存在，判断同类危机发生的概率大小，提前采取积极的措施来阻止或者避免危机的发生。如果调查监控地点的相关的信息资料后，发现存在相同情况，即危机已有了征兆，那么就应该积极采取措施来消除或者削弱这些条件继续存在和发展的基础。事先预防是通过判断危机发生的概率大小来预先防范或化解可能发生

---

[1] 张小明. 公共部门危机管理 [M].3 版. 北京：中国人民大学出版社，2017.
[2] 戴维·奥斯本，特德·盖布勒. 改革政府：企业家精神如何改革着公共部门 [M]. 周敦仁，汤小维，寿进文，等译. 上海：上海译文出版社，1996.
[3] 肖鹏军. 公共危机管理导论 [M]. 北京：中国人民大学出版社，2006.

的危机。例如，对比较容易判定的技术灾难，可以通过安全管理和生产等各项规章制度及法律的督促和落实来防范，如定期或者不定期的检查监督等。对于爆炸或投毒，可以通过严格的爆炸品和毒药等管理制度来降低危机发生的概率。至于毒酒和毒大米等有害食物，则应强化食品安全检查，可以降低此类危机发生的概率。

2. 预见预防

公共危机的预见预防是最难的。尤其是人为因素造成的公共危机，往往具有非常大的不确定性，社会矛盾的产生、积累和激化往往是一个比较长的时间过程，因此从宏观上掌握社会经济发展的趋势和动态，在微观上注意细微的端倪，在体制机制上建立公共危机信息的共享，能够给危机的预见提供很好的前提条件。伴随着大数据时代的到来，数据的组织形式变得越来越复杂，除了包含传统的关系型数据库中的数据，大数据的数据格式还包括非结构化的社交网络社交数据、监控产生的视频音频数据、传感器数据、交通数据、互联网文本数据等各种复杂的数据，将采集的数据进行分类储存以供危机治理主体运用各类统计方法将汇总上来的数据分析处理达到可视化的效果。有效利用大数据，可从中挖掘有效可靠的信息为危机预见预防服务，为危机治理服务。

3. 再发预防

"勿以善小而不为"是公共危机再发预防的基本精神，这里的"善"不是善恶的"善"，而是改善的"善"。不要忽视危机治理过程中小的改善，往往一点点的改善就能使危机消失殆尽。公共危机再发预防就是在危机发生过后，针对其发生的原因采取相应的预防措施，消除危机再度发生的条件，以防止同样的危机事件重复发生。在公共危机发生后，为了保证下次不会发生类似的危机，需要按照一定的步骤来展开再发预防工作。在危机发生后，首先，应立刻采取措施，使危机处于受控状态。其次，采集、整理、录入数据，分析产生危机的原因。再次，依据原因来制定具体措施，以防止危机的再次发生，即使不能阻止危机再次发生，也要采取相应措施使危机造成的伤害最小化。最后，要将危机防范的有效措施标准化，进行常态化考核。这样，一个再发预防的过程才算结束。在不断地进行危机治理的过程中，每经历再发预防的一个循环，危机治理的水平就会提高一步。再发预防的一轮循环可能只是解决了危机的一部分，在治理危机的过程中可能还会衍生出新的问题，因此必须不断地进行再发预防工作。例如，2020年是我国自1998年以来汛情最严重的一年，多地降雨量超历史纪录，多个流域发生流域性大洪水和较大洪水。特别是7月份，长江、淮河流域连续遭遇5轮强降雨袭击，长江流域平均降雨量较往年同期偏多58.8%，为1961年以来同期最多，长江发生3次编号洪水；淮河流域平均降雨量较往年同期偏多33%。数据显示，截至2020年9月5日，2020年洪涝灾害造成全国28个省份、7098.4万人次受灾，比近5年同期均值上升17.6%。与此同时，因灾死亡、失踪人数和倒塌房屋数量较近5年均值分别下降52.7%和57.8%。灾害损失的减少，与危机再发预防是密不可分的。政府部门、居民等治理主体有处理相关危机的经验和在危机情况下的行为规范，是防治危机的重要财富。

（二）公共危机预防的过程[①]

随着公共危机出现常态化的特征，危机预防机制建设也应该进入一个新的阶段，预防与应急相结合，常态化与非常态化相结合，才可以做到防患于未然。最好的公共危机管理不是危机形成和发生以后的干预，而是在此之前排除可能导致危机的各种可能性，从根本上防止危机的形成与发生。在危机预防过程中要坚持以将危机损失降到最小为目的，要随时注意环境的发展确保预防体系的关联性和整体性，要

---

① 肖鹏军. 公共危机管理导论[M]. 北京：中国人民大学出版社，2006.

将危机预防放入危机治理的大系统内以实现系统的整体性[①]。

危机的预防过程首先就是要对管理范围内的政治、经济、社会、自然等环境进行评估。其次，就像预防火灾要找到最危险的可燃物一样，找出可能导致危机的关键因子，并尽可能提前加以预警。最后，通过对危机的提前预控以防止危机的发生，或者减轻危机发生后的危害。

1. 公共危机监测

公共危机监测系统的职能是通过对危机诱因、危机征兆的严密观察，收集整理反映危机迹象的各种信息和信号[②]。危机预防的首要环节就是危机监测，从某种程度来说，危机监测在降低危机发生概率和减小危机灾害性方面的作用甚至大于对危机的应急和救治。因此，需要有专业的部门定期或者不定期来对危机事件的信息和信号进行监测，对已经积聚一定的能量，即将发生的危机，要通过预警来加强防范措施，以防止危机的发生。在当今世界，危机监测需要充分发挥高科技的作用，利用监控技术、通信技术、卫星遥感技术等对事物进行动态监测。监测的作用主要是发现危机的存在，为防范危机提供依据。由于引发危机的原因不同，监测的手段、措施也不一样。

对自然因素以及自然因素与人为因素交互作用可能引发的公共危机，危机管理的监测主要是通过观测仪器、装备和技术获取有关灾害资料数据，来满足对各种自然灾害和其他公共危机的分析、判断、预报、统计、科研、管理等工作的需要。同时根据监测情况，结合灾害发生的历史规律进行综合分析，对灾害发生的可能性、强度、范围作出评估，并将评估结论告知社会公众，以增强公众的危机意识并使其及时做好防范准备。例如对洪水的监测，就是通过对卫星云图的跟踪

---

① 黄宏纯. 突发事件全面应急管理 [M]. 北京：北京理工大学出版社，2018.
② 赵平则. 危机管理 [M]. 太原：山西人民出版社，2005.

分析，结合洪水发生的历史规律对洪水的水位作出评估，并将评估结论及时告知社会公众。

对人为因素可能引发的危机，公共危机管理的监测主要是通过对社会现象的分析、调查，对社会经济发展过程中出现的突出问题和矛盾进行综合归纳，结合人类社会在把握社会发展的一般规律的基础上得出的一些基本理论，对这些矛盾和问题能否造成危机事件，以及造成危机事件的时间、规模、强度进行评估，并根据评估结论警示有关组织或者个人。例如因贫富差距引起的社会冲突，监测部门可以通过对反映贫富差距的两个测试指标——基尼系数和恩格尔系数进行调查对比，若发现一个国家或者地区的贫富差距比较大，就有必要警示决策机构，通过采取相应措施来预防危机发生。

2. 公共危机预警

公共危机预警是相关部门通过各种危机监测，针对即将发生或者已经发生的危机，为了减少其发生的突然性和意外性，避免公共危机管理者面对危机时出现被动和无准备状况，向危机相关者发出警报的措施。这是建立在对危机常态化监测基础上的。

危机预警是通过获取预警信息、评估预警信息、上报预警信息和决策者的预警反应等一系列活动来实现的。一是获取预警信息，危机管理相关机构应首先确定早期预警信息收集的内容。在此之后，决策者或危机管理机构还需要为落实早期预警信息提供某些实际的资源配置问题，如建立专门小组或重新调配现有的人员、经费、技术设施和组织形式，使现有机构兼具预警功能等。二是评估预警信息，对于获取到的早期预警信息，需要对信息进行评价和分析，才可以识别其中隐含的可能发生事件的模式。分析者首先要区分情报中的信号与噪声，将预警信息从纷杂的各类信息中分离出来。其次，分析预警信息所预报的事件类型、对决策的参考价值、预警时间、发生概率、获取的可能性、稳定性、可靠性及获取费用等。最后得出结论，对各种分析的结论进行总结,得出预测性、警示性的信息。三是上报预警信息,只有当预警信号超过了其最高警戒门槛时才能发出警报。信息收集和分析部门在上报了早期预警信息之后,无外乎是正确预报和误报。因为预警信息只是提供一种可能性,出现误报在所难免。但值得注意的一种情况是漏报,即未发警报而事件发生了。在危机预警方面出现漏报、错报等失误,常常是在基本看法方面的错误,或者未能考虑到不同地域间的差别。上报预警信息的时机也很重要,讲究恰逢其时。这个火候很难把握,只有精于专业、富有经验、极其敏感的预警信息分析人员才能做到这一点。四是决策者的预警反应,如果决策者来不及对预警信息作出必要反应,则预警是没有意义的。只有当决策者在接到预警信息后,在事件发生之前做出有效的预防或准备,才能说预警是及时而有效的。要做到这一点并不容易,因为决策者在指挥和权威链中所处的位置、预警事件的性质、特定办事机构的效率、所在的组织或国家的反应能力,以及该组织或该国有关资源的准备和可利用状况等都会影响到预警信息的有效性,都会影响到预警信息发挥作用。

3. 公共危机预控

所谓公共危机预控,是指在发现危机征兆和危机信号,并进行确认后,或在危机已经开始来临,但还没有造成巨大损失时,迅速采取措施,对危机进行及时、有效的控制,尽可能用较小的代价迅速化解危机,避免危机扩大和升级,避免危机造成大规模的人员伤亡和财产损失[①]。

预控、预防是公共危机管理的关键,危机预防是危机预控的前提和基础,危机预控是危机预防的继续和延伸。危机预控对危机预警有很大的依赖性,危机预控的实施需要危机预警提供相关的危机信息。

---

① 黄顺康. 公共危机与危机法制研究 [M]. 北京:中国检察出版社,2006.

相应地，危机预警最终需要危机预控发挥作用。"凡事预则立，不预则废"，对于不同原因引发的公共危机事件，在预控、预防时所采取的手段、措施也是不同的。对由于自然因素引发的危机事件，主要是采取一些直接的控制或者防范措施，如对洪水的预控、预防，就是采取加固堤岸等直接针对管理对象的措施。对于人为因素引发的危机事件，主要是采取一些间接的控制或者防范措施，如对贫富差距的预控、预防，主要是通过政策调整等间接调控手段来实现。对自然因素与人为因素交互作用引发的危机事件，则是直接控制与间接调控相结合，如对传染病的预控、预防，找到病因、研发出特效药、配备相关的医疗设备，是针对危机形成的原因采取的直接控制措施；而疏散人群、防止人群聚集、进行隔离，是间接防控的措施。

建立危机预控机制，一要建立高效的能够执行预控任务的危机管理机构。在建设危机管理机构时，要充分考虑这些机构的快速反应能力，使他们具有迅速控制危机的各种手段，以便他们能够随时执行危机预控任务。二是平时要为危机预控做好充分的准备。危机预控能否发挥有效作用，平时的准备至关重要，首先，要针对各种可能发生的公共危机制订出各种基本的预控方案，并按照预控方案进行反复演练。一旦危机发生，就能很快在基本的预控方案基础上制订具体的实战预控方案，这样既可以提高反应的速度，又能避免在慌乱中制订的预控方案出现致命的错误。其次，要做好技术上和物资上的充分准备。平时要针对各种可能发生的公共危机做好危机预控所需的技术准备和物资准备，危机的控制技术一定要先进，因为危机预控的主要任务就是控制危机，把危机消灭在萌芽状态。再次，建立准确、高效的危机预警机制，只有准确的危机预警，才能够为危机预控留出足够的空间。三是把危机预控纳入法治轨道。要建立一套相关的法律和制度，使危机预控能够依法实施。四是加强危机预控的理论研究。不断总结有关危机预控的成功案例和失败案例，不断改进和完善危机预控方案,不断地培养和锻炼危机管理队伍①。

(三)公共危机预防的基本策略②

公共危机预防的职能在于提前对可能引起危机的各种诱因采取措施,或对难以避免的危机做好准备,全部或部分地清除危机爆发的诱因,尽最大可能避免危机爆发或者减轻危机爆发后的危害程度。对于不同种类的潜在危机,危机预防可以从以下几种策略中选择一种最适用的策略。

1. 排除策略

部分危机产生的诱因属于可控制因素,如果管理得当,完全可以通过在危机产生之前清除这些诱因,避免危机的爆发。排除策略是最理想的危机预控策略,可以完全消除潜在危机的危害。排除策略的主要措施有:①远离危险源。远离危险源可以降低危机发生的概率,避免危机发生。②实施零缺陷管理。追求零缺陷、努力提高工作标准是排除危机的有效手段。制度不完善、要求不严格、无章可循、有章不循等原因所形成的管理不善是许多危机发生的根源。而零缺陷管理则致力于消除管理的各种弊端,要求管理者和员工都以将自己的事情做好、争取达到零缺陷为目标,有助于避免众多因内部管理不善而引发的危机。③设计良好的防范机制。将可能引发某种危机的诱因逐一列出,并针对不同的诱因有针对性地设计相应的防范措施,将危机诱因分别予以清除,从而达到排除危机的目的。④防微杜渐,防患于未然。"千里之堤,毁于蚁穴。"在很多情况下,如果忽视小问题或小错误,不及时予以解决,小问题或小错误往往会成为导火索,引发一场大危机。如果对小问题或小错误予以足够的重视,注意防微杜渐,则能够有效地避免危机的发生。

---

① 黄顺康. 公共危机与危机法制研究 [M]. 北京:中国检察出版社,2006.
② 肖鹏军. 公共危机管理导论 [M]. 北京:中国人民大学出版社,2006.

2. 缓解策略

缓解策略是指在危机诱因不能完全被排除的情况下，通过各种措施，将危机诱因控制在一定的限度和范围之内，尽可能减轻危机发生后的直接危害程度，使危机的长期影响降到最小。在建筑物内设置防火墙，就是缓解策略的典型运用。由于难以做到完全排除火灾发生的隐患，因此在一幢大的建筑物内，通过使用防火材料砌墙，将整幢建筑物分隔为若干个独立的空间。一旦发生火灾，由于防火墙的分隔，火灾被控制在较小的空间范围内，可以减轻火灾所造成的损失。

3. 风险转移策略

如果危机诱因无法排除或者缓解，或者危机诱因的排除或缓解具有不经济性，可以采取转移策略，将自身所面临的相应风险转移给其他机构或个人承担。转移策略的常见实施途径通常有以下几种。①保险。引发危机的风险可以通过保险来实现转移。通常可以通过保险进行转移的危机风险必须具备以下特性：第一，该风险只有损失的可能而无获利机会；第二，该风险并非故意行为所致；第三，该风险具有偶然性，可能发生，也可能不发生，发生的时间、地点、损失程度等无法确切知道；第四，该风险一旦发生，带来的损失重大，且损失可以客观衡量。②责任免除协议。许多医院在对病人进行手术之前，往往需要病人家属签字，以保证一旦由于意外或现代医学水平的限制而出现问题时医院或医生不承担责任。这种病人家属签字的做法，实质上具有责任免除协议的性质，通过履行这一手续，医院将手术可能造成的危险后果转由病人及其家属承担。

4. 防备策略

所谓有备无患，对于那些无法排除、缓解或转移的危机诱因，为了减少危机发生后的危害，有效的措施是为危机的发生提前做好准备。一方面从危机教育入手对危机的爆发进行防备，另一方面从构建危机治理组织结构入手对危机的爆发进行防备。值得注意的是，对于那些不可抗力引发的危机而言，防备策略十分有效。

5. 减少策略

有的危机可以回避，有的不可回避；有的可以转移，有的不可转移，或者只能部分转移；有些风险通过回避或转移是有利的，有些则是不经济的。对那些无法回避转移，或者转移不经济的危机，就要接受，提前采取有力措施，降低危机发生的概率，减少损失。

（1）努力消除或减少危机风险源

要消除危机的风险源，重点要针对不同类型的突发事件，采取有针对性的预防性措施，尽量抑制住风险源或将风险消灭在萌芽状态。

（2）改变或改善环境

任何危机的发生，都是在一定的环境中形成的。环境有自然环境和人造环境两个方面。对自然环境，人们在短期内难以施加影响，但是在一个较长时间里，还是能够改善自然环境的，对于无法在短期内改变的自然环境，也可以采取规避的办法。人造环境由于受经济效益、设计者水平和考虑不周等因素的影响，在引发危机时，就要以全局的、长远的、科学的、客观的态度来决策。

（3）避免发生连锁反应

危机风险的大小与环境关系密切。一般说来，所发生的危机与周围环境关联性越大，风险扩散的危险也会越大；反之，所发生危机与周围环境关联性不大，危机扩散的风险就会相对较小。因此，在进行对危机的预防时，要高度重视周围环境，要尽可能降低危机与周围环境之间的关联性，以避免发生连锁反应。比如，在运输石油时，就需要对运输路线进行提前规划，防止在发生石油泄漏时，产生更加严重的危机。唯有尽可能减少危机风险的关联性，才能将危机的风险降到最低的限度[1]。

---

[1] 周忠伟，丁建荣. 公共危机安全管理 [M]. 北京：中国人民公安大学出版社，2018.

三、公共危机治理中的预案

（一）公共危机管理预案的概念

1. 公共危机管理预案的含义

公共危机管理预案是针对可能的重大事件或灾害，在对事件或灾害进行风险评估和对自身应急能力进行分析的基础上，由政府或组织预先制订的全部行动的方案，包括在预防与应急准备、监测与预警、应急处置与救援，事后恢复与重建等方面所做的具体安排。简言之，它是预先制订的突发事件的处置方案。公共危机管理预案是用来解决突发事件过程中，谁来做、怎样做、做什么、何时做、用什么资源做的问题的[①]。

2. 公共危机管理预案的类型[②]

（1）危机管理的总体预案

危机管理的总体预案，即从总体上对危机处理的原则、机构、程序、应急指挥、应急防范、应急保障的体系建设做出规定，为不同危机类型的单项预案的编制提供依据。如《上海市灾害事故紧急处置总体预案》就对上海市减灾领导小组及其办公室的职能，不同等级灾害事故发生时不同层次应急指挥部的开设、启动程序，以及应急指挥、应急保障、应急防范等做出了规定。

（2）危机管理的单项预案

危机管理的单项预案，即就某一种类的危机发生时的指挥机构、处理程序等做出规定。如地震属于涉及面广、危害后果严重的灾害危机，世界许多国家，特别是多地震的国家，都非常重视对地震应急预案的研究。日本于1971年制定了《大规模城市震灾对策推进纲要》，

---

① 闪淳昌.构建社会主义和谐社会中的中国应急管理[C].2007中国科协年会专题论坛报告精选，2007：3-8.
② 参见肖鹏军.公共危机管理导论[M].北京：中国人民大学出版社，2006.

1978年颁布《大地震对策特别措施法》；美国于1989年通过《联邦政府对灾害性地震的反应计划》，且美国联邦应急管理署和各州、市政府都制订了自己的地震应急计划；我国于1991年颁发了《国内破坏性地震应急预案》，1995年颁发了《破坏性地震应急条例》，1996年颁发了《国家破坏性地震应急反应预案》。同时，在我国1997年颁布的《中华人民共和国防震减灾法》中规定，破坏性地震应急预案应当主要包括下列内容：应急机构的组成和职责，应急通信保障，抢险救援人员的组织和资金、物资的准备，应急、救助装备的准备，灾害评估准备及应急行动方案。

3. 公共危机管理预案的内容

公共危机管理预案是风险发生后计划采用哪些风险资源来应对紧急事态、危机或灾难的办法，是提前做好的备用方案。对潜在风险清单上的任意一项风险，一旦决定应对的话，应急预案中就必须有与其对应的那部分内容。潜在风险和风险资源是"矛和盾"的关系，如果把潜在风险看成活动风险管理中的负能量，那么风险资源就是可以与之相对冲的正能量。应急预案的内容，就是设法在潜在风险与风险资源之间实现匹配。制订应急预案的过程，是从风险评估开始，到风险资源评估，再到调查研究（包括对目的地方、场馆方的调查研究），然后指定专人（或团队）起草应急预案，演练和修订应急预案的过程。

通常一个危机预案中应该包括的内容要点如下：①总则。主要说明预案编制的目的、依据、适用范围、管理原则，以及预案应对的危机分类和预案体系，从总体上规定公共危机预案的基本依据。②组织体系及职责。主要说明应急管理的组织架构，包括领导机构、办事机构、执行机构、地方机构、专家组的基本组成和职能。③运行机制。主要说明危机管理的主要程序，包括监测、预警、应急响应和处置、善后恢复、信息报告等主要环节。④保障措施。主要是要求有关部门按照职责分工，根据总体预案做好应对突发公共事件的人力、物力、财力、交通运输、医疗卫生、通信保障、治安维护、人员保护、科技保障等工作，保证应急救援工作的需要和受灾受害群众的基本生活，以及恢复重建工作的顺利进行。⑤监督管理。主要是要求对各部门、各单位或各社区根据预案进行应急演练、宣传与培训，并制订和执行好应急管理与奖惩办法。⑥附则。对未尽事宜或变动情况作出说明。但具体来说，对于不同类型的预案，其要求各有侧重。

4. 公共危机管理预案制订的原则[①]

危机管理预案制订的目的在于促进或阻止某种事物或事件的发生，并在某种事物或事件发生后，开发利用环境或弥补环境带来的不利条件。因此，预案的制订需要遵循以下几方面的原则。

①完整性。制订预案必须对涉及危机处理的所有方面和所有工作内容等进行完整的安排，包括危机处理的目标、为实现既定目标而进行的所有工作安排等。②预见性。危机处理预案不可能预见到危机事件的具体时间、地点、规模、伤亡的具体人数等。但是，预案必须在以下方面体现它的预见性，有助于提升组织对危机的预见能力并有利于组织的有效处理，如本地区不同种类危机事件的性质和大概原因、危机可能发展的方向、不同级别危机事件可能动用的资源、可采取的措施等。③主动性。危机处理预案中的所有措施都应该具有主动的和较强的进攻性策略，而不是防御性措施。④可操作性。所有措施都要结合环境及资源的实际，具备完全的可操作性。预案中的文字要简单、易懂，必要时采用标志或图案等。⑤时间性。对危机事件中的伤员和财产的抢救，是以小时、分钟甚至是秒来计算的，因此要对危机处理的每一个步骤的时间要求和策略要求做出精心安排。

---

① 肖鹏军. 公共危机管理导论 [M]. 北京：中国人民大学出版社，2006.

（二）公共危机管理预案的要点[①]

1. 确定危机的等级

预案不能设定某危机事件在何时、何地发生，但是，预案可以假设某一类型的危机事件的发生，并对这一假设事件进行等级设定，划分危机的等级，目的是有效利用资源。政府的资源总是有限的，不能不分轻重缓急地动用资源来进行危机管理。要避免资源浪费。把低度紧急情况当高度紧急情况处理，就浪费了应急的资源和能力。如果出现这种情况，就可能会导致"狼来了"的后果。当"狼"真的来了的时候，由于资源和能力不足会引发更大的公共危机。因此，通过划分公共危机的等级来决定采取何种方案，是非常必要的，也是合理的。

划分危机等级的优点还在于，为危机处理保留了一定弹性。当公共危机发生时，如果应对不及时，危机便有可能扩大升级。但是在危机升级扩大的时候，应急方案也可以随之升级。如果本地的资源和能力随着事态发展已经不足以应付，则更高层的协调及更多的外地资源和支持就能够强化应急能力。公共危机大致可以分为四级：一般危机情况、低度危机情况、高度危机情况、重大危机情况。

（1）一般危机情况

一般危机情况，是指事件或灾难范围小、损失小、影响小，本区域范围内的应急处理机构就足以应对而无需外来协助的情况。发生这一等级的危机情况，需及时向上一级危机应对机构报告，以备万一危机等级提高而需要及时的资源协助。在美国，日常遭遇的一般灾难性的紧急事件，通常以地方政府为主来处理。其他国家也基本采用这一模式。因此，救援工作分散给各种官方与民间组织以及志愿者等。由于范围小，彼此熟悉默契，这些工作的分工及相关救援资源的分配，较少出现混淆不清的情况。

[①] 肖鹏军. 公共危机管理导论 [M]. 北京：中国人民大学出版社，2006.

(2) 低度危机情况

低度危机情况下的危机范围比较大，损失比较大，影响也比较大，本地的应急处理机构难以妥善处理，需要省级政府和危机处理机构协调外地的资源来支援协助。这一等级的危机情况，需要在报告地市应急机构的同时，也报告省级紧急处理机构。

(3) 高度危机情况

高度危机情况的范围大、损失大、影响大，本地应急救援能力远远不够，需要更多的高层协调，调用外省区或本地更多政府及民间资源来救援处理，有时甚至可能需要中央政府出面调度资源来救援处理。此时，需要直接报告中央政府的紧急情况处理机构。

(4) 重大危机情况

重大危机情况危害更大范围内的生命和财产的公共安全，甚至对社会经济造成重大影响。需要更多的省区政府和中央政府的救援支持协助。

2. 确定目标与任务

对设定某一等级的危机的处理进行目标细分与明确。包括：确定处理的总目标，总目标下的细分目标，细分目标的领域确定，关键目标及领域的确定，可供选择的多种目标方案，选择与确定目标，规定欲达到的效果等。

3. 明确方案执行规划

制定实现目标的一系列行动规划，明确参与部门的目标（任务分配）、职责及其性质与范围；明确执行计划的具体方法或方法体系等；制定纪律、颁布法令，以确保目标实施等。

4. 确定预算范围

主要包括：该等级危机事件处理工作的内容（包括现场、支援系统、救援系统等）及人员分配与调动；该等级事件处理过程特别是现场部分可能动用的物资装备；计算每一行动需要的时间及完成目标所需的时间总量；灾后重建所需的大概资金等。

（三）制订公共危机管理预案应注意的问题[①]

预案的好坏将直接关系到危机应对和恢复的成功与否。因此、在制订计划时，必须做到科学、合理、可行，为此，应该注意以下几个问题。

（1）预案要有弹性

危机管理预案旨在提供对付一般危机的通用方法，而并非一个危机管理的完全手册，它难以穷尽所有危机，也难以穷尽危机的所有细节。危机管理预案的条款不能规定得太死，应有较强的灵活性。只要能有效地确定危机管理的原则、程序、资源保证、分工关系，就能够在危机爆发时，采取有效的方法处理。

（2）制订不同的危机处理备选方案

不是所有的危机处理对策都能成功，因此在制订危机处理方案时，要有一些备用方案。当第一方案失效或不适用时，紧接着实施第二方案，以此类推。此时，排定不同方案的优先次序至关重要，应将适用效果较好或适用范围较大的方案排在前面。

（3）充分利用外部资源

在制订危机管理预案时，既要注重对内部资源的利用，也要注重对外部资源的利用。在危机处理中，尤其要注重发挥外部专家的作用，这些外部专家包括行业技术专家、学者、媒体精英等。外部专家的介入，不但能改善危机管理小组的知识结构，弥补危机管理人才不足的缺陷，而且有助于提高政府在危机处理中的公信力，使社会公众相信政府在危机处理中不会损害他们的利益。

---

① 肖鹏军.公共危机管理导论[M].北京：中国人民大学出版社，2006.

(4) 预案应避轻就重

有时候可能同时爆发几种危机，为避免多种危机并发时的混乱，应根据危机管理预案中提出的排序标准及危机爆发后的实际情况，首先确定并解决主要问题。

(5) 信息要全面

要在全面、系统了解危机信息的基础上制订预案。预案是否科学合理有效，一个重要的基础就是预案是否考虑了产生突发事件的各种要素以及突发事件发生时的各种情况。如果对预案的有关信息了解不全面、不系统，势必影响预案的科学性。因此，在制订预案时，不仅要考虑影响突发事件的各个变量，可能受突发事件影响的地区、单位、个人等情况，还要研究预测环境变化后该地区、该单位以及个人环境将发生什么样的变化，信息必须始终保持及时、客观、全面、真实、稳定、连续、完整，只有全面系统地了解了突发事件的各种信息，周密地考虑了与突发事件相关的各种要素，才可能科学、合理、有效地进行危机管理。

(6) 权变性预案与部分性预案相结合

要把权变性预案与部分性预案结合起来，相互补充。权变性预案是全面考虑对付不同危机情况下应采取的不同行动方案。权变性预案的优点在于，它充分考虑了每一类危机的各种可能情况，对每一种情况都提出了相应的处理办法，适用范围比较广。但是，它的缺点是预案拟订起来比较复杂，不是很简明。部分性预案则侧重于在某一种危机中对那些事先可以确定的情况制订预案，部分性预案的优点在于，它比较明确、具体、简明，对首要事项规定得比较详细，操作性比较强。当然，部分性预案也有不足，最突出的表现是缺乏灵活性，不能区分不同情况采取不同的措施，容易导致反应过度或者反应过轻。因此，在制订预案时，应将两种预案结合起来，使之相互补充、相得益彰，既保证可操作性，又保持灵活性。

（7）预案要不断修改调整

要高度重视预案的修改调整工作。促使预案修改的因素有很多，最重要的因素有两个：第一，在对预案应对和恢复计划的演练过程中，发现预案存在的问题，或者通过实践说明预案计划的一些方面不能符合实际，还有许多地方需要修改。第二，环境不断变化引发预案变量的变化，也可能造成人类应对危机事件的能力发生变化，预案需要适应环境发生的变化，以及由环境变化引起的危机本身和应对能力的变化，应及时作出调整。

四、大数据时代的公共危机治理

随着现阶段计算机全面融入社会生活，信息量的爆炸式增长引起了信息形态的变化，以天文学和基因学为代表的最先经历信息爆炸的学科，衍生出了"大数据"概念。目前，业界对大数据的概念及"大小"界定不统一，一般认为大数据是指数量级达到"太字节"并且超过传统工具可以测量、存储和分析的数据。大数据的特点也是大数据本质上区别于传统数据挖掘技术的原因之一。大数据时代的到来既给我国公共危机治理带来了新的挑战，也带来了新的机遇，将大数据技术与思想有效地运用在公共危机治理的变革中，为完善我国公共危机治理提供了新的发展方向。例如，利用大数据对地震灾害进行预防，中国地震局在全国范围内建立了147个国家测震站，1206个区域测震站；37个国家重力站，2个区域重力站；108个国家倾斜站，126个区域倾斜站；113个国家应变站，124个区域应变站；13个国家GPS站，15个区域GPS站；50个国家地电阻率站，27个区域地电阻率站；73个国家地电场站，35个区域地电场站；96个国家地磁站，72个区域地磁站；129个国家水位站，373个区域水位站；118个国家水位站，274个区域水位站；104个国家测氡站，169个区域测氡站；49个国家测汞站，29个区域测汞站。总计国家站共有1037个，区域站共有2452个，全国所有站点共有3489个。通过从监测站采集的数据，将海量数据中的各种类型和特点的数据进行处理，从而得到适合分析和挖掘的数据。对这些数据使用多种算法从中挖掘到很多依靠传统方法不容易被人们发现的有用信息。大数据的可视化分析结果方便被人们理解和观察，使相关人员直观地看到结果的变化规律和特点。大数据技术对海量数据的分析和挖掘结果具有较高的精确性和实效性，根据这些信息预见未来某个时间段内可能会发生地震，判断哪些地区将来可能发生地震，以此提前做好防御措施，减少人员和经济等多方面的损失[①]。

（一）大数据在我国公共危机治理中的应用

对大数据时代下的海量信息进行数据挖掘与分析，为我国公共危机治理的应急准备机制变革完善带来了新的机遇，大数据理念与技术的应用为不同类型的公共危机应急准备、应对与恢复工作都提供了便利。

1. 大数据在自然灾害类危机管理中的应用

在自然灾害预警中，通过挖掘与分析历史自然灾害与现实数据，实现了对部分自然灾害的预警与信息的及时发布。以气象预警和地震预警为例，气象部门是典型的"大数据"部门。当前，我国通过高分辨数值预报模式、卫星监测和全天雷达探测等形式收集气象数据，实现了天气预报的精确化和准确化。在地震预警中，通过第一时间向公众发布预警信息，节省了公众从地震发生到避险的有效反应时间，从而大量减少人员伤亡。成都高新减灾研究所整合汶川地震余震资源，开发了QuakeSolutionTM地震预警系统，并已经实现地震预警120多

---

① 霍雨佳，周若平，钱晖中. 大数据科学[M]. 成都：电子科技大学出版社，2017.

次。在日本,加强科学技术在应急管理中的作用,通过手机搭载的地震预警软件,民众可在第一时间接收地震预警信息。

在自然灾害的处置阶段,运用大数据对自然灾害发生区域的人群规模进行评估,从而有效地分析出受灾人群的分布,制订合理的救援计划,规划救援路线,明确物资需求,最大限度减小灾害所带来的影响。以海地地震救援为例,国内学者通过对基站进行观测,对海地地震后的受灾人群进行了定位,并将数据免费提供给国际救援机构,对于不了解当地人群分布及区域特征的海外救援机构来说,这份数据为实现救援行动的高效化和准确化提供了有力支撑。

大数据也为自然灾害灾后重建与恢复带来了机遇。对人、信息、知识和技术通过网络平台进行整合,对灾后人们在网络寻亲、进行线上心理咨询等都发挥着很大的作用。同时,对救灾物资的需求信息的发布以及救灾物资的使用进行监督都可以在网络平台实现,为灾后重建整合人力、物力资源,调动社会力量参与重建工作,发挥社会力量的积极性、主动性和创造性。

2. 大数据在事故灾难类危机管理中的应用

在事故灾难预警中,大数据通过整合各类事故数据,挖掘事故灾难发生规律,从而及时采取措施减少灾害损失。如通过对交通事故数据挖掘,分析确定事故高发路段和高发时段,从而加大监控检查力度,减少交通事故;谷歌公司研发的无人驾驶汽车,通过车载传感系统感知道路环境,自动规划行车路线并控制车辆,推动了交通新时代的到来;结合手机移动终端定位和数据采集,在景区、大型集会活动及节日活动中,实时观测人员流动方向与位置,合理控制活动区域的人员数量,防止人群拥挤踩踏事故的发生。在事故灾难事件的处置中,政府通过数据信息平台及时向社会发布客观、全面、准确的事故信息,不仅可以满足公众获知突发事件信息的需求,也可加强政府公信力,实现社会监督,规避谣言。

3. 大数据在公共卫生领域类危机管理中的应用

在公共卫生事件预警中，通过各类结构化数据（如公共卫生监测与服务活动中产生的数据），以及各类非结构化数据（如各级网络平台上的卫生数据），实现对全民健康状况的监测和传染病预警。我国当前已建设国家传染病与突发公共卫生事件网络直报系统并试运行，同时还建设了一个医疗大数据中心，每年有600多万的个案信息由全国各地上报并存储。这些数据对及时发现传染病疫情、第一时间采取措施隔离传染源起到了积极作用。在大数据时代下，人们最关注的食品安全问题也有了新的解决方法，在数据驱动下，结合互联网举报信息，政府可以准确地找到部分非法加工点。未来还可以通过汇集医疗大数据，实现远程医疗和医院之间的数据共享，从而合理利用医疗资源，建立统一的医疗数据平台。

在公共卫生事件处置中，通过网络平台进行公共卫生事件的信息公布，可以及时规避谣言、稳定民心，防止各类衍生事件的发生。同时，智慧医疗的实施可使居民实时健康数据被收集并上传，个人健康状况得到实时监测。此外，目前有学者构思利用谷歌流感预测模型来建立急诊科病人访问量模型，从而合理配备医疗资源，降低医院成本，减少病人等待时间与缓解医疗场所拥挤。

4. 大数据在社会安全领域类危机管理中的应用

在社会安全领域中，视频、图像等非结构化数据的收集与挖掘为大数据背景下政府提升社会治安水平提供了有力支撑。以大数据为基础的社会治理信息系统平台，打破了各部门间的信息壁垒，大量基础信息的输入，不仅推动了该平台的进一步完善，同时还实现了社会管理模式的创新，提升了政府监管处置突发社会安全事件的效率。自党的十八大报告提出要"加快形成党委领导、政府负责、社会协同、公众参与、法治保障的社会管理体制"以来，基于大数据分析技术的社会舆情监测系统，通过对海量网络信息的抓取、整合、检测、聚焦，实现了对网络舆情的监测,使政府了解公众诉求,化解谣言,为建立正确舆论导向起到了良好的协助作用。

大数据背景下的社会安全治理更注重社会参与,并推动公民的实质性而不是象征性参与的发展。而以微博、微信为代表的社交媒体也为人们参与社会治理创新提供了多元化的渠道,政府通过各类社交媒体,实现与民众的互动沟通,在了解民意的同时也可以吸收社会公众的创造性建议,更好地服务于公共管理和公共服务。各类信息的抓取与分析也为网络恐怖主义的预防与有效打击提供了技术支持。

(二)利用大数据技术提升公共危机治理能力

在大数据时代下,大数据不只改变了突发事件的产生、发展和演变的形式,也增加了突发事件的不确定性;而且大数据技术又为应急预案管理工作提供了新的方法,使得决策更加科学。具体而言,大数据应用可以从以下几个方面提升政府的应急预案管理能力。

1. 实现跨部门数据共享,消除信息孤岛

在中国,现在大多数的政府部门建立了比较完善的信息平台,但这些平台之间并没有联通,形成了事实上的信息孤岛。大数据的核心在于发掘数据中蕴藏的价值,通过一个个数据库连接起来,实现更大规模的数据共享,通过数据的公开、共享、互联、挖掘和应用,可以在公共安全范畴发挥数据的最大价值。

2. 提升突发事件监测预警能力

进入大数据时代,突发事件监测预警的能力将会有所改善。首先,运用大数据有助于提早预测危机、精准打击犯罪。其次,运用大数据能够改善信息不对称现象,让民众加入安全环境建构中。最后,大数据开发和运用还有助于完善危机救灾系统,来自微博、微信等互联网渠道以及基于电子眼、卫星的数据系统提供的寻人信息和危机数据将为救灾工作的开展提供多渠道的决策支持。

3. 优化应急管理资源配置

大数据能够使得应急资源的规划和运用愈加精准、高效。应用大数据技术，特别是移动互联网技术和物联网技术的结合，可以把各种复杂的信息如财物的损失、物资的调度、救援设备的分布等都转化为可共享、可分析的数据，针对灾害的具体情况，对这些数据的分析结果进行合理运用，优化配置形式，从而达到在紧急状态下应急物资和人员的科学调度，节约应急处理成本，有效地提高救援效率。

4. 加深对个体行为模式的研究

将人的行为通过大数据进行数据化处理，并通过数据分析等信息手段建立突发事件情况下的个体行为模型，从而为应急预案管理提供理论基础。大数据技术通过分析个体网民的信息传播模式研究突发事件言论热点的演变过程，特别是通过分析大样本网民群体的网络言论和行为推测发生现实群体事件的可能性；通过分析个体在接收到灾害的预警信息后的反应和行为，大数据技术可以设计出更加有效的风险沟通策略。

5. 提升公共安全管理决策的科学性

依靠大数据技术，充分利用各行业、部门的数据，整合网络资源池，使离散在公安、交通、水利、环保等部门的信息资源，聚合成集案例库、预案库、专家库、队伍库、知识库为一体的应急信息资源云。再经过统一的指挥调度界面，为各部门指挥人员及时地提供解决突发事件所需要的信息和辅助支持决策，使加入应急救援和应急处置的各级指挥人员实时、快捷地掌握突发事件现场情况，选择合理的科学应急决策，快速配置各种抢险力量。

6. 提升应急管理培训的效率

运用大数据技术，将各种案例库、预案库、专家库、队伍库、知识库等转换为应急预案管理的教学资源，在教学和科研中建立突发事件的科学模型，制定合理的危机处理流程，尤其是运用技术手段模拟复杂的危机过程，增强受训者的应变能力，提高培养效率，储备应急预案管理工作的人才。

在大数据时代下，我国应急预案管理体系的变革有了新的机遇，将大数据技术与思想有效地运用在应急预案管理体系的变革发展中，可以有效地提升我国的应急预案管理能力。数据在社会组织上的运用较政府更具有创新性，挖掘有价值的政府数据最好的措施是向社会组织公开，这种观念已经成为当今世界的一种共识，开放政府数据，打造"阳光"政府，现已成为风靡全球的趋势。这样的观念和趋势，将给包括急预案管理在内的各种社会治理工作带来变革和创新。

第七章
公共危机治理的处置机制

由于公共危机具有突发性和不确定性,很多时候即便有很好的危机预警、预防等准备机制,依然难以避免危机的发生。当公共危机发生时,若处理不当,不仅会削弱社会公众对政府部门的信任,还会危及社会的正常生产生活,从而影响社会的整体稳定与发展。公共危机发生后,必须首先保持社会稳定,维持政治经济系统的正常运行,根据公共危机事件的等级选择不同的应急预案,并按照预案的要求和程序来实施危机治理。但由于原有的危机应急预案不完全符合危机发生发展的实际情况，从而使危机管理活动存在某种偏差，使危机管理人员难以实现危机应对计划所要求的目标，因此公共危机处置机制是公共危机治理中不可或缺的。本章从公共危机处置的概念、过程、策略与方法三方面详细解释公共危机的处置机制。

一、公共危机处置的概念

（一）公共危机处置的含义

所谓公共危机处置，是指在公共危机深化到一定程度，使组织赖以运转的结构和机制遭受严重破坏，社会秩序趋于严重瘫痪和混乱，组织及其成员的生产生活受到严重影响的情况下，公共危机管理者必须采取相应的应对处置办法，以争取在最短的时间内控制危机，迅速恢复社会秩序，将危机造成的破坏和利益损失降到最低限度的过程。

（二）公共危机处置的特征

1. 目的性

作为公共管理的主体之一，公共危机管理者的每一次行动、任务或者工作都是有目的性和针对性的。对公共危机进行处置就是为了在紧急的情况下维护社会稳定，维持社会的正常运行。因此，在面对公共危机时，危机管理者会为达到这个最终目的而采取各种措施来进行对公共危机的处置。

2. 准确性

公共危机处置涉及多个方面，比如说危机前制订的公共危机应对计划、公共危机控制处理的各种指挥机构或组织，甚至是在控制过程中采取的应对措施或行动等。这些方面的有效控制都依赖于准确的信息和真实的数据，只有获得准确的信息，才有可能达到公共危机处置的目的。反之，信息的不准确性和不可靠性只会导致危机管理者在采取行动时出现偏差。例如，在应该采取危机处理行动的时候未采取任何措施，或者是在采取危机处理行动时用力过猛等。所以，在公共危机处置过程中，危机管理者必须获得准确真实的信息。

3. 及时性

危机管理专家米特罗夫和佩尔森认为，收集、分析和传播信息是危机管理者的直接任务，危机管理的关键在于危机信息的获取和处理。在公共危机治理的整个过程中，信息贯穿于事前、事中和事后的每个阶段，发挥着十分重要的作用。及时提供信息，可以使危机管理者及时、准确地作出判断并且迅速采取有效的应急处置措施，从而解决危机，降低危机的损害程度。

4. 经济性

从经济学的角度出发，在公共危机处置过程中要考虑效益最大化的问题。所谓效益最大化就是用最少的投入得到最大的效益。也就是说危机管理者所采取的控制行动必须是经济合理的，各种控制活动所产生的效益都要和其投入的成本去做比较，不论是经济效益还是社会效益，都应该是效益大于成本。这就要求危机管理者在能够达到稳定社会目标的前提下，采取最少的应急处置措施，做好人力、物力、财力的调度，尽可能地减少危机对资源的危害，从而实现解决危机和消除危机的目标。

5. 关键性

危机管理者在进行公共危机处置过程中做不到面面俱到，不可能对每一个部门、每一个环节的每一个人在每一个时刻的工作情况进行全面控制。因此危机管理者要处理好全面控制和重点控制的关系，重点关注那些关键性的问题和环节，这些问题和环节很容易出现偏差，而且还会影响到整个危机管理过程。

（三）公共危机处置的目标

一般来说，公共危机处置的目标可以总结为两方面，一是防范次生灾害的发生，二是最大限度减少人员伤亡和财产损失。处置的过程不仅仅是解决已经发生的各种问题，还应该包括所做的一些联动协调的行为，例如搜索与救援、医疗急救、处置危险源、恢复基础设施等。

1. 防范公共危机次生灾害的发生

次生灾害，可以理解为第二次发生的或者间接造成的灾害。简单来说，原生灾害所引发出来的灾害就是次生灾害，如地震过后导致的泥石流、山体滑坡、有害物质的泄漏等。公共危机所带来的危害是具有扩散性的，所以危机处置过程中除了要对危机所造成的直接影响进行应急处置，还要预防和控制次生灾害的发生。这就要求公共危机管理者在看待危机时必须利用联系和发展的眼光，在紧急处置的过程中，必须实现与各部门之间的协调，考虑到各种可能引发的次生灾害。

2. 最大限度减少人员伤亡和财产损失

首先，在公共危机处置过程中，保护公众的生命安全是最为重要的目标。生命权是公民最基本的权利，它是享受其他一切权利的基础，所以人的生命和健康才是最重要的。公共危机管理者在处置危机过程中保障公众的生命安全，是全心全意为人民服务的表现。这里所说的公众既包括受害的公众，也包括进行紧急救援的人员。只有保护好救援队员，才能更好地保护受难的人们。其次，突发性灾难具有巨大的社会破坏力，影响力巨大，给社会带来难以计算的后果，严重干扰和谐社会的构建，影响人民群众正常的生活和工作，影响社会稳定和国家经济发展。由于灾难的发生，不管是个人还是社会都会遭受或多或少的财产损失和经济损失，这就要求危机管理者们迅速反应，及时处置，最大限度地缓解危机，有效减少事故带来的损失。

（四）公共危机处置的原则

1. 快速反应原则

快速反应原则是处置突发事件的根本原则。突发事件本身具有不确定性和危害性,一旦事件发生而没有立即采取有效的应急处置措施,没有及时控制住整个事件的发展,将很可能导致整个突发事件处置失败。在事故突发现场出现任何环节或者时间上的延误都有可能加大应急处置工作的难度,甚至引发更为严重的后果。因此,快速反应作为应急处置的首要原则,要求突发事件发生以后,相关人员必须在最短时间内赶赴现场,初步控制事态,尽可能减少损失或伤害,为恢复重建创造有利条件。

2. 以人为本原则

所谓以人为本,是指在应对公共危机的过程中,各级政府及其工作人员要把挽救和保护人民生命财产安全,特别是生命安全作为应对公共危机和开展救援工作的首要任务。在公共危机处置过程中,以人为本是各级应急管理人员和现场处置人员应坚持的首要原则。特别是在处理与人的生命有关的突发事件时,必须把人的生命安全放在首位。保障生命安全,主要是指公共危机后受害者的生命安全,同时也需要最大限度地保障应急处置人员和管理人员的生命安全。

3. 科学性原则

公共危机的处置救援是综合性的,因此在处置过程中,要充分发挥科学技术的作用,将专家的科学决策作为智力支撑,采用高科技的处置技术和设备,充分利用专业人员的专业装备、专业知识、专业能力,加强公共安全科学研究和技术开发,使公共危机处置依法、科学、有序地进行,减少不必要的损失。广大科技工作者要发挥跨部门、跨学科、跨领域的专业优势和整体合力,为公共危机的处置提供科学依据和决策咨询。

4. 程序性原则

公共危机的应急处置必须依据一定的评估标准和优先次序来确定现场处理的程序。如果法律有明确规定,则优先遵照法律的规定实施。对于最早赶到现场进行应急救援的人员来说,必须先对现场状况有一个基本调查和评估后再确定行动的优先次序，继而迅速开展救援工作。一般而言，处置程序首先要考虑抢救受害人的生命，保证人们最基本的生存条件；其次，要以经济为标准区分轻重缓急；再次，必须考虑现场救援人员的实际救援能力；最后，确定出当次的应急救援与处置的程序。

5. 协调联动原则

突发事件情况复杂、牵扯面较广，既关系人民生命财产安全，又可能影响经济发展、社会稳定，还可能牵扯国际、国内舆论，因此需要统筹全局、考虑周全，以免顾此失彼。我国建立了以统一指挥、专常兼备、反应灵敏、上下联动的应急管理体制。综合协调，既包括政府对所属各有关部门，上级对下级各有关政府，政府与社会各有关组织、团体的协调，也包括各级政府负责突发事件应急管理工作的办事机构的日常协调。协调联动就是在分工负责的基础上强化统一指挥、协同联动，以减少运行环节，降低行政成本，提高快速反应能力。

6. 资源共享原则

突发事件发生时，应对资源往往掌握在不同的部门或者机构手中，信息资源的共享就尤为重要。应通过各种方式收集突发事件的相关信息并建立良好的信息沟通渠道，整合现有的突发事件的监测、预测、预警等信息系统。如果能够建立良好的资源准备和配置机制，整合现有突发事件应急处置资源，建立网络互联互通、信息资源共享、科学有效的防范体系，将有效的资源用于处置突发事件，将最大限度地提高资源的综合使用效果。

7. 信息公开原则

《中华人民共和国突发事件应对法》规定，履行统一领导职责或者组织处置突发事件的人民政府，应当按照有关规定统一、准确、及时地发布有关突发事件事态发展和应急处置工作的信息。该法律同时规定，有关人民政府及其部门做出的应对突发事件的决定、命令，应当及时公布。突发事件通常能够引起社会的高度关注，需要公民的支持和参与，因此信息的发布和披露至关重要。应对突发事件一定要坚持公开透明的原则。该原则要求在应对突发事件时，信息披露、原因调查、处理方式、责任追究等各个环节都保持公开透明，以公开为原则、不公开为例外，确保公众的知情权。

二、公共危机处置的过程

（一）公共危机的识别与判断

1. 危机识别与判断的步骤

对公共危机的识别与判断是通过对与危机相关的以往和现在的情况、资料和数据进行科学的分析和处理，认识和辨别公共危机发生的种种表现，判断危机发生的性质、影响，预估危机未来的发展趋势，进而有计划地进行公共危机预警预防与应对处置。公共危机的识别与判断是公共危机管理的基础，对危机管理的应对和控制有着关键性的作用。

（1）监测环境，搜集资料

信息是识别的基础，危机识别的质量在很大程度上取决于对外部环境的监测、收集的数据量和对信息的理解程度。建立的监测点越多，监测到的范围也就越广，危机管理者们收集到的相关信息也会越多，从信息中获取的有用数据的概率也就越大。把获取的不同数据归纳起来，其综合程度越高，对危机识别判断的准确性就越高。

（2）整理资料，归纳信息

这一步骤是对收集到的数据进行分析、处理、分类、存储、检索和传输，以确定危机发生的相关信息及过程，具体可分为定性处理和定量处理。定性处理是对收集到的信息进行定性分析，从而得出一个有倾向性的结论。定量处理是将收集到的、可以通过数据或者转换成数据来表达的信息进行数码处理，并以此给出定量结果的信息分类、分析、加工、贮存和传输的过程。信息分析的目的是对信息作出准确的评价，为决策者和有关部门提供可靠的依据。

（3）识别危机，分析判断

对危机相关信息的分析和判断主要集中在两个方面：一是可能性，即现有危机形势进一步恶化或失控的概率；二是影响的损害程度，即危机已经造成的损失和未来可能会造成的损失，以及会在多大程度上影响政府和其他组织的正常运作。值得注意的是，不同类型的危机具有不同的诱发原因和形态特征，严重程度不同，应对策略和措施也各有不同。公共危机管理者要集思广益，尽最大努力及时、全面地判断危机的各种诱因，分析正在形成的各种趋势，正确判断危机事件的现状及未来发展方向，并根据分析结果采取相应的对策。

2. 信息在危机识别与判断的作用

无论是公共危机的预防预警，还是公共危机的处置和善后恢复，都需要全面、准确、及时的信息基础。信息是公共危机处置过程的核心，也是公共危机处置过程的基础，尤其是在处置过程中对公共危机的识别与判断这一部分，信息管理的能力就显得至关重要。控制论之父诺伯特·维纳认为："接收信息和使用信息的过程，就是我们适应外部世界环境偶然性变化的过程，也是我们在这个环境中有效地生活的过程。"信息论的创始人香农指出，信息是用来消除随机不确定性的东西。因此，我们可以认为，公共危机的识别与判断实质是一个信息管理的过程。

习近平总书记在十八届中央纪委二次全会的讲话上指出，要强化程序观念，该报告的必须报告，该打招呼的必须打招呼，该履行的职责必须履行，该承担的责任必须承担，少些"迈过锅台上炕"的做法，也少些"事后诸葛亮"的行为。要有担当意识，遇事不推诿、不退避、不说谎，向组织说真话道实情，勇于承担责任。因此，上级部门和领导要作出正确的判断，首先就必须获得准确真实的信息。公共危机管理者只有了解实际情况，才能开展后续的一系列行动。

当公共危机发生时，根据公共危机的等级，下级应向上级或者有关部门及时、准确、客观地报送信息。但是信息不及时、不全面、不准确等的现象也时常发生。下级上报信息滞后；危机管理者未能在第一时间掌握相关信息或被瞒报漏报；危机管理者掌握的信息并不是全部的信息，而且掌握的信息与实际情况不符，存在着很大的差距。这些现象在紧急状态下会给危机管理者带来巨大的压力，因此，要准确地识别危机，最重要的任务就是对各种可能发生的危机的信息进行收集，分析出它们可能带来的后果和影响，从而加强对危机的预警和防范，将危机消灭在萌芽状态。

3. 危机识别与判断应注意的问题

公共危机处置的关键在于对危机的识别与判断，良好的危机识别与判断不仅可以快速、准确地确认已经发生的危机，还可以预测危机可能的发展趋势，采取积极的措施，制订应对危机的计划，遏制危机的蔓延或次生灾害的发生。危机识别与判断要注意以下几个方面。

（1）树立正确的危机意识

公共危机管理应该秉持"生于忧患，死于安乐"和"居安思危，未雨绸缪"的理念。把危机管理看作是一种临时性的措施或者权宜之计，是万万不可取的。政府作为危机治理的主体，不仅要重视与公众的沟通，还要与社会各界保持良好的关系，而且政府内部各部门之间要沟通顺畅，有利于消除危机隐患。无论是高层管理者还是基层管理者，都应该居安思危，把危机管理作为日常工作的一部分。树立正确的危机意识可以提高抵御危机的能力，有效防止危机的出现。

（2）建立危机识别系统

公共危机的控制处理工作具有与外界环境密切联系的开放性，并不是孤立封闭的状态。识别危机必须建立高度灵敏、准确的危机识别系统，随时收集各部门的反馈信息。一旦出现问题，要立即跟进调查，加以解决；要及时掌握政策决策信息，研究和调整战略方针；要重视收集和分析危机管理机构内部的信息，进行自我诊断和评价，找出薄弱环节，采取相应措施。

（3）成立专门的危机管理小组

危机管理小组，是顺利处理危机、协调各方面关系的组织保障。危机管理小组的成员应尽可能选择自己熟知的模块，而且高层领导者和专业人士也应参加到其中。小组的成员们应具有较高的综合素质，要做到敢于创新、善于沟通、严谨细致、处乱不惊等，以便总揽全局，迅速做出决策。小组的领导人不一定非得第一负责人担任不可，但必须是有影响力的管理者，这样才能够有效控制和推动小组工作。危机管理小组要根据危机发生的可能性，制订出防范和处理危机的计划。危机处理计划可以使各级管理人员做到心中有数，一旦发生危机，可以根据计划从容决策和行动，掌握主动权，对危机迅速作出反应。

（4）进行危机管理的模拟训练

危机管理小组应根据危机处理计划进行定期的模拟训练。模拟训练应包括危机处理知识培训、危机处理基本功演练和心理训练等内容。定期模拟训练不仅可以提高危机管理小组的快速反应能力，强化其危机管理意识，还可以检测已拟定的危机应变计划是否切实可行。同时，还有利于提高危机管理者对危机的识别与判断能力。

（二）公共危机的隔离与控制

1. 公共危机隔离的基本原则[①]

由于公共危机具有连锁效应，对一场危机处理不当，往往会导致另一场危机。因此，当危机发生时，政府及相关机构应迅速采取措施，切断危机与其他部分的联系，及时将爆发的危机隔离起来，防止危机蔓延。此外，危机往往发生在某些部分，但由于整体原则，各个部分是紧密联系在一起的。在这种情况下，危机处理的第一步是隔离危机，以免造成更大的破坏。将危机隔离起来，就是切断危机向其他领域蔓延的所有可能途径。此外，在进行公共危机隔离的过程中应遵循以下两个原则。

（1）生命第一原则

公共危机一旦爆发，整个发展过程是混乱的，有关危机的信息杂乱无章，以致组织的决策者无法完全获得相关信息，他们也无法确定哪些信息最重要。公共危机会带来人员伤亡和各方面的损失，扰乱正常的工作秩序和生活秩序，严重影响社会机制的正常运行，因此，安全和救助成为人们的首要需求。然而，危机管理通常有不止一个目标，就短期目标而言，控制处理各类危机事件的最重要目标是减少人员伤亡和财产损失，其中人身安全是首要目标。因此，在危机隔离过程中，在确定救援工作顺序时，必须牢固树立"生命第一"的原则，始终把危机事件对人的影响放在第一位考虑。

（2）利益取舍原则

由于危机状态的特殊危险性，世界各国在采取行动时都注重更好地保护公民的权利，包括保护公民的生命权、自由权、财产权等。因此，面对危机的挑战，挽救受害者的生命、保护人民最基本的生命权是首要责任，为了做到这一点，危机管理人员往往有权采取必要的行

[①] 肖鹏军. 公共危机管理导论[M]. 北京：中国人民大学出版社，2006.

动。例如，征用车辆、房屋、救援设备、医用药物等来挽救生命。

2. 公共危机隔离的分析与评估——优先次序的选择

确立公共危机隔离工作优先次序的前提是尽可能多而准确地收集关于危机各个方面的信息，并迅速确定危机的主要利益者、相关者，以及资金、物品和责任等，为危机事件进一步应对处置工作和进行灾害评估奠定基础。影响优先次序选择的因素主要是危机事件的严重性、紧迫性和不确定性[①]：第一，危机事件的严重性包括程度的严重和性质的严重性。程度严重的会带来大量的破坏性影响和后果，性质严重的会影响国家的政治、经济和社会稳定，危机管理人员应当集中力量解决那些严重影响民众安全与健康的重要问题。第二，危机事件的紧迫性是指危机事件发生时，时间要素对于危机中需要处理的各项事宜的影响程度，有些需要立即采取措施加以解决，如核泄漏、洪水等。第三，危机事件的不确定性是指很多危机事态不是一种静态的存在，而是动态发展的，其规律和趋势也是不易为人所把握的。简言之，很多危机是无法控制的。这就需要我们做一个大概的预测和估计，分析危机潜在的威胁。

3. 公共危机隔离的方法

为了防止公共危机影响的进一步扩大，必须对公共危机实施必要的隔离方法。可以将隔离方法分为人员隔离和危机隔离。

（1）人员隔离

人员隔离，即对人员的分工，也就是说要明确规定每个人应负责的工作。处理危机事件的工作人员和负责日常任务的工作人员要分隔开来，要有明确的分工。在前述的公共危机识别与判断应注意的问题中，我们提到要成立危机管理小组，制订公共危机应对计划。在制订应对计划时首先制订的部分应是危机管理小组的工作职责，划分组织

---

① 肖鹏军. 公共危机管理导论 [M]. 北京：中国人民大学出版社，2006.

领导人的工作，规定在发生公共危机时，谁负责处理危机，谁负责日常工作；其次，在参与此次处理危机事件的一般工作人员中，也必须明确规定谁应该担任什么职务。如果现场遇到十分紧急的情况，可以视实际情况而进行调整。

（2）危机隔离

危机隔离，即对公共危机本身的隔离。报警人在发现危机事件时进行上报，其报警信息应该是指出明确的公共危机的范围，危机管理小组在接收到报警信号以后，就应该开始按照公共危机应对计划进行公共危机隔离，为危机事件的处理创造良好的条件，同时，还可以避免其他部分的正常秩序受到影响。

4. 公共危机隔离的重要环节[①]

（1）启用公共危机管理应对计划

在突发公共危机的情况下，组织可以立即启动公共危机预案及应对计划，使公共危机管理专业人员能够应对已经发生的公共危机，这样就可以分清轻重缓急，不会让危机蔓延到整个组织。在分工明确的基础上，还需要有一支高素质、高质量的应急救援队，来开展公共危机响应、处理、恢复、跟进工作。在发生紧急情况时，可以先调查事故的原因和症状，加强防范，进行薄弱性分析，消除事故的根源，同时注意保护可追踪的线索，在尽可能短的时间内纠正系统，使组织正常工作。

（2）决定主要人物的介入程度

由于危机事件的突发性，可能会造成较大范围的破坏，甚至会导致正常活动的瘫痪。在这种情况下，仅仅依靠危机管理小组的力量来完成对危机的控制和处理是远远不够的，所以政府主要领导人的加入是非常重要的，这样不仅可以确保处理过程中的权威性和强制性，还能促进政府内部各职能部门、成员之间的联动协调。政府领导人还可

---

① 肖鹏军. 公共危机管理导论 [M]. 北京：中国人民大学出版社，2006.

以在危机控制和处理过程中起主导作用,保证政府与外界的沟通可以正常进行。政府领导人的加入能够体现出政府应对危机的信心和决心,从而维护政府在公众中的地位和形象。

(3)保证政府其他部门的正常运转

许多突发性公共危机事件往往只会危及政府的某一个部分,需要危机管理小组的积极应对。但是,在采取措施进行危机的控制时,不应该影响到整个政府的正常运行,除非遇到公共危机的发展使整个政府处于无序、瘫痪状态的情况。例如,在"9·11"之后,美国将副总统和内阁成员紧急撤离,并将众议院和参议院迁出国会大厦,来保证在紧急情况下,政府能够像往常一样履行自己的职责。

(4)加强对隔离工作的监管

隔离行动开始之后,危机管理小组要派专职人员对其进行24小时不间断的实时监控,并加强监控系统的建设,提交详细的时间记录和跟踪报告,做到透明处理,达到根除事件影响的目的。

(三)公共危机的处理与解决

1. 公共危机处理的目标[①]

政府作为事务的管理者,其每一项工作是有目的性和针对性的。同样,面对危机的突然发生,政府进行处理要达到什么目的直接关系到它下一步所采取的行动。政府危机处理的最高目标是:在危机发生的紧急情况下,稳定社会秩序,维持社会经济系统的正常运作。

(1)公共危机处理、维稳的意义

稳定是压倒一切的工作任务,其意义在于:在政治层面,不稳定,政权会失去控制,会导致大规模的冲突或战争发生。在经济层面,稳定的背后是对利益的一致性认可。失去稳定,意味着新一轮的

---

① 肖鹏军. 公共危机管理导论 [M]. 北京:中国人民大学出版社,2006.

利益争夺，其结果是导致经济环境的巨大破坏和更大范围内的经济损害和损失。在社会层面，稳定意味着享受规律性和高质量生活的可能性。失去稳定，不仅会失去对物质生活和政治权力的保障，而且将要承担精神领域的巨大创伤。维持社会稳定对于危机管理的意义在于，为开展救援行动的顺利进行创造条件，为下一步沟通和灾后恢复创造良好的环境。

（2）公共危机处理、维稳的主要措施

第一，开展积极有效的救援。在危机发生时，协调管辖权内的机构各司其职地按照事先制订的方案处理危机，尽量控制事态的发展，抢救伤员，把损失控制在一定的范围内。如果事态失控，则要竭力争取重新控制局势。必要时，可以向中央，邻近省、市的救援机构请求增援。第二，及时发布公告安定民心，保障公众的知情权。在社会公众正在猜测和各种谣言产生、传播之前，及时发布公告，告诉公众什么时间、什么地点发生了什么事，事件目前的发展程度，政府已知的情况，政府正在或即将采取的措施等。政府公告更重要的是帮助居民知道如何防范和应对现实的紧急情况，组织和引导公众度过眼前的困境。也可以通过大众传播媒体通报紧急救援的进展和政府为此采取的各种系列措施，一方面是争取公众的理解配合，另外一方面则是引导舆论向政府希望的方向转移。

2. 公共危机处理的难点

由于公共危机发生的时间、地点、性质和范围具有很大的不确定性，所以有必要提高公共危机的处理能力。掌握危机管理的难点并采取相应措施，不仅可以防止或减少紧急情况下人员的生命财产损失，而且可以提高危机管理的效率和效果。公共危机处理中的难点主要有以下几个方面[1]。

---

[1] 肖鹏军. 公共危机管理导论 [M]. 北京：中国人民大学出版社，2006.

（1）危机决策

当公共危机突然发生时，应急指挥人员很难在较短时间内准确判断危机的性质和危害，所以难以合理有序地配置各种资源，包括人力、物力、财力和信息资源等，使整个过程显得混乱。然而危机现场的紧迫性要求危机管理小组在时间紧迫和事态不可预测的双重压力下，对危机作出正确判断并进行决策，以稳定和恢复现场秩序，加快危机管理进程。

（2）人员配置

在公共危机发生后，急需大量的救援人员参与救援，同时又需要足够的人力来进行各类救援物资的调度，而在短时间内配备充足的人员是比较难实现的，因此人员缺乏是危机处理的难点之一。从另一个角度来说，针对发生的公共危机，危机管理者做出了正确的决策，但是没有相应的人员来实施和执行做出的计划方案，会导致公共危机管理失去其原有的意义和价值。

（3）物资协调

由于公共危机的救助物资往往需要在短时间内大规模地投入和使用，所以现场的物资供应一般难以满足危机管理的需要。这种供不应求的现象是由公共危机的性质、范围和程度所造成的。因此，物资匮乏是危机管理领域的普遍现象。物资短缺主要包括专业人员装备、通信设备、救援必备工具、医疗工具和伤员救治药品等。物资的缺乏必然会影响救援的进展，所以在日常生活中也要做好救援物资的补充，以备不时之需。

（4）协调沟通

危机事件越大，涉及的应援系统就越多，那么协调沟通也就越困难，协调沟通也会显得更为重要。在危机现场的救援过程中，参与人员来自不同的部门和系统，彼此之间缺乏必要的约束，各自为政的情况非常严重。因此，从各类公共危机的处理过程来看，对参与公共危机处理的各个系统的协调、联络与沟通,往往是危机管理指挥系统所要面临的一个重要考验。

三、公共危机处置的策略与方法

从危机萌芽到危机全面爆发,有一定的过程。在发现危机之后,管理者需要立即采取行动控制局势。及时发挥危机管理机构的"防火墙"作用,可以控制危机事件的蔓延,保证其他部门的正常运作。应对危机的策略要根据事态的特点和发展趋势来选择,要事先进行简单的评估,对需要处理的各种问题进行预测,确定优先次序,确定先救什么,然后救什么,做到从实际出发,有重点地进行控制。选择适当的危机控制处理策略有助于提高危机管理的有效性,减轻危机的严重程度,甚至将危机转化为契机。

(一)公共危机处置的策略[①]

1. 危机中止策略

危机中止策略就是指根据危机发展的不同原因、程度、范围及其发展的趋势,审时度势,顺势而为,主动中止,承担某种危机损失的责任。例如,企业发生产品质量危机时一般都会实施中止策略,如停止销售、回收产品、关闭有关工厂或分支机构等,主动承担相应的损失,防止危机的进一步扩散。

1982年9月,美国芝加哥地区发生有人服用含氰化物的泰诺药片中毒死亡的严重事故,一开始死亡人数只有3人,后来却谣传全美各地死亡人数高达250人。其影响迅速扩散到全国各地,调查显示有94%的消费者知道泰诺中毒事件。事件发生后,在首席执行官吉

[①] 肖鹏军. 公共危机管理导论 [M]. 北京:中国人民大学出版社,2006.

姆·博克的领导下，强生公司迅速采取了一系列有效措施。首先，强生公司立即抽调大批人马对所有药片进行检验。经过公司各部门的联合调查，在全部800万片药剂的检验中，发现所有受污染的药片只源于一批药，总计不超过75片，并且全部在芝加哥地区，不会对全美其他地区有丝毫影响，而最终的死亡人数也确定为7人，强生公司按照公司最高危机方案原则，花巨资在最短时间内向各大药店收回了所有的这种药共计数百万瓶，并花50万美元向有关的医生、医院和经销商发出警报。强生处理这一危机的做法成功地向公众传达了企业的社会责任感，得到了消费者的理解。强生还因此获得了美国公关协会颁发的银钻奖。原本是场"灭顶之灾"，竟然奇迹般地为强生迎来了赞誉，这归功于强生在危机管理中高超的应对技巧。

2. 危机隔离策略

危机隔离策略包括人员隔离和危害隔离，目的是在最小范围内隔离危机的负面影响，避免造成更多的损失，如火灾发生后，果断采取措施切断火源，以避免"城门失火，殃及池鱼"。对危机的隔离应从发出警报开始，警报信号应明确危机的范围，使其他部分的正常工作秩序不受干扰，同时为应对危机创造有利条件。警报信号的准确性使得危机处理人员能够确认危机发生的确切地点。

3. 危机消除策略

危机消除策略也称为排除策略，就是指立即采取措施消除危机所造成的各种负面影响，包括物质上的损失，也包括精神上的打击。"9·11"事件以后，美国通用汽车遭受了重创，在北美地区的销售额一度下降40%。在事件的发生地纽约，一段时间内竟没有一人购车。为了扭转销量下滑的局面，通用汽车顺应"9·11"事件后美国公众前所未有的爱国热情，不失时机地提出了"让美国继续转动起来"这一极富感情色彩的口号，并在媒体上大做广告。同时，公司考虑到"9·11"事件后的特殊情况，制订了新的促销方案，对所有车型实施零利息贷款购车的优惠政策。情感与实惠的双重功效，使得世界汽车业排名第二的通用汽车的销售量很快恢复增长，并带动美国汽车工业在2001年第四季度销量增长了14.4%。

4. 危机利用策略

从某种意义上说，危机利用策略实际上是"化危机为机遇"。越是在危机时刻，越能反映出一个政府的整体素质、综合实力和博大胸襟。在危机中处理得当、表现得体、诚实负责，往往可以把坏事变成好事。

以上四种危机处理策略并不是互相排斥的。在危机处理过程中，往往可以综合运用各种危机处理策略，以达到相辅相成的互补效果。在危机处理的不同阶段可以采取不同的处理策略。一般来说，在危机处理的前期广泛采用危机中止策略和危机隔离策略，危机消除策略和危机利用策略则在危机处理的后期使用较为普遍。

（二）公共危机处置的方法[①]

1. 尽快确认危机

在公共危机管理的失败案例中，许多失败都是由于危机发生时，没有意识到问题的严重性，没有感觉到危机已经发生，从而延误了危机管理的最佳时机。造成延迟识别的原因有很多，有可能是预警系统未发挥其作用，没有及时发现危机；有可能是组织结构的问题造成信息传递缓慢；有可能是在一线的工作人员为了自身的利益，并未将危机信息及时传递给高层的决策者；也有可能是高层们缺乏公共危机管理意识，对危机的敏感性不强，而且对所说到的危机信息没有给予足够的重视。所以为了能够尽快控制和解决发生的危机，有必要在第一时间确认危机。

---

① 肖鹏军. 公共危机管理导论[M]. 北京：中国人民大学出版社，2006.

2. 注意危机事件的"黑洞效应"

"黑洞效应"是物理学、隧道学和经济学中经常使用的一个名词，在不同的领域，"黑洞效应"的意义也不同。但是在这三个领域中，共性的地方在于"黑洞"是一个加速循环的旋涡，有着非常强的吸引力。就像太空中的黑洞从周围吸收能量一样，危机事件的"黑洞效应"通常也会吸引更多的注意力。在危机中，这样的"黑洞"往往会消耗大量资源。每个重大危机事件中都至少有一个"黑洞"，比如说新闻媒体的过度关注。如果管理者不能做好财务预算和控制工作，管理者就有可能在这些"黑洞"中花费过多的资源。

3. 确保冷静决策

面对突如其来的危机，高层管理者不应该受到公众情绪的影响，不能惊慌失措，而应保持冷静，保持头脑清醒，冷静面对现实，迅速组织人员找出危机的真正原因，准确认识危机的性质、趋势和发展后果，找到危机的有效解决方案，并做出大胆决策。冷静的决策可以确保从系统思维的角度出发解决问题，将危机处置与长远发展紧密结合在一起，而不是孤立地看待危机，简单地采取"头痛医头，脚痛医脚"的方法。

4. 迅速作出反应

拖延是影响危机管理的最大困难。随着网络的快速发展以及大众媒体的传播，公众很快能够知晓危机事件的发生，并且往往是以一些批评的角度来看待政府的做法。因此政府必须认识到，只有诚实的态度才是有效的补救办法，傲慢或推卸责任只会引起公众更大的反感。政府应该及时调查事件真相，并以诚实的态度发表关于危机处理有关事宜的声明。在确认了危机性质之后，要以迅速而严厉的手段解决棘手的问题，尽快给公众一个满意的答复。否则，不仅会损害自己的声誉，而且还会给竞争对手一个利用的机会。

5. 尽量避免群体盲思

在公共危机管理过程中，管理者的思维方式都是相似的，很多时候他们害怕承担风险只按照高层管理者的意见行事，这种情况最容易忽视公共危机管理的主要问题和关键细节。因此，在危机形势中，应采取更多元化的解决方案。

6. 管理者要把握全局，有重点地采取行动

在危机形势下，由于所要处理的危机活动是复杂多变的，管理者往往过于重视公共危机管理活动的任务，而忽视整体管理，从而降低了对全局的把握能力，可能增加危机的破坏性。由于危机爆发后应对的时间和资源有限，如果平均地使用力量，就不利于把握危机中的主要矛盾，从而造成重大损失。因此，在应对危机时，应该有主次之分，首先要解决危害性大、耗时长的问题，然后再着手解决其他问题。一般来说，及时救治危机受害者、阻止危机蔓延、尽快澄清事实是公共危机管理的当务之急，需要立即采取行动。

7. 善于隔离控制

在危机情境下，管理者要善于将危机发生地与正常的场所隔离开，善于将危机传播和隔离场所分开，善于将内部信息与外部信息隔离开。这样可以有效控制危机形势，为公共危机管理创造一个更加适合管理的环境，使管理者在整个危机处理过程中更易保持清醒的头脑。

8. 高度关注信息控制

在危机情境中，危机信息中心要对危机小组成员的位置和救援进展进行实时监控和记录，并及时向他们提供可信、权威、有效、实用的信息。在公共危机管理各个环节，信息是首要因素。如果缺乏有效的信息交流，可能会出现各种谣言，导致危机冲突不断升级，危机损失也会越来越大。公共危机管理者还要随时监控公共危机管理中的成本、物资匹配、人员匹配等具体情况，做到心中有数。

9. 积极利用外部专家

在危机处理的过程中，外部专家的介入，会使公共危机管理具有更好的效果。首先，外部专家的专业性可以弥补危机小组成员知识、能力和经验的不足。其次，外部专家有着其身份的特殊性，可以做到较强的权威性和公正性，可以使公众更加信服，更容易取得公众信任。最后，外部专家的客观性往往会使其在面对紧急情况或者是阻碍时，可以冷静客观地分析和处理问题。忽视对外部专家的利用，往往造成能力、经验的不足，决策缓慢，沟通不畅，执行不力，产生较多的失误。

10. 重视社会多方的参与作用

公共危机往往涉及的范围广、社会影响较大，仅仅依靠政府部门甚至地方政府的控制力是远远不够的。因此，在公共危机控制处理过程中，应重视社会多方的参与，动员社会成员，进行协调联动，发挥整体效能和团结精神。

第八章
公共危机治理的恢复机制

　　公共危机治理进入事后恢复阶段，就意味着危机局势已经得到基本控制。虽然在这个阶段主要危险已经被排除，紧张局势也得到了缓解，但是危机造成了严重的损失，应对危机时耗费了大量人力、物力、财力，公众的心理状态也受到严重打击。面对百废待兴的局面，政府及社会各界需要通过各种善后机制来确保危机的根本解决，尽快恢复正常的社会秩序和生产状态。突发危机事件的事后恢复与重建是将受到公共危机破坏的社会财产、基础设施、社会秩序和社会心理恢复、重建为正常状态的过程。一个健全、高效的危机恢复机制能够迅速调动各方资源，有序开展恢复重建工作，最大限度地减少危机带来的损失。危机恢复机制不仅包括基础设施等"硬件"的恢复与重建，而且还包括社会秩序等"软件"的恢复与重建，尤其是受到危机冲击的公众的心理恢复与重建。

一、公共危机恢复的概念

（一）公共危机恢复的含义与内容

1. 公共危机恢复的含义

公共危机的恢复主要包括两种活动：一是恢复，使社会生产生活运行恢复正常；二是重建，即对由于危机或危机的影响而无法恢复的设施的重建。罗伯特·希斯在《危机管理》一书中提出了著名的 4R 模型，他认为危机管理可以分为缩减（Reduction）、预备（Readiness）、反应（Response）及恢复（Recovery）这四个阶段。在我国，事后恢复阶段也可称作善后管理阶段，它在整个公共危机管理中起着举足轻重的作用。公共危机事件从爆发到逐渐消失并不意味着危机已经结束，而是将工作重点从以往的控制态势转向恢复和重建。一般认为，公共危机恢复是指公共危机得到解决或相对控制后，危机管理主体利用各种资源，采取各种措施，尽可能消除或弱化危机造成的物质和精神上的负面影响，努力回到危机前的状态，甚至赶超过去的整个过程。

2. 公共危机恢复的内容

公共危机的恢复工作主要包括社会秩序恢复、心理恢复和物质重建等，具体工作有以下几点。

（1）恢复社会秩序

公共危机往往会造成社会秩序的混乱，并可能使社会长期处于紧张、不平衡、无序的状态。因此，在危机恢复的前提下，社会秩序的正常化发挥着基础性作用。

（2）提供精神心理咨询

对危机事件中的受难者及时进行心理疏导，帮助他们逐步从危机阴影中走出来，恢复对生活、对社会、对政府的信心成为解决危机后遗症的关键因素。政府以及非政府组织甚至私营公司都可以参与到受难者心理问题解决中来，帮助其尽快走出危机，以积极心态面对今后的生活。目前大多数做法是加强对危机发生地区心理专家、心理辅导员的派送，对相关群体进行心理开导和心理治疗，及时解决处理群众的心理问题，抚平受害民众的心理创伤，尽快让他们恢复心理健康，恢复对生活的信心，避免产生消极轻生、仇恨社会等不健康心理，有效规避由此引发的新危机乃至大规模社会动荡风险。

（3）恢复或变革组织结构

解决危机的政府及非政府部门，一方面，在危机处理过程中，会出现许多优秀的危机处理组织者，对于他们要进行岗位角色的变动，使他们能够处在更能发挥其作用的位置；另一方面，处理危机本身具有一定风险，也不可避免地带来救援人员伤亡，对于他们留下来的岗位空缺，需要及时补充，以保证组织有效运作。

（4）重建受损设施

对受到破坏的基础设施和建筑物进行重建和重新运营，确保民众灾后正常工作和生活，主要体现在加强供电、供水、供气、交通和通信枢纽、居住、办公场所等生命线工程的快速恢复建设。在此过程中要着力发挥政府的主导作用，以及各方社会组织和志愿团体的协助功能，保障资源资金供给。

（5）清算并补偿损失

危机造成的损失在危机发生发展过程中尽管也在不断进行统计，但在变动混乱的状态下往往很难准确调查统计具体的损失数字。因此，危机事件过去且社会生产生活状态基本稳定以后，应当对危机造成的损失进行最终清算，并对受害公众或组织进行补偿，以恢复其生产生活及运作能力。对受害群体的物质补偿、抚恤、安置等工作要从受害群体的切身利益出发，满足其衣、食、住、行等基本生活需要。

(6)调查事件经过及总结经验

危机后的恢复重建不只是简单恢复到危机前的状态和水平,而是应该利用危机以更高的起点促进管理水平提高。这就要求通过开展事故调查,反思事件教训,总结危机管理经验,进行善后评估学习。主要包括以下内容:一是对危机发生原因进行彻底调查和反思,举一反三,尽量减少和避免同类事故的发生;二是进行总结、评估,包括对预警系统的组织工作程序、危机处理流程等各方面的评价,要详尽地列出危机管理工作中存在的各种问题;三是要对发现的问题进行分类处理,提出具体详尽并有针对性的整改措施,尽量弥补危机处理弊端。

(二)公共危机恢复的重要意义

危机事件初步平息之后恢复工作就成为摆在组织面前的首要任务。公共危机恢复是公共危机管理目标的落脚点,在整个公共危机管理中同样占有非常重要的地位。危机善后与恢复阶段的任务并不是简单地恢复到公共危机前的水平,而是应该利用这次机会转"危"为"机",在更高的起点上向着更高的目标改革、建设和发展。因此,加强善后与恢复的法制与机制建设,提高事后恢复阶段的执行力,对于公共危机发生后最大限度地减少损害,维护群众的切身利益和社会稳定,具有重要意义。

1. 削减或消除危机后所带来的消极影响

公共危机发生后,面对物质上、精神上的损失,如若处理不当或不及时,有可能引发其他的消极影响。每一场危机的发生其实都隐藏着看不见的灾害隐患,如果没有及时处理好,很可能会发生"星火燎原"的情况。例如危机过后如果存在伤病或人员死亡的情况,而没有及时做好消毒及尸体的处理工作,就有可能引起疫情的发生;又如一些牲畜引起的卫生事件,如果政府没有做好对养殖人员的补偿工作,就很有可能会引起群体性事件。这些二次危机所带来的损失不可小觑。由此可见，只有认真做好善后工作，我们才能避免这些事件的发生，才能将危机造成的损失减到最小，避免造成不必要的资源浪费。而危机的解决同时也是损失的终止，善后与恢复的工作就是要将这些损失逐渐减少，并寻找方式方法以弥补所遭受的重创。

2. 加强社会凝聚力

危机善后与恢复工作实质上是政民协作完成的任务，它不仅仅是政府单方面的努力与援助，而且是一场以政府为主导、多方参与的工作。在这场"战争"中，政府应当发挥其领导职能，整合各种可以利用的资源，发挥"众人拾柴火焰高"的作用，充分筹集救灾物资以供给所需地区及人群，同时也调动起民众的积极性，呼吁各个组织、团体、公民，投入到善后恢复工作中来，帮助受灾群众走出阴影，重建家园。

3. 总结经验教训提高抵御风险的能力

"亡羊补牢，为时未晚"，每一次公共危机的发生都会暴露出政府在危机管理或是其他相关工作中所存在的问题。通过事后恢复阶段工作的逐步开展，可以发现其中存在的问题，政府部门只有认识到这些问题，分析其原因，并找到解决的方法和途径进行整改，才能有效地避免危机事件的再度发生。对于公众来说，也要从每次的危机中看到自己在危机防范和应急中的不足，不断学习自救技能，增强危机意识，避免在以后危机事件发生时处于困境中而无法脱险。应该秉持"前事不忘，后事之师"的精神，真正地做到转"危"为"机"。与此同时，也应当从政府和民众两方面加强危机管理，切实提高抵御危机的能力。

4. 提升政府形象

对于大多数政府而言，面对公共危机时，更多的是形象受损、信誉丧失等无形损失。对政府来说，信誉的损失会造成政府权威的丧失、信任危机乃至权威性的危机，引发出社会动荡。形象管理是贯穿危机管理过程的任务，在危机发生后，组织形象和声誉都受到较严重的影响和威胁，危机恢复的过程中要注意挽回无形损失，甚至借机塑造更佳的形象，达到化"危"为"机"的效果。要将危机善后管理的价值取向树立在以人为本上，只有各个政府部门始终坚持以人为本的原则处理各种危机，尊重群众，才能提高政府在民众心中的形象。

（三）公共危机恢复的工作原则

公共危机事件的恢复与重建是由政府主导，社会多元主体共同参与的应急管理行为，在恢复与重建过程中，为了高效、有序地开展对突发事件影响人群的生命救护、城市生命线恢复、物质设施重建、经济社会秩序恢复、灾后心理干预与生活救助、损失补偿与赔偿等各项工作，必须遵循一定原则，以确保突发事件恢复与重建目的的真正实现。为了切实加强突发事后恢复与重建机制建设，推进恢复与重建工作，应当遵循以下原则[①]。

1. 以人为本原则

在紧急救援中，当务之急仍然是救人，只要有一线希望，我们都要千方百计地抢救。救援工作以人为本，事后恢复也同样要以人为本。因此，要以确保受害人的安全为前提，把保护人的生命健康和安全作为善后与恢复的首要任务。同时应格外关照身处危机中的老弱病残等弱势群体，采取特殊措施，维护其基本权益。要从维护人民群众根本利益的高度出发，有效开展各项善后与恢复工作。

2. 及时高效原则

公共危机一旦发生，根据需要随时开展相应的恢复工作。伤亡人员应优先得到救助，水、电、气、热等生命线应尽快加以修复，社

---

① 张永理. 公共危机管理 [M]. 武汉：武汉大学出版社，2018.

会治安秩序应尽快进行恢复。公共危机稳定后，应尽快恢复生产、生活、工作和社会秩序。其他各项相关工作都要衔接紧密，不延误时间，务必讲求效率。

3. 科学领导原则

恢复重建工作必须以科学规划为指导，尽量避免危机前的各种不利因素和潜在隐患，发挥专家作用和各专业人员的力量，统一筹划，科学布局，科学施工，促进重建设施的有效利用。

4. 广泛参与原则

政府应该建立起有效的动员机制，发动国内和国际社会各种力量共同参与公共危机的管理。社会参与机制的构建，尤应重视的是社区的参与机制，社区参与具有较强的社会基础，可以较好地利用社区资源，是社会参与的最基本方式。应充分发挥非政府组织、慈善机构、企事业单位、保险机构、基层社区等有关组织的作用，动员各方面资源，协同开展恢复与重建工作。

5. 学习反思原则

首先，在事件原因方面要展开调查，借助第三方力量公正甄别事件诱因，明确责任归属，举一反三，吸取教训，最大限度地杜绝和减少类似事件再次发生。其次，要善于从危机中学习反思，政府部门实际上可以从发生的每次突发性事件中获益，发现原有危机管理体制存在的种种问题，加以修正和改进，回应社会系统提出的新要求，适应环境的新变化，积极主动开展变革，从而维持甚至扩展组织系统的活力和生命力。

二、公共危机恢复机制的主要内容

通过合理科学地应对处置，公共危机事件可最终得到解决，但是危机事件会导致社会出现一种高度不稳定失衡状态，这种状态可能会持续较长的时期。而且，一些危机具有明显的多因性、变异性和互动性。因此，从极度紧迫的逆境状态解放出来以后的政府及其他组织，其危机治理过程应当还有危机后特定时期的跟踪、反馈等工作，这就需要通过公共危机恢复机制中的一系列工作来确保危机事件得以根本解决[①]。

（一）公共危机后的安抚机制

大规模的危机事件发生以后，在危机恢复期内，政府及其他组织必须面向公众，争取广泛的社会支持。社会危机管理过程中要做到这一点，必须涉及危机事件相关者的善后安排问题。

第一，区分危机相关者。危机发生过程中涉及的相关者范围比较广泛，可以包括组织、策划和直接参与危机的人、危机的直接受害者和危机的间接受害者（如受害者家属）等。这些受害者的善后安排涉及法律、危机参与者、相关家庭稳定、公众支持等多个方面，应建立和完善被害人救助制度；但直接参与危机的人员的事后处理较为复杂，更容易引起社会的普遍关注，并对未来公众参与类似危机事件的行为倾向产生深远影响。因此，危机处理组织必须采取审慎应对策略。

第二，建立被伤害人援助制度。危机所造成的伤害有物质伤害，也有人身伤害和心理伤害。对于那些在危机事件中受到伤害的人员，政府需要建立健全被伤害人援助制度。公共危机管理部门除了应当保护直接被伤害人、向直接被伤害人或其亲属披露信息，还应对所有潜在的被伤害人加以保护并向其披露信息，通过有力的防范措施避免新的危害。一旦危机中发生人员伤亡，应立即通知家属，组织好医疗工作和对死者家属的抚恤工作。

第三，恰当处理危机参与者。一般而言，解决组织策划和参与

---

① 肖鹏军. 公共危机管理导论 [M]. 北京：中国人民大学出版社，2006.

者问题的原则必须基于危机冲突本身的性质及其直接的社会后果；冲突群体中的人，外围组织人员和一般参与者也应得到不同和适当的对待。总的原则是区别不同情况，严格政策界限，争取多数，孤立少数。

（二）公共危机后的转变机制

对于任何一个组织来说，危机可以使其衰落，也能使其繁荣。无论发生什么样的危机事件，我们都要在危机发生后及时利用这些现有的"教材"，培养人们的危机意识，提高应对危机的技能，从而提高全社会的抗危机水平。因此，我们的目标不应该仅仅是结束这场现有的危机，更应该结合危机事件处置阶段的各种机遇，化"危"为"机"，顺利进行观念、产品等的更新以及组织的变革，重塑公共组织在公众心目中的良好形象，并给予充分的支持来发挥危机可能成为推动组织发展和社会融合的积极力量的作用，保持公共组织和社会制度的活力。

（三）公共危机后的重建机制

1. 建立公共危机重建机制的必要性

危机对社会或组织生存和稳定的破坏力大大超过了正常的水平，造成组织或社会整体或某一局部的失衡和混乱，一定范围内的人群失去了和谐安定的社会环境，生活在高度的不稳定之中。特别是一些由自然灾害引发的危机事件和因工业技术衰败而造成的突发性危机事件，在造成重大人员伤亡的同时，它们往往更容易造成社会重要基础的破坏，使得正常的生产生活无法进行。因此，政府要尽快帮助受灾群众进行生产自救，尽快推动社会正常的企业生产和商业经营秩序的恢复，发展经济，稳定秩序。

2. 公共危机后重建的步骤

在公共危机的事后恢复阶段，紧急情况造成的损失达到最高值后，就不会再造成明显的损失，也就是说损失会慢慢减少，破坏秩序的根源也会被消除。危机的解决是危机治理的最终目标。然而，并不是所有危机都能得到妥善解决。即使解决了，也需要很多后续的工作来避免危机的二次发生。只有这样，才能恢复到之前的正常状态。一般来说，公共危机后的重建主要包括以下四项活动：第一，尽量避免灾害升级；第二，补偿社会、情感和经济上的创伤和损失；第三，抓住机遇，进行调整，满足人们对社会、经济、自然和环境的需求；第四，减少未来社会面临的风险[1]。在恢复重建过程中，要推陈出新，减少灾害影响，恢复社会生产生活原状，促进社会进一步发展，提高公共安全水平。从这个意义上说，恢复和重建不仅意味着修复，也意味着发展，它既包含着挑战，也包含着机遇。变"危"为"机"是处理突发事件过程中的关键环节。重建应该以消除危机的影响为基础，面向未来更好地发展。

3. 公共危机重建机制的分类

根据危机重建的持续时间，可以分为短期重建、中期重建和长期重建三个类型。恢复和重建可能需要数月，有时甚至数年。一般来说，短期的恢复重建工作，如搜救、捐赠、清理废墟、为危机受害者建造临时住房等，可以在短期内产生立竿见影的效果。长期恢复和重建活动一般着眼于长期，需要长时间的努力，如加强建筑标准，改变土地用途，改善交通设施，重建道路、桥梁、商店、住房设施等。中期恢复与重建是由短期向长期过渡的中间阶段。在长期的恢复重建中，人们往往需要从整体经济社会发展的高度进行全面规划，以促进灾区的经济发展，提高防灾减灾能力。从这个角度来看，在长期的

---

[1] 王宏伟. 公共危机管理概论[M]. 北京：中国人民大学出版社，2021.

恢复重建工作中，我们应该充分利用好形势，努力消除负面影响。同时，我们要面向未来，在新的更高起点上推动灾区经济社会发展。

（四）公共危机后的社会心态恢复机制

突发公共事件造成的危机会带来各种各样的危机后遗症，严重影响人类的健康、社会行为和心理活动。因此，危机发生后，组织必须采取各种策略和措施，矫正治疗各种危机后遗症，抚平受害民众的心理创伤，尽快让他们恢复生理和心理健康，恢复对生活的信心。恢复社会心态，体现了救援机制的进一步完整。突发性、震撼性的灾难性事件，可以引起明显的心理痛苦，心理素质好的人有时难免会悲痛、恐惧和绝望。如果能及时对整个受灾群体和高危人群进行心理社会干预，就能减轻其灾后的不良心理应激反应，避免心理痛苦的长期性和复杂性，促进灾害事件后的适应和心理康复。因此，灾害后的"心态恢复"工作大有必要。伤害不仅仅发生在身体或物质层面，人们的心理和精神所受的伤害可能比建筑物和人们身体所受的损害更为严重。灾后心理危机不但危害程度大，而且波及的范围广，持续的时间长。面对影响如此深重的灾后心理危机，我们不能视而不见，任其发展，需要进行灾后心理危机干预，关注灾后心理危机。

（五）公共危机后的社会调整机制

危机的发生会导致社会结构和功能的失衡。特别是那些由于社会政治原因造成的灾害，如社会动乱、民族暴动、恐怖活动等，政府往往派出国家武装部队、安全系统等有关部门和单位参与应急救援处置。在危机紧张时期，政府动用军队实施宵禁，宣布国家或国家某一地区进入紧急状态。有时，它会导致国家政治、经济、社会的动荡，导致社会结构和功能的畸形发展，甚至导致经济社会发展的停顿。更重要的是，一些大规模的战争和社会动乱可能会导致政府被推翻。因此，为了尽快恢复社会结构和功能的正常运行，政府和其他危机管理者应根据具体危机形势的发展，对政府和其他组织的危机管理权限进行规范和限制。

三、公共危机后的精神心理救助

公共危机后的精神心理救助，也可以看作是心理干预，主要是指调动各种可利用的内外资源，采取各种可能的或可行的措施，限制乃至消除人员的紧张、恐惧等心理失衡状态，从而使心理功能恢复到危机前水平，并获得新的应对技能，以预防将来心理危机的发生。其具体举措包括设立心理热线，设立心理卫生特别门诊，组成心理服务专家指导组，培训志愿者和专业服务人员，开展个别与团体辅导，开设心理健康讲座，普及心理调适方法，组成研究组调查社会心理，协助学校、社区开展宣传教育等[1]。

（一）公共危机后精神心理救助的必要性[2]

突发事件发生后，身处事故中心的个体，总会在心理上留下这样或那样的阴影，严重的还可能影响到他们以后的工作和生活。在有效社会救助机制缺失的情况下，灾难中的个体一方面会重视以血缘与婚姻为纽带的传统关系，另一方面也会从组织或者单位那里寻求心灵安慰和精神支持，但通常效果不佳。而心理治疗则可以有效地解决这一难题，消除灾难中个体的恐慌情绪，为他们的心理问题提供良好的治疗，为他们以后的正常生活和工作创造必要的条件。因此，任何危机状态结束后，都需要进行灾后的心理干预与救助，为受灾者以及家属等有心理问题的人群提供心理服务，甚至临床的各种心理和药

---

[1] 张永理. 公共危机管理 [M]. 武汉：武汉大学出版社，2018.
[2] 张永理. 公共危机管理 [M]. 武汉：武汉大学出版社，2018.

物治疗。由专家组成的心理救助小组对入院接受治疗的伤者进行心理评估和治疗，对亡者家属进行心理咨询和救治，是善后处理工作的必然要求之一。这对于消除危机产生的恐慌情绪，减少危机中的从众效应，控制和防止危机的升级或扩散，做好危机发生后的处理具有重要意义。

灾难的阴影不仅会造成公众的剧烈心理反应，还可能造成长期的心理影响和深层的信念波动，这就决定了灾后心理危机的干预不可能一蹴而就，而是一个长期的过程。对灾后心理危机进行主动积极的干预、疏导和救治，要有长期的规划与准备。

（二）建立公共危机后精神心理救助机制[①]

精神心理救助是公共危机管理善后恢复过程中一个重要环节，精神心理救助工作做得好，将推进整个善后与恢复工作的顺利进行。科学合理的精神心理救助机制是危机后精神心理救助工作取得成功的保障。

1. 建立政府协调机制，加大经费投入

第一，一个由政府主导负责的高效的管理机制将有助于公共危机中的精神心理救助的顺利实施，医疗卫生机构、科研院所等专业组织在精神心理救助上的作用是否得到充分发挥，很大程度上依赖政府协调组织的效率和资源整合分配状况。

第二，各级政府应继续加大对精神卫生工作的投入，保证突发事件中精神心理救助的顺利施行。在实施公共危机精神心理救助行动时所必需的费用，由财政部门做好经费使用情况监督。第一时间对灾民进行心理救援的专家和心理救助队伍，其工作经费应纳入公共卫生经费，由财政部门划拨到卫生行政部门予以满足。

[①] 张永理. 公共危机管理 [M]. 武汉：武汉大学出版社，2018.

第三，要着力构建立体化的心理救助社会支持系统。在横向上，要形成以精神卫生专业人员为主体，公安、司法、教育、城管等诸多相关部门配合的动态工作系统；在纵向上，要形成从市到区（县）、再到乡镇（街道）直至村（社区）的四级心理救助支持网络。基层社区的心理救助和干预应是社会支持网络的最基础部分。工作重心应当下移到这一层次。另外，还要发挥非政府组织在心理救助和干预中的积极作用。非政府组织由有共同的情感、价值、信仰、愿望的人组成，具有政府所不具备的一些优势，在国外，许多突发社会安全事件之后的心理干预就是由这类组织来完成的。

第四，建立健全灾后精神卫生救助制度是必不可少的步骤。世界上许多国家能够通过法律的形式来保障灾后的精神卫生救助，我国出台灾难心理救援法案已刻不容缓。从长远发展来看，只有最终将灾难心理卫生救助工作列入政府灾难救助计划之中，才是解决问题的根本保证。

2. 组建突发事件心理危机干预团队

公共危机后的精神心理救助是专业性比较强的工作，需要专家队伍来进行。当一个地区受到灾难的冲击时应能够配备一组心理卫生专业的核心团队，他们受过特别的训练，可以快速地动员和部署。如果受冲击的地区没有应急能力，那么训练有素、经验丰富的灾难心理卫生工作者，可以通过地方的支援协议，在灾难冲击、混乱的时刻，提供帮助。

第一，建立由心理学专家、公共卫生研究人员及精神卫生控制工作人员组成的高素质的心理危机干预应急专家储备库。任何关键信息的发布都应尽量得到专家的帮助，也可以通过专家进行传递。因为危机状态下人们往往更信服专家的意见和建议，专家的参与对稳定社会心理具有重要意义。

第二，建立包括专家机动队和志愿者小分队在内的突发事件心理危机干预团队。在遇到突发事件时，能够第一时间赶到现场开展心理救援工作，并负责指导准专业人员及相关志愿者的工作。

第三，组建精神抚慰与心理救助志愿者团队。并非每个人都能从事灾难心理卫生工作。这类具有挑战性的工作要求专业人员有灵活性，心理健康并且善于言谈和与人沟通。选择专业或半专业的团队，应该考虑受灾人口的地域性，包括族群和语言、团队成员的人格特质和社交技巧、灾难的阶段、在灾难的应对和复原的过程中工作者可能会扮演的角色等。

3. 加强灾难心理卫生研究和训练

精神心理救助是一门科学，需要在科学理论的指导下才能完成。在实际研究工作中，由于灾难心理危机波及的范围广，因此其研究对象就不能只限于灾难的幸存者，还应包括灾难的救助者、照顾者、目击者和受灾者的家属与亲友等其他灾难见证人。同时，由于灾难心理危机持续时间长，所以灾难心理卫生研究工作不但要进行短期的研究，还应进行连续性的跟踪调查，以掌握受害者的整个心理变化历程。

4. 充分发挥大众传媒在危机管理中的心理引导作用

在事后恢复阶段，由于公共危机事件本身往往会带来各种各样的危机后遗症，严重影响人类的健康、社会行为和心理活动。因此，危机发生后，组织必须采取各种策略和措施，矫正治疗各种危机后遗症，抚平受灾民众的心理创伤，尽快让他们恢复生理和心理健康，恢复对生活的信心。要尽量给公众提供一个政策参与、心理救助的机会。充分利用报刊、影视、广播、网络、手机等各种媒介手段，快速、高效地把有关心理预防、干预的正确知识传播开来，提高心理引导水平。

（三）我国公共危机后精神心理救助存在的问题[①]

1. 经费投入不足，精神心理救助机制专职队伍建设薄弱

虽然已经认识到精神心理救助的重要性，但我国还没有成立精神心理救助的专门组织，精神卫生方面的专职人力资源非常短缺，兼职队伍更是如此。在专职队伍中，接受过危机干预相关培训，能从事重大灾难以及危机的心理卫生服务工作的人员也为数不多。

2. 精神心理救助工作缺乏组织协调机制

从组织协调上看，我国一直没有把心理卫生工作正式纳入有关部门的议事日程，也缺乏一个能够对公众心理健康负责、具有对心理卫生建设进行规划指导与组织协调的议事决策机制。从事灾后危机和心理创伤干预的专家与机构仍是单兵作战，被动行事，没有形成合力。非政府组织、各社区网络和广大民众无法得到应有的培训和专业支持，难以作为辅助力量参与灾后精神抚慰和心理救援工作。

3. 精神心理救助被动式参与善后与恢复

我国的危机精神心理救助大多是问题出现以后在政府的命令下被动参与的，对于精神心理救助问题的研究主要停留在学术讨论上，结合实践的研究与推广尚未有效展开。心理救灾没有纳入救灾预警机制，是心理干预与救灾不能同步进行的重要原因之一。

4. 精神心理救助缺乏法律制度保障

危机后的心理救援与干预已经得到我国政府的高度重视，但是我们也要清醒地认识到，心理救援与心理干预在我国目前仍然缺乏制度上的保障，世界上绝大多数国家都通过法律的形式来确保灾后心理精神卫生问题的解决，而我国还没有在这方面的法律法规。因此，从长远看，必须把心理救援工作通过立法途径纳入政府的公共危机管理计划和应急预案，才能真正建立起危机后的精神卫生救援制度。

[①] 张永理. 公共危机管理 [M]. 武汉：武汉大学出版社，2018.

5. 精神心理救助的宣传教育普及工作欠缺

从心理卫生与干预知识的普及宣传和教育方面看，专业机构及力量、新闻媒体、社区等都没起到应有的作用。精神卫生服务重在社区，但目前社区在心理健康服务方面尚有较大欠缺。社区宣传栏里很少见到心理健康知识宣传和普及的内容，也没有经过专门培训的社区心理健康宣传员负责了解社区群众心理健康状况，及时反映问题和化解危机。

四、公共危机治理的反馈调整

公共危机治理的反馈调整也是危机治理中不容忽视的一个重要环节。但在实践中却常常被人们忽视，或者得不到人们足够的重视，成为多余的或者可有可无的措施，这是十分有害的。要提高应对危机的能力，实现从危险到机遇的转变，靠的就是不断对危机治理进行总结、改进，总结成功的经验，吸取失败的教训。通过总结不断加深对公共危机的现象和规律的认识，并把这些认识的成果不断运用到实践中去，从而改进应对危机的方法，提高应对危机的能力，这就是危机治理的精髓。

（一）公共危机治理中反馈调整的步骤

第一，对公共危机治理进行全方位调查。包括对危机发生的原因、危机治理的各个环节以及危机治理的成效进行全面、系统的调查，力求全面掌握真实可靠的第一手资料。

第二，评估与反馈。即对危机治理工作进行全面的评估和反思，包括对危机预防、预警和预控系统、危机应急预案、危机决策、应急处置以及危机后的善后恢复所有环节进行总结，详尽列出危机治理工作中存在的各种问题。

第三，根据总结出的经验教训对危机治理进行改进。将危机治理中存在的各种问题综合归类，有针对性地制订出详细的、切实可行的改进方法和措施，并责成有关部门逐项落实。如果在危机事件的处理中敷衍应付，未能从事故中吸取经验教训，则很可能导致同类危机事件重复发生。

（二）公共危机治理中调整改进的主要内容[①]

1. 危机后管理观念的更新

在危机结束之后，应当总结经验教训，更新组织观念，向组织成员灌输危机概念，强化其危机意识。在组织管理中，常态化管理是组织管理最基本的内容，在以后的工作中将常态管理同危机管理结合起来，做好危机时刻都会发生的思想和心理准备。同时，对于现代组织来说，危机的风险和不确定性随时都在增加。因此，在反危机管理中，每个管理环节都应该考虑反危机问题。除了加强反危机意识，还应加强对民众反危机意识的教育。社会整体的内在有序和恢复要求民众具有反危机的意识和能力。因此，政府在平时要积极有效地通过警示宣传、自救互救培训、学校教育、社会演习等各种方法和手段，最大可能地提升社会整体应对危机的能力。

2. 危机后管理制度的完善

在现代政府和其他组织的管理制度设计中，首先要求对所有组织管理活动制定规范的管理规定。同时，考虑到危机和风险的存在，在制定正常的管理规定后，要对危机和存在的风险进行分析，然后制订相应的预案，以便在危机和风险出现时，组织可以根据实际情况作出改进的有效选择。完善危机管理体系的第一步是通过法律手段确立应急管理的基本原则。在各种危机事件发生后，世界各国都依法明确了

---

① 肖鹏军. 公共危机管理导论[M]. 北京：中国人民大学出版社，2006.

政府危机管理的权限、责任和应对策略，颁布了紧急状态法、戒严法、自然灾害救助法等法律。为应对严重危害国家统一、安全和社会稳定的动乱、暴乱和严重骚乱，中国于1996年3月1日通过了《中华人民共和国戒严法》。为加强安全生产监督管理，预防和减少生产安全事故，于2002年6月29日通过了《中华人民共和国安全生产法》，并于2002年11月1日起施行。完善危机管理制度的另一项措施是建立危机应急储备制度、风险基金制度、保险制度等危机储备资源，确保组织在危机状态下的正常运转。正如我们在战时需要储备武器装备、作战物资和其他后备力量一样，各种组织也必须加强战略储备物资的建设，防止事故的发生。比如，从国家的角度，要抓好国家粮食储备、商品储备、油库、药库、副食品基地建设，增强以丰补歉的能力；同时，要抓好资金、技术、能源等重要战略物资储备体系建设，维护国家安全稳定；全社会也要加大社会保障力度，完善各项保险制度，尽量减少突发性危机带来的风险和损失。

3. 危机后管理机构的建立

各类突发危机事件发生后，应对其在技术、管理组织、操作程序等方面的不足，进行全面分析和评审，并提出改进组织建设的建议和措施。一方面，要及时检查组织内已设立职能部门的各种不足，对这些部门的职能、权限、危机应对原则提出系统的修改和完善；另一方面，要对危机产生的原因和危机处理过程进行分析和反思，根据对新形势、新环境下各种危机的性质和特点的预测和判断，建立新的危机应对组织，或者在原有多个危机应对部门合并的基础上，建立适应形势发展的危机应对组织。

在常态下，组织是稳定的，由于成本和代价较高，很少有人会对组织机构进行较大程度的改革。而危机常常成为一个组织变革的契机。危机既是危险又是机遇，它的发生表明现有组织存在某方面的较大缺陷，经过各种类型的突发性危机事件后，政府和其他社会组织应当综合分析，检讨在技术、管理、组织机构和运作程序上的不足之处，进而提出改进组织机构建设的相关意见和措施。

4. 危机后管理政策的改进

对于政府和其他组织来说，危机的本质是一个典型的非程序性决策问题，而应对突发危机事件则是一个非常规的决策问题。危机作为政治改革与发展的一部分，可以成为一个理性、充满活力的政府改善和完善公共政策的外部动力。如果政府等组织能够公开认定危机事件的成因，调整组织的政策取向和价值选择，了解并尽量满足政策受众的合理利益和要求，在新的政策目标下提高自身的地位，那么危机不仅可以强化组织的政策评价和预警系统的作用，而且可以充分发挥"社会安全阀"的积极作用，进而将危机转化为改善组织政策的应对手段和措施。

第九章
公共危机治理的保障机制

从目前公共危机发展的形势来看,公共危机已成为一种常态化、频发性的事件。公共危机主要的受害者是公众,公众是社会发展的主体,治理公共危机的最终目的是要保护公众的利益不受损害,所以要有效地化解危机,阻断危机发生的路径,从而建立一种长效的发展性机制。公共危机治理的保障是指在公共危机治理的过程中为了实现公共危机治理的目的所依赖的各种资源或手段,其中包括人力、物力、财力等资源的支持。谈到资源,我们就需要从很多方面考虑,比如资源的供给、资源的分配及利用、资源的监管等问题。本章所要讲述的公共危机治理的保障机制主要探讨的就是"利用所需资源来开展公共危机治理"。从资金投入、人才支撑与科技支撑三个维度来建构公共危机治理的保障机制,确保危机治理工作的持续性和稳定性,强化危机治理的专业性和科学性,提高危机治理的效率和效果。

一、公共危机治理的资金投入

公共危机事件的频繁发生，推动着公共危机治理格局的改变，我国需要不断创新发展传统的公共危机治理模式，为公共危机治理提供更加充足的保障。所以传统的以政府为治理主体的单一治理格局已经不再适应社会发展的需要，单靠政府一种力量是不够的，而是需要建立一种以政府为主体，整合社会和市场的多元力量，来共同应对公共危机的频发。公共危机治理的资金投入是一项基础性工作，做好基础性工作对于公共危机的治理具有重要意义。投入保障是指能够为实现公共危机治理的目的提供充足、稳定的物质支持，并作为后盾力量。本节主要从资金投入的主体、范围以及监管三个方面，来讨论公共危机治理的资金投入保障。

（一）公共危机治理资金投入的主体

公共危机治理的资金投入的主体具有多元化特性，各方对公共危机治理都履行各自的职能和义务，这样使得投入的来源具有稳定性，公共危机治理的活动需要有强大的物质基础。这里所讲的公共危机治理的投入主要是资金的投入，涉及公共危机治理整个过程中所花费的资金，这些资金的投入汇聚了各方的力量。其主体主要有以下几个。

1. 各级政府

政府作为公共危机治理的主体，承担着主要的供给责任，并且政府的地位及职能也决定着政府在公共危机治理中发挥主要的作用。政府的宗旨是全心全意为人民服务，解决民众的问题，维护民众的利益，与公共危机治理的目的同源。政府对于公共危机治理的投入在资金上主要是依靠财政的税收，通过税收获得主要收入，然后将其作为公共危机治理的预备费。预备费的设置为公共危机的治理提供了强大物质基础。并且在有些国家，预备费是实行专款专用的。同时政府的资金支持是需要有法律保障的，在一定程度上可以说是具有强制性的投入。

2. 市场

市场作为公共危机治理资金来源的又一大主体，在资源配置中起决定性作用，并通过经济杠杆对国家的经济进行调节，为经济发展营造和谐氛围，来保证公共危机治理的资金投入的来源稳定，全力支持公共危机的治理。通过市场相关部门的有效监管，严厉打击垄断、哄抬物价等行为，大力维护市场秩序，并有效保障市民生活用品的供应，维护民众的消费权益。并且，对于公共危机治理的资源的提供，可通过市场竞争的方式，来提高资源配置的效率。

3. 社会及公众

非政府组织作为社会中不可或缺的力量，对公共危机的治理的贡献也不容小觑。其特点是具有相对的灵活机动性，能够弥补政府和市场供给的不足，并且在一定程度上具有自发性，依靠公益精神，为公共危机治理提供物资。存在形式是依靠社会上的捐赠，筹集善款或物资，运送到突发危机事件的现场，主体包括慈善基金会、红十字会等类似的组织。在一般情况下，非政府组织在公共危机发生后的行动较多，根据危机的实际情况来决定所需投入的大小与筹集活动的规模。

公共危机治理中公民的参与增强了管理中维护公共利益的价值取向，在一定程度上消除了不必要的恐慌，有利于社会的稳定。同时民众是危机的主要受害者，民众的反应及诉求能够给治理工作提供一定的参考，比如在地震、疫情等危机发生后，激发民众的生产生活动力具有重要意义。

（二）公共危机治理资金投入的范围

公共危机治理投入的范围即投入的方向，所投入的资金都应用到哪些方面？公共危机治理的资金投入并不是单一的，而是更加多元化、更加复杂。投入范围越广泛，在一定程度上就说明为公共危机治理所做的准备越充分，所涉及的领域越广。但有时投入的多少与公共危机治理的效果并没有直接的关系，更重要的是建立长效稳定的治理机制。

公共危机治理中的资金来源主要依靠政府，政府通过对公共危机治理需求进行评估，根据实际情况，对公共危机治理系统进行资金投入。例如我国《国家突发公共事件总体应急预案》中规定"要保证所需突发公共事件应急准备和救援工作资金……鼓励自然人、法人或其他组织按照《中华人民共和国公益事业捐赠法》等有关法律法规的规定进行捐赠和援助"。当公共危机发生时，政府有义务向受灾的地区拨付资金援助，在投入保障机制中，政府也应提前预留一部分资金充当预备费，"重预防"是未来公共危机治理的路径选择。同时，在发生重大的公共危机时，社会公益性组织也会自发地为受灾地区筹集援助物资，并投入相应的人员实施救助。公共危机的治理是一个过程，并不能一蹴而就，而是需要整个过程中不同阶段的资金投入。具体来说，对公共危机治理的投入主要分为以下几个阶段来进行。

（1）危机的事前防范阶段

这是公共危机治理的重要阶段，通过有效的监测和预警，我们可以及时地预判危机的发生，准确地掌握有关危机的信息，为应对危机做好相应的准备。可以说，成功的监测与预警，在公共危机的治理中已经成功了一半。为此，设置相应的监测机构，使用专门的监测设备加上专业的监测技术显得特别重要，有利于保证监测的科学性与严密性，提高预警的可信度。当然，这些都离不开各项资金的支持，所以，在危机的事前防范阶段需要公共危机治理的大量的投入。

（2）危机的事中化解阶段

通过及时的监测与预警，了解到公共危机的具体情况，但公共危机并不是都能够通过监测提前预料到的，有些危机难以预测，具有突发性，相应的应对难度也会增大。事中化解阶段就需要对所出现的危机进行准确的判断、果断的决策并提出相应的措施，开展救援工作。危机的事中化解阶段，是公共危机治理关键时期，对资金的需求是不可估量的。

(3) 危机的事后恢复阶段

危机既是一次"危难"，也是一次"机遇"。危难会使人员伤亡，甚至给经济造成损失，如果救援工作及时，能够把危机控制住，就会减少危机带来的损失。若救援工作不及时，很可能会引发严重的后果，甚至引发次生危机。把危难转化为机遇的关键是要看在危机面前如何应对。公共危机的恢复与重建关系着受灾地区的发展以及民众的生活水平，在此阶段的资金投入也非常关键。例如2008年的四川汶川大地震，使得无数人无家可归，经济遭受打击，但在我国政策的大力度的扶持下，当地民众的工作生活很快得以恢复，现在汶川的发展已经步入正轨，并在不断地迈向更好的阶段。

(三) 公共危机治理资金投入的监管

为有效应对公共危机事件的发生，及时做好应急管理的准备必不可少。在公共危机发生前及治理的整个阶段中，所投入的资金能否得到有效的利用，是需要关注的重要问题，并且需要有相应的部门对资金使用进行监督，监督在运行过程中起到非常重要的作用。监管机制在一定程度上能够切实保障资源得到有效利用，同时也能确保权利和利益的实现。

1. 监管的主体

在我国，公共资源的监督主体，主要有三类：国家机关，包括国家权力机关、行政机关和司法机关；社会组织，包括各社会团体、群众组织等；公民，公民作为社会中最广泛的群体，具有不容忽视的监督权。这三种类型的主体囊括了全部的监管力量，三类主体不能独立存在，需要相互配合，缺一不可。监管使得公共危机治理的资源的分配及使用能够在透明的环境中运行，提高资源的使用效率，获得民众的信任和支持。并且提高政府在人民心中的威望，有利于消除人们面对危机的恐慌感，有利于社会的稳定及经济的发展，更重要的是，有利于危机的恢复和重建，使社会和公众更快地摆脱危机的影响。

2. 监管的内容

对于危机发生前阶段资金使用情况的监管，主要起到预防作用。很多国家都会把专项的资金配置到危机治理领域，为危机的治理奠定充足的物质基础。危机发生前资金的合理使用，能够在一定程度上节约资源，防止浪费，避免在危机来临时缺乏资源。对危机发生时资金使用情况的监管，主要起到保障作用，保障资源的供需平衡，同时有效防止危机发生时机构的不合理使用，乃至贪污、私吞等现象。对危机恢复和重建的资金使用情况的监管，主要起到巩固的作用，在科学的评估危机发生的整个过程后，对灾后的扶持资金的使用可以更加具有针对性，同时也能够为公共危机治理的预防提供经验和数据参考。并在一定程度上能够有效激发受灾群体的劳动积极性，刺激经济的发展。

3. 监管结果的处置

监管这一行为的结果具有两面性，一种是积极的、有效的，另一种便是消极的、错误的。对合理利用资源的单位，提出表扬或奖励，鼓励单位之间或机构之间相互学习；而对在危机治理中滥用资源，或发生贪污、克扣等行为的，应及时予以批评惩罚，使其感受到舆论的压力或受到法律的制裁，决不能姑息。这样更有利于创造一种安定守法的和谐的氛围。若是忽视救灾资金和对救援物资使用的监管，或是出现包庇等现象，就会使环境恶化，更容易引发严重的后果，给公共危机治理埋下隐患，具有非常大的危险性。

二、公共危机治理的人才支撑

公共危机治理是一项长期性的工作，同时危机治理又需要一定的韧性，应灵活机动地处理突发公共危机事件。21世纪，特别是2003年的"非典"事件过后，公共危机发生频率逐渐变大，所涉及的领域也逐渐变宽，随着经济发展水平的提高，公共危机给社会带来的损失越来越大，公共危机事件成为一种常态化事件，危机治理急需建立一种长期稳定的长效机制，而这种机制的形成以及运作需要相关的人的活动来完成。

治理最终依靠的还是人的活动，人这一主体在社会生活中发挥着巨大的作用。人的活动具有主观能动性，能够能动地改造客观的世界，以适应未来的发展变化。在公共危机治理中，随着危机事件的复杂化和多样化，治理的难度相应地变大，而对治理人员专业性的要求也在不断提高，这样一来就增加了对于公共危机治理人才的需求。在公共危机治理中，充足的人力资源是开展活动的重要的条件，在很大程度上影响着危机治理的效果，所以在公共危机治理的人才支撑方面还需要进一步的探究。

（一）公共危机治理的人才选用标准

所谓人才，泛指具有一定的专业知识或专业技能，进行创造性劳动并对社会作出贡献的人。在公共危机治理中，需要有具备专业知识和技能的人，来降低公共危机治理的难度。在公共危机治理机制中，人才的选用也是一项重要的内容。任何行业都有用人的标准，公共危机的治理也不例外，其标准要符合新时代公共危机治理的要求。公共危机治理的人才选用标准主要有以下几个方面。

1. 具有全局观念

公共危机不同于企业危机，企业主要以营利为目的，企业危机主要注意的是危机给企业带来的形象以及经济的损失，所以及时弥补损失是企业危机的首要目的；而公共危机具有公共性、社会性，能够涉及社会民众的普遍利益，以及危机所引发的普遍的负面效应。公共危机的治理具有一定的思想高度，需要从社会的公共利益角度出发，统筹全局，既要考虑到社会的和谐稳定问题，同时还要照顾到某个具体公民的切身利益。公共危机的治理既要面临危险，同时也要注重抓住机遇，在一定的情况下转变思想，找到破解公共危机的解决方案，并为未来公共危机的治理积累经验，不断突破传统的应对方法，找到新的应对公共危机的办法。

2. 具有专业素养及技能

公共危机不同于社会中的一些突发事件，公共危机的影响更广，所造成的损失更严重，特别是公共危机会给社会带来不可估量的负面影响，甚至影响到政治以及文化的发展。所以公共危机治理需要专业的人员和技术准确地对危机进行预测，并迅速做出决策，全力安排部署危机的治理工作。具有专业知识和技能的人才能够对公共危机有理性的认识、客观的评价，最大限度地减少损失，保护公众的利益。专业的知识和技能能够为人们的生产生活提供科学的指导，为社会提供安全保障。

3. 注重以人为本

以人为本是新时代我国发展的重要命题，深刻体现了我们党全心全意为人民服务的宗旨。在公共危机治理的过程中要时刻体现以人为本的理念，时刻以人民的利益为中心，切实保护公众的权利。发生公共危机，公众是主要的受害者，所以公共危机治理最终的目的就是最大限度地减少人民生命财产的损失。在2008年四川汶川大地震中，第一时间抢救人民生命财产，以及灾后进行对公众生产生活的恢复和重建工作，都是以人民的利益为核心开展的。尤其对涉及公众生命健康的重大危机事件，要尊重生命，不顾一切挽救生命。

(二) 公共危机治理的人才类型

公共危机治理是一项系统工程，需要不同类型人员的共同努力与支持。在公共危机治理的格局中，纵向上需要自上而下的统一协调，横向上需要各部门之间的密切配合，既要有严格的规章制度，又要有灵活机动的应对。只有这样，才能在公共危机治理中整合全社会的力量，共同破解危机难题。在公共危机发生前有所准备，以便在公共危机发生之时能合理有序地开展危机处理工作；在危机爆发时应具备立即投入救援的人员，且救援人员要掌握相关的知识并能应用于具体的实践活动；在危机治理后对危机发生区域进行及时的恢复和重建，保证社会公共利益的损失降到最小。在公共危机治理的整个过程中，其人才的供给主要涉及以下几种类型。

1. 专业技术人才

这类人才遍布在公共危机治理的全过程中，由于公共危机在不同阶段有不同的特点，所以也需要不同的技术人才来应对。在危机的事前防范阶段，需要专业的技术人员结合专业的知识，对危机的发生原因进行科学的分析，为危机的预防提供合适的办法；在危机的事中化解阶段，专业的技术人才根据危机发生的情况，快速做出合理的工作安排；在危机的事后恢复阶段，专业技术人才会根据不同地区或不同领域的具体情况，做好灾后的规划，并为管理者提供合理的建议。比如消防队员有很多的种类，有城市消防、森林消防等，而每一个种类的工作性质和特点都是不同的，这就需要对消防员进行专门的培训，使其不仅要掌握相关的理论知识，同时也要具有丰富的实战经验，这样才能够保证在突发的、重大的事故中立即投入工作。

2. 技能人才

这类人才包括工人、农民、技师等，属于操作型人才。听从专业技术人才以及管理者的安排，付出体力劳动。比如在 2008 年汶川大地震中，人员的搜救需要大量的操作型人才，且在灾后的民宅、学校以及医院等建筑场所的修复和重建工作中，技能人才也发挥巨大的作用。虽然技术含量相对较少，但对于公共危机治理中的人才的支撑，也是不可或缺的。这些人的工作属于基础的保障工作，贴近民生，影响着人民的生活以及灾后的生活质量，影响着公共危机治理的进程，同时也影响危机后的治理效果。他们属于公共危机治理人员储备的中坚力量。

3. 管理人才

管理人才主要是一种综合型人才，在纵向的治理格局中居于最高的位置，起到领导和统率的作用。主要对公共危机的治理进行安排和部署，对行动措施进行决策。决策是行动的基础，良好的决策对行动起到决定性作用，同时决策的执行效果也可以检测决策的正确与否。管理人才应用于危机治理的各个阶段，因为每个阶段都需要决策，需要对公共危机事件进行判断，并对危机处理工作进行安排和部署。

（三）公共危机治理的人才的培养

公共危机治理的过程中，所需要的人才具有多样性，其来源也各不相同。但是，作为公共危机治理主体的人才，需要具备一定的素养。对公共危机治理人才的培养，能够在一定程度上提升政府抗风险和应对危机事件的能力，实现把灾祸转变为机遇，从而减轻危机给人们生活带来的冲击，有利于社会的稳定和人民生活的幸福。

1. 公共危机治理人才培养的原则

首先要将理论与实际相结合，理论来源于实践，同时又能够指导实践。在相关人员掌握危机应对知识的基础上，要锻炼他们使他们在实际执行过程中将理论应用于现实情况，并在实践的过程中积累经验以丰富和发展理论知识，进而提升应对公共危机的能力。其次要注重因材施教，对于公共危机治理中的人才要进行分类管理，根据每个人的特点进行培养，扬长避短，在公共危机治理过程中，发挥每个人的长处，并且注重职位与权责相对应，以免出现滥用权力或能力不足以胜任工作的情况。最后注重因需施教，按照不同阶段公共危机治理需求的不同，有针对性地培养所需人才。在科技日益发达的今天，要更加注重培养技术型人才，促进科学技术与公共危机治理更深地融合。

2. 公共危机治理人才培养的内容

培养公共危机治理人才，要注重人才对公共危机的了解。所以要建立公共危机治理的知识体系，使治理人才了解公共危机产生的原因、发展过程，识别不同公共危机的类型，同时根据公共危机的发生机理研究出不同的应对方法和治理策略。当公共危机发生时，公共危机治理人才应能够及时分析出此次危机可能会引发哪些其他的危害，并能够作出准确的判断，通过此次危机管理为公共危机治理体系的完善和发展积累经验等；注重对人才进行危机治理基本能力的培养，危机感知能力、灵活的思维能力以及掌握扎实的基本知识是危机管理者应该具备的基本能力，这些可以在平时的训练中得到提升，加上在公共危机处理过程中锻炼出来的组织活动的能力和沉着冷静的处事能力，有利于公共危机治理效率的提升；注重对人才进行危机管理专业能力的培养，根据个人所长有针对性地处理公共危机事件，并且根据每个人的不同，进行分工合作，提升团队整体的能力和团结的意识，共同应对公共危机。

三、公共危机治理的科技支撑

当今世界科学技术日新月异，科技成果的有效运用能够推动国家治理现代化的发展，科技对于公共危机治理的支撑作用也日益突出，但提升公共危机治理的效能需要全方位、多维度的努力。公共危机的治理离不开科学技术的支撑，特别是在社会快速发展的今天。公共危机的发生会带来不可估量的负面效应，这对于我国的发展来说是一次次巨大的挑战，无论是从国内发展的角度来说，还是从全球化的大背景角度来说，筑牢科学技术支撑的根基，是强国的必然选择，并且需要结合我国独特的社会发展制度，形成独具特色的公共危机治理体系，使我国在世界公共危机的治理中占据主动地位，为其他国家提供借鉴。在世界体系中，国家之间的竞争包括经济的竞争、文化的竞争以及人才的竞争，也包括科技的竞争，科技的发展也能够证明国家的实力。

（一）科技在中国公共危机治理中的应用

将科学技术应用在公共危机治理中，能够有效防范和应对公共危机事件，提高公共危机治理的效率。纵观人类的发展历程，并从突发公共事件的视角来看，公共危机涉及自然灾害（比如水涝灾害、地震海啸、核泄漏等）和事故灾难（比如重大交通事故、安全事故、环境及生态严重破坏等）等，直接关系到公众的生命财产安全，并对社会产生深远的影响。在中国公共危机治理的历史长河中，科学技术的应用具有深厚的历史积淀。

我国自古以来就是一个蝗虫灾害频发的国家，蝗虫的预防和治理一直是困扰我们发展的难题，明代著名的科学家徐光启，通过整理和统计资料，总结了蝗虫的繁殖季节和生活习性，逐步研究出了除蝗技术，为我国蝗虫的治理作出了巨大的贡献。清代末年，吴连德医生借助科学的防护措施和治疗技术，及时有效地控制住了鼠疫向更大范围的蔓延，降低了灾害对人民生活的影响。这些都是我国对抗公共危机所做出的巨大的努力。新中国成立后，国家更加注重科技与公共危机治理的结合。在2003年的抗击"非典"期间，科技的力量被挖掘了出来，国家启动专题项目，组织各类医学专家开展病毒的临床研究，动员全国的科技力量共同应对"非典"病毒，为医疗技术的快速发展提供平台。在 2013 年的四川雅安地震中，科学技术也发挥了巨大的作用，在地震救援的过程中，计算机网络技术、无线通信技术、GIS 技术的使用，极大地提高了救援的效率和水平，为救援节省了很多的时间，也意味着挽救了更多的生命。同时，科学技术的应用也为灾后的恢复和重建工作创造了更多的价值。

2018 年，应急管理部编制《应急管理信息化发展战略规划框架（2018—2022 年）》，提出建设具有系统化、扁平化、立体化、智能化、人性化特征的应急管理体系。这充分表明了我国高度重视科技在公共危机领域的应用，并且立足科技发展前沿，着力建立现代科技手段与大国治理能力相适应的公共危机治理体系。

综合以上论述，足见科学技术已经伴随着我国的公共危机治理走过了很长的路，同时也在不断进行创新来适应快速变化的环境。我国不断地使公共危机治理与科学技术深度融合，谋求建立一种高水平、高效率的公共危机治理机制。

（二）科技在公共危机治理中的作用

科技是完善公共危机治理体系和提升治理能力的重要环节，对形成以统一指挥、专常兼备、反应灵敏、上下联动为特色的国家公共危机治理机制发挥综合性的保障作用。中国科学技术协会主席周光召在 2004 年亚太地区的技术研讨会上强调，"科技能为危机应对提供强有力的工具。危机发生后，科学工作者有责任迅速找出危机之源，积极主动地寻求应对之策，引导公众理性、冷静、科学地看待危机"。毫无疑问，科学技术贯穿于公共危机治理的整个过程中，是应对公共危机的重要手段，科学技术与公共危机治理的结合，大大提高了公共危机治理的效能，对公众的生产生活也起到保障作用。

1.科技在公共危机治理中的预防作用

公共危机治理是一个系统化的过程，要经历危机的事前防范、危机的事中化解、危机的事后恢复等不同阶段。在危机的事前防范阶段，科学技术能发挥巨大的作用，比如在自然灾害领域，已经开发出很多预防自然灾害的现代信息技术，如监测地震发生的地动仪、预防洪水的多普勒雷达监测技术、遥感技术、仿真技术等；在公共卫生事件中，可采用新的医疗技术阻断流行疾病的发生（比如注射疫苗），利用食品安全技术对食物进行监测防止大规模的食物中毒的事件的发生，利用紫外线消毒技术防止诸如"非典"病毒的产生等；在公共安全事件中，包括有关煤矿安全的监测技术、火灾的自动报警装置、空气中有毒气体的含量的监测技术、预防犯罪的监控装置等。这些技术在各个领域的应用，都大大降低了公共危机发生的概率，在很大程度上减少了危机给经济、社会等方面带来的损失。

2.科技在公共危机治理中的缓解作用

公众是公共危机事件的主要受害者，在危机发生时，公众的心理也会受到一定的打击，科技手段的应用能在一定程度上安抚公众的紧张心理，降低公众的恐慌程度，给公众带来安全感。网络技术的应用（网络的追踪报道、实时数据的更新及救援情况的进展等）让公众及时地了解和掌握准确的信息，能够缓解公众的恐慌情绪。并且，现代通信技术的发展，使得无论相隔多远的亲人、朋友等都能取得联系，一旦发生危险，能够及时知道对方的情况，消除不必要的担心。

危机的发生并不都是有预兆的，面对突发状况，需要一定时间研究对策。在这一过程中，科学技术的应用就能够为危机的救援赢得有效的时间。比如在抗击"非典"的过程中，虽然在当时并没有立即找到根治"非典"的有效方法，但是通过一氧化碳吸入疗法能在一定程度上缓解病人呼吸困难的急症，减轻病人的痛苦，而且杀菌消毒技术也减缓了病毒传播的速度。

3. 科技在公共危机治理中的保障作用

科技手段能够有效降低公共危机事件发生的不确定性，使得公共危机事件发生的概率能在人们可预测的范围内，提前为公众提供信息，使其做好应对的准备。不确定性的因素包括环境因素、信息不对称等，从这些因素出发，尽可能收集全面的信息反馈给公众。比如，以前的天气预报只是大致地推算和估计，随着技术的发展，气象部门运用气象卫星、天气雷达、计算机模拟技术等，已经将天气预报的准确性提高到了实时播报以及对未来一段时间的预计。

同时技术手段也能抓住机遇，将公共危机的结果转向积极的一面。众所周知，世界上的任何危机都会带来不同程度的损失，如果处理不好将是一场灾难，甚至还会引发次生危机。随着科学技术的应用范围的拓宽，人类从危机中找到机遇的能力大大提高了。科学技术所起到的保障作用，经过实践逐渐积累，并随着现代技术的进步越发成熟。

（三）公共危机治理与科技进步的深度融合

创新是国家发展的动力，科技创新是国家发展的战略支撑。要想国家在公共危机治理中掌握主动权，以科技支撑赋能国家治理变得更为迫切。在国内外发生深刻变化的大环境下，由于公共危机事件的频发性和常态化，我们要抓住机遇、补齐短板，推动公共危机治理和科技进步的深度融合，以科技支撑增强国家应对公共危机事件的能力。

1. 科技进步赋能公共危机治理的重要性

在我国的公共危机治理中，要充分重视运用科技手段，打破"事后反应""重灾轻防"的传统被动的危机治理模式，必须增强事先预警和风险排除的能力，重视创新科技在公共危机治理中的支撑作用。

首先，要通过科技与公共危机治理的深度融合，进一步提高公共危机监测的专业化程度。监测涉及整个公共危机治理全过程，从事前的隐患排查和风险感知，到事中的决策和应对，再到事后的恢复与效果评估。而在公共危机治理的过程中人员流动和物资调配同样也需要监测，这样才能保证公共危机治理的科学性和高效性，保证资源的合理配置。

其次，通过科技与公共危机治理深度融合，进一步提高对公共危机管控的精准化程度。公共危机的发生往往具有很多不确定性，通过危机的监测与预警能够在一定程度上事先对危机有所了解，但对于公共危机的危害程度、涉及范围等的认识依然相对模糊。在这样的情况下，信息的获取、鉴别和处理对于现代公共危机治理来说非常重要，只有准确地掌握信息，才能精准研策以便更加有效地开展应对。

2.加强我国公共危机治理与科技进步融合的路径选择

（1）保证人民群众的根本利益

公众是社会生活的主体，而且公众是公共危机的最主要的受害者，所以维护人民群众的根本利益是公共危机治理的最根本目标，科技的支撑要更好地维护和实现人的安全发展。在公共危机的治理中，应该注重以人民为主体，重视公众的参与力度，只有多与公众交流，才能更加了解公众的需求，维护公众的利益，使得技术为民所用，为公众创造更加和谐的社会氛围。科学技术是人类的伟大创造，科学技术的有效应用是对人类文明成果的尊重，在公共危机治理中应该更多地结合科学技术，既造福人类又进一步推动科学技术的不断改进。

（2）营造善用科学技术的良好社会氛围

我国的社会主义制度是化解各类风险的根本优势所在，但随着公共危机发生频率的增加和发生类型复杂性的增强，加之我国科学技术在公共危机治理领域存在薄弱之处，急需建立一种浓厚的科技创新氛围，举全国之力投入科技与公共危机治理的融合中去。国家的科技创新是国家发展前进的动力，所以在新时代的征程中，我们应高举科技创新的旗帜，引领社会朝着高水平方向前进。国家要加大对科技教育的投入，使学校教育与社会教育相结合，共同培育创新型人才，为国家的科技创新提供后备力量；加大对社会科学研究的投入，重视科研的力量，重视科研成果的应用转化；同时深化技术标准、法律制度等，以科技支撑赋能公共危机治理体系。

（3）创新"企业参与"的公共危机治理机制

企业的参与能够在一定程度上激发市场活力，在竞争日趋激烈的情况下，企业只有不断进行创新，提升竞争力和创造力，掌握核心技术，才能不至于被淘汰。并且企业的发展要能够与社会效益相结合，激发可持续发展的活力。另外，作为公共危机治理的参与者，企业也应该为公共危机的治理贡献力量，以社会的安定和谐、公众的幸福健康生活为己任，共同应对公共危机。在此情况下，国家应顺势而为，引导建立一批以大数据、云计算为核心的高新技术产业，并以政策进行大力扶持，不断鼓励企业加强对重大公共危机防范和应对的研发投入和技术攻关，形成企业产品线和产业链、企业社会效应和经济效益的协同发展，深化以企业为重要主体的危机治理创新机制。

（4）加大教育的投入，鼓励培养创新型人才

教育是立国之本、强国之基，教育能够为我国的发展提供人才支撑。在科技赋能公共危机治理的路径选择中，为科技发展培养更多的创新型人才，方可使科技与公共危机治理的融合更加顺畅。国家应加大对科研事业的支持，注重科技的发展以及对科学人才的培养，为未来的公共危机治理提供更加充足的资源。同时，在社会力量中也存在大量的科研部门，这些部门也会培养大量的科学人才，并且还能够对科技发展起到促进作用，国家也应该重视对社会力量中科研部门的支持。

参考文献

[1] 刘霞，向良云. 公共危机治理 [M]. 上海：上海交通大学出版社，2010.

[2] 唐钧. 公共危机管理 [M]. 北京：中国人民大学出版社，2019.

[3] 张海波. 中国转型期公共危机治理：理论模型与现实路径 [M]. 北京：社会科学文献出版社，2012.

[4] 李经中. 政府危机管理 [M]. 北京：中国城市出版社，2003.

[5] 周晓丽. 灾害性公共危机管理 [M]. 北京：社会科学文献出版社，2008.

[6] 冉景亮. 政府绩效管理：理论与实务 [M]. 北京：中国社会科学出版社，2018.

[7] 亨廷顿. 变革社会中的政治秩序 [M]. 北京：华夏出版社，1998.

[8] 马克思，恩格斯. 马克思恩格斯全集（第 42 卷）[M]. 北京：人民出版社，1972.

[9] 列宁. 列宁选集（第 1 卷）[M]. 北京：人民出版社，2010.

[10] 张成福，唐钧，谢一帆. 公共危机管理：理论与实务 [M]. 北京：中国人民大学出版社，2009.

[11] 薛澜，张强，钟开斌. 危机管理：转型期中国面临的挑战 [M]. 北京：清华大学出版社，2003.

[12] 刘毅. 网络舆情研究概论 [M]. 天津：天津人民出版社，2007.

[13] 钟开斌. 应急管理十二讲 [M]. 北京：人民出版社，2020.

[14] 艾尔·巴比.社会研究方法[M].邱泽奇,译.北京：清华大学出版社,2020.

[15] 王宏伟.公共危机管理[M].北京：中国人民大学出版社,2019.

[16] 朱德武.危机管理：面对突发事件的抉择[M].广州：广东经济出版社,2002.

[17] 肖鹏军.社会危机管理[M].广州：华南理工大学出版社,2018.

[18] 戴维·奥斯本,特德·盖布勒.改革政府：企业家精神如何改革着公共部门[M].周敦仁,汤国维,寿进文,等译.上海：上海译文出版社,1996.

[19] 黄宏纯.突发事件全面应急管理[M].北京：北京理工大学出版社,2018.

[20] 赵平则.危机管理[M].太原：山西人民出版社,2005.

[21] 黄顺康.公共危机与危机法制研究[M].北京：中国检察出版社,2006.

[22] 肖鹏英.危机管理[M].广州：华南理工大学出版社,2008.

[23] 张永理.公共危机管理[M].武汉：武汉大学出版社,2018.

[24] 肖鹏军.公共危机管理导论[M].北京：中国人民大学出版社,2006.

[25] 蔺雪春,李希红.公共危机管理[M].成都：西南交通大学出版社,2018.

[26] 张永理,李程伟.公共危机管理[M].武汉：武汉大学出版社,2010.

[27] 张小明.公共部门危机管理[M].北京：中国人民大学出版社,2017.

[28] 周忠伟,丁建荣.公共危机安全管理[M].北京：中国人民公安大学出版社,2018.

[29] 霍雨佳,周若平,钱晖中.大数据科学[M].成都：电子科技大学

出版社，2017.

[30] 童星，张海波. 中国转型期的社会风险及识别：理论探讨与经验研究 [M]. 南京：南京大学出版社，2007.

[31] 王宏伟. 公共危机管理概论 [M]. 北京：中国人民大学出版社，2021.

[32] 董传仪. 危机管理学 [M]. 北京：中国传媒大学出版社，2007.

[33] 胡税根，余潇枫，何文炯，等. 公共危机管理通论 [M]. 杭州：浙江大学出版社，2009.

[34] 钟开斌. 公共场所人群聚集安全管理 [M]. 北京：社会科学文献出版社，2016.

[35] 张成福，唐钧. 政府危机管理能力评估：知识框架与指标体系研究 [M]. 北京：中国人民大学出版社，2009.

[36] 余潇枫，潘临灵."非常态危机"识别与防控：基于非传统安全的视角 [J]. 探索与争鸣，2020（4）：149-159，289-290.

[37] 杨志军. 从非常规常态治理到新型常态治理 [J]. 探索与争鸣，2016（7）：125-130.

[38] 张爱军. 建立和完善重大突发事件常规治理与非常规治理相结合的机制 [J]. 党政研究，2020（2）：30-37.

[39] 魏程琳，赵晓峰. 常规治理、运动式治理与中国扶贫实践 [J]. 中国农业大学学报（社会科学版），2018，35（5）：58-69.

[40] 赵林云. 重大突发事件中网络舆情引导的基本原则 [J]. 舆情分析，2020（9）：116-117.

[41] 张小明. 公共危机事后恢复重建的内容与措施研究 [J]. 北京科技大学学报（社会科学版），2013，29（2）：114-120.

[42] 文丰安. 新时代我国公共危机治理的特征、经验及启示 [J]. 邓小平研究，2020（2）：95-103.

[43] 李新仓，陈彩红. 危机治理中常见政策工具与运用策略研究 [J].

治理现代化研究，2020（1）：84-89.

[44] 周文彰，宋歌. 执行力在制度建设中的地位和作用 [J]. 人民论坛，2020（9）：46-47.

[45] 余永庆. 公共危机治理中的社会动员问题研究 [J]. 中国市场，2018（31）：107-109.

[46] 田娇，黄云辉. 公共危机治理中的社会动员问题探析 [J]. 中共太原市委党校学报，2021（2）：72-75.

[47] 雷晓康. 突发公共事件应急管理的社会动员机制构建研究 [J]. 四川大学学报（哲学社会科学版），2020（4）：37-42.

[48] 曹刘庆. 我国公共危机管理中的沟通机制研究 [D]. 杭州：浙江大学，2020.

[49] 尹会超. 试论媒体在公共危机管理中的角色及功能 [J]. 新闻传播，2017（6）：86-88.

[50] 钟开斌. 中国突发事件调查制度的问题与对策：基于"战略－结构－运作"分析框架的研究 [J]. 中国软科学，2015（7）：59-67.

[51] 周驰，黄凯健，周鹏，等. 建筑工程责任终身追究制度调查研究 [J]. 建设科技，2020，414（17）：105-107.

[52] 黄琴琴. 健全容错纠错机制营造良好干事环境 [J]. 人民论坛，2019（6）：44-45.

[53] 龚会. 新时代党员干部容错纠错机制构建的逻辑、运作困境及其完善 [J]. 中共四川省委党校学报，2020（4）：47-52.

[54] 庞宇. 我国应急预案管理的问题及对策 [J]. 科技管理研究，2013，33（11）：201-203.

[55] 刘艳，秦锐. 健全和完善我国公共危机管理预警机制 [J]. 经济研究参考，2013（29）：57-60.

[56] 许峰，谢承华. 公共危机监测、预测与预警关系辨析 [J]. 图书与情报，2011（5）：75-77.

[57] 罗力. 政府公共危机管理中信息预警能力评价指标体系研究 [J]. 重庆大学学报（社会科学版），2012，18（5）：92-96.

[58] 刘冰，彭宗超. 跨界危机与预案协同：京津冀地区雾霾天气应急预案的比较分析 [J]. 同济大学学报（社会科学版），2015，26（4）：67-75.

[59] 罗渝. 龙泉驿区"2.24"隧道爆炸事故应急敏捷处置的案例研究 [D]. 成都：电子科技大学，2018.

[60] 冯艳飞，黄宏纯. 基于危机周期理论的应急管理技术创新体系 [J]. 武汉理工大学学报（信息与管理工程版），2012，34（6）：733-736.

[61] 王献红. 基于公共危机管理策略对地方政府执政能力提升的研究 [J]. 宏观经济管理，2017（S1）：319-320.

[62] 李艳玲，刘宇霞，张斌. 关于我国公共危机专业管理人才培养的研究 [J]. 内蒙古统计，2015（6）：23-25.

[63] 吴海江. 以科技支撑赋能公共危机治理 [J]. 人民论坛，2020（Z1）：62-64.

后 记

在一个各种危机不请自来的时代，我们应尽力做好应对的准备。机制建设既是一个事关危机治理框架设计的问题，也是培育和保证危机治理体系韧性的关键所在。紧密结合公共危机情境的特性，探讨公共治理机制在特殊情境中的特殊设定与运行问题，以机制为切口来分析整个公共危机治理体系的构成和运行，是本书的出发点和落脚点，也是整个研究和撰写过程中的意义追寻。

本书为河北省燕赵黄金台聚才计划骨干人才项目（教育平台）的成果之一，在本书写作过程中，燕山大学文法学院（公共管理学院）丛鑫教授、娄文龙教授、陆洲教授、佟林杰副教授、吴菁博士、王晓慧博士，以及河北师范大学法政与公共管理学院田鹏慧教授、耿永志教授等均予以宝贵指导。此外，两个学院的博士、硕士研究生苏菲、王帅、甄悦、李金洁等开展了大量的材料整理和校对工作。在此一并感谢。

在写作过程中，我们参考了国内外众多学者的相关研究成果，对所有前辈和同人致以诚挚的谢意！同时，感谢河北省高等学校人文社会科学重点研究基地燕山大学县域振兴发展政策研究中心的资助。由于研究能力和水平所限，书中难免存在错漏之处，恳请学界同行和读者朋友批评指正。

王春城 邱 密